走向和谐

——社会主义精神与人类文明的走向

常宗耀 著

中央编译出版社
Central Compilation & Translation Press

北京建筑工程学院出版基金资助

目 录

绪 论 ·· 1
  一、研究社会主义精神与人类文明走向的意义 ······················ 2
  二、学术界的研究现状 ·· 6
  三、研究方案 ·· 7

第一章　追求和谐："社会主义精神"新解 ································ 11
  第一节　"社会主义精神"：概念的几点说明 ······················ 11
  第二节　马克思和恩格斯的思想深处：社会主义精神与
            人类文明 ··· 19
    一、马克思和恩格斯关于社会主义精神与人类文明关系的
       思想轮廓 ·· 20
    二、社会主义精神要素的文本分析 ···································· 23
  第三节　社会主义精神的主体性特征 ································· 47
    一、利益导向的普适性 ·· 47
    二、对现实社会的超越和对未来理想的强烈追求 ··············· 53

第二章　社会主义精神：人类文明演进合规律性与合目的
        性的表现 ·· 58
  第一节　社会主义精神：文明演进的合规律性 ··················· 59
    一、马克思和恩格斯寻求社会主义精神的思想转向：
       从空想到科学转变的方法论 ····································· 60
    二、社会主义精神产生的历史必然性的深沉根据 ··············· 68

第二节 社会主义精神：文明演进的合目的性 ……………… 73
　一、马克思对社会主义精神是合目的性的理论解读 ……… 74
　二、一个更为深刻的现实问题：对文明模式的
　　　主体性选择不可避免 …………………………………… 81
第三节 马克思晚年的历史设想及俄、中等国家走上社会主义
　　　道路的历史必然 ………………………………………… 91
　一、马克思关于俄国历史进程的设想及其方法论意义 …… 91
　二、合规律与合目的性的表现：俄国、中国等国家选择
　　　社会主义道路的历史必然性 …………………………… 96

第三章 社会主义精神与社会主义文明的实践形式 ……… 101
第一节 人类对资本主义文明超越性选择的首次破题：
　　　社会主义精神与巴黎公社 ……………………………… 101
　一、用无产阶级国家政权代替资产阶级国家政权 ………… 102
　二、真正民主化国家政权的制度设计 ……………………… 103
　三、重视用高尚的精神产品和道德风尚改变人的灵魂，
　　　重塑人的精神世界，改变社会的精神面貌和道德风尚 … 105
第二节 社会主义精神与列宁和斯大林的社会主义文明实践 … 108
　一、列宁的社会主义精神与建设社会主义文明的
　　　理论和实践 ……………………………………………… 108
　二、斯大林的社会主义精神与建设社会主义文明的
　　　理论与实践 ……………………………………………… 120
第三节 社会主义精神与毛泽东、邓小平、江泽民和
　　　胡锦涛的社会主义文明实践 …………………………… 134
　一、毛泽东的社会主义精神与中国社会主义文明建设 …… 134
　二、社会主义精神与邓小平的中国特色社会主义文明建设 … 145
　三、社会主义精神与江泽民的中国特色社会主义文明实践 … 154
　四、科学发展观：社会主义精神的深刻体现 ……………… 162
　五、社会主义精神：社会主义市场经济的呼唤 …………… 169

六、防范风险应对危机 …………………………………… 173

第四章　社会主义精神的价值引导与人类文明的新定位 …… 178
　第一节　文明要以社会进步为天平 ……………………………… 179
　　一、社会进步观概观 ………………………………………… 179
　　二、文明是社会进步的综合尺度 …………………………… 187
　　三、文明全面进步是社会主义运动的一面旗帜 …………… 189
　第二节　文明的缺憾："经济全球化"进程中资本主义
　　　　　文明的困境 ……………………………………………… 190
　　一、资本主义由单一性矛盾和危机向综合性矛盾和
　　　　危机发展 ………………………………………………… 191
　　二、由民族——国家范围的矛盾转化为全球性的矛盾 …… 195
　　三、资本主义基本矛盾还带来了一系列的全球性问题，
　　　　导致了人类"生态文明"危机 ………………………… 196
　第三节　社会主义精神与文明的全面进步 ……………………… 197
　　一、经济全球化进程中人类文明发展的客观规律 ………… 198
　　二、占有和公正与文明的全面进步 ………………………… 199
　　三、民主和平等与文明的全面进步 ………………………… 202
　　四、富裕和和谐与文明的全面进步 ………………………… 204
　第四节　"经济全球化"呼唤社会主义精神 …………………… 218
　　一、"经济全球化"呼唤社会主义精神 …………………… 218
　　二、海外学者对社会主义精神研究的新动向 ……………… 220

第五章　历史悲剧的反思和文明历史的新飞跃 ………………… 226
　第一节　历史悲剧的破解：社会主义精神为何在苏联和
　　　　　东欧黯然失色 …………………………………………… 226
　　一、关于经济建设问题 ……………………………………… 227
　　二、是改革与还是改向问题 ………………………………… 229
　　三、执政党自身建设问题 …………………………………… 230

第二节　如何全面看待现实社会主义的曲折和失误 ……… 234
　一、经济政治文化的不成熟性 ……………………… 235
　二、封建主义的残余、资本主义腐朽思想的影响 ……… 236
　三、对社会主义认识的误区 ………………………… 237
第三节　社会主义的历史与现实经验 …………………… 239
　一、必须遵循社会基本矛盾运动的规律，坚定不移地以
　　　经济建设为中心，发展社会生产力，同时适应生产
　　　力发展的要求，积极稳妥地推进各方面的变革，为
　　　生产力的发展创造优良的体制和制度条件，同时
　　　推进社会财富的公正分配 …………………… 239
　二、必须坚定不移地走具有本国特色的社会主义民主
　　　政治发展道路 ………………………………… 241
　三、必须大力进行社会主义先进文化建设 ………… 242
　四、必须构建社会主义和谐社会，大力加强社会主义的
　　　社会建设，促进社会和谐 …………………… 244
　五、必须遵循各种社会文明长期共存、竞争比较、
　　　相互融合的规律，积极吸纳世界各国文明成果 …… 247
第四节　人类文明的走向"不能没有马克思" ……………… 249
　一、"历史终结论"：一个历史谎言者的谎言 ……… 249
　二、我们的时代"不能没有马克思" ………………… 252

结束语 …………………………………………………… 255

参考文献 ………………………………………………… 257

后　记 …………………………………………………… 266

绪　论

　　社会主义作为一种理想，它是人类摆脱剥削、走向世界大同的向往和追求。社会主义作为一种学说，它是人类进步思想家对资本主义的批判和对未来社会的描绘。社会主义作为一种科学理论体系，它是马克思和恩格斯创立的关于无产阶级和全人类解放条件的学说。社会主义作为一种运动，随着科学社会主义理论的诞生而兴起，并跨越世纪，拓展到全世界。在人类文明的历史舞台上，真正符合社会主义真谛的是马克思和恩格斯的科学社会主义，而不是空想社会主义或其它所谓的社会主义；真正符合社会主义真谛的，是在科学社会主义理论指导下，在其运动和制度形态上真正代表人民群众根本利益、代表人类文明未来命运的社会主义，而不是那些扭曲、变形的社会主义。

　　1848年2月，《共产党宣言》发表，在人类文明史上是一件惊天动地的大事，在一定的意义上，它改变了整个世界。从此，社会主义由理想变为现实，由一国实践变为多国实践，由一种模式变为多种模式。科学社会主义的思潮、理论、运动、制度、模式和实践形式，推动着人类社会的进步，促进着人类文明的发展，展示着社会主义的生机与活力，预示了人类文明的未来走向。为什么社会主义对全人类具有这么大的吸引力、影响力和推动力？为什么社会主义的理论、运动和制度在人类文明的历史舞台上演出了一幕幕惊天地、泣鬼神的动人诗剧？是精神，是马克思和恩格斯的科学社会主义所焕发出来的精神。这种精神是在人类文明的历史流变中合乎规律性与合乎目的性的产物，是对人类文明的终极关怀，是广大劳动人民追求自由、公正、平等与人的全面解放的强大的动力，是历史的一种必然性选择，也是活生生的社会现实。

　　仔细研读马克思主义经典作家的著作，探求他们社会主义思想中的要义，就会发现，社会主义蕴涵着一种巨大的精神能量。正是在这种巨大的精神能量的推动下，人类文明才自资本主义给人类造成巨大的灾难之后，才有了新的转机、新的寄托、新的希望，人类文明的未来命运才有了一道绚丽而夺目的曙光。这种社会主义精神的内涵到底是什么呢？可以说，这种社会主义精神就是以人类社会的整体和文明的全面进步为本位，是以理论、运动、制度形态表现出来的并在对资本主义的批判和"扬弃"中所体现出来的对现实社会的超越、探索和对人类文明的终极关怀。它也是一种社会生活的关系方式，代表的是人类文明的光辉前景。

今天，我们站在21世纪人类文明的新平台上，面对世界社会主义仍然处于低潮的形势，面对中国特色社会主义在世界社会主义低潮中的崛起，面对世界形势的风云激荡、变幻莫测，面对不合理的国际经济政治秩序特别是国际强权政治的肆虐给人类文明带来的灾难，此时此刻，重新发掘马克思主义经典作家的社会主义精神要义，重新考察社会主义精神在人类文明演进中的合规律性与合目的性，重新考察在社会主义精神引导下的巴黎公社、俄国社会主义、中国社会主义文明建设的实践及其所取得的辉煌成就、对人类文明的贡献以及走过的曲折道路，重新考察社会主义精神与人类文明未来的新定位，都具有十分重大的紧迫性和深远的现实意义。作为一个在马克思主义理论领域这块土地上耕耘的后来者来说，有责任在这里尽力开拓，并力求想在理论上有新的突破、新的发现，促进社会主义以新的风采昭之于世界。

一、研究意义

在当代中国，以马克思主义为指导来研究社会主义精神与人类文明的走向，应该是一个现实性和理论性都很强的课题，要深入地研究这个课题，就必须从理论与实践的结合上，从历史与逻辑的统一中，特别是要从时代的高度认识其重要意义。

（一）课题研究具有重要的理论意义

首先，本书是试图从一个新的视角来研究社会主义的基本理论问题。一百多年前，马克思曾经说过，对人类生活形式的思索，从而对它的科学分析，总是采取同实际发展相反的道路。这种思索是从事后开始的，就是说，是从发展过程的完成的结果开始的。

对当今世界社会主义的研究也应该是如此。今天我们有可能站在21世纪初所能达到的新的认识高度，解放思想、实事求是，在对社会主义运动的过去和现在的经验教训进行认真分析和总结的基础上，探寻它的发展规律，研究它的发展趋势，从而使我们在新的创造历史的活动中争取更多的自由和主动。因此，我们当今对社会主义的认识应该需要研究更多的问题，应该拓宽我们的视野，我们的研究领域应该更加放大。

当年，马克思主义经典作家指出，资本主义必然灭亡，社会主义必然胜利，首先是一个经济问题，它首先取决于资本主义经济运动规律，并且是资本主义经济运动中，从一开始就存在着的新社会因素发展壮大最终取代资本主义的必然结果。所以，我们考察社会主义必然性及其兴衰成败，应着重分析现实世界经济运动中所表现出来的资本主义必然被社会主义所代替的实际进程、道路及其规律和趋势。这一"铁的必然性"，至今仍是毫无疑义的。

但是，当我们对马克思主义经典作家的整个思想体系进行仔细研究之后，还会发现，在他们对资本主义文明必然为社会主义文明所代替的经济必然性的阐述背后，还蕴涵着另一层更为深层的东西，这就是社会主义还是对资本主义扬弃与否定的一种价值选择。这种价值选择体现了一种对资本主义文明超越性的精神，即它是以人类社会的整体发展和文明的全面进步为本位，是在对资本主义的批判和"扬弃"中所体现出来的对现实社会的超越、探索和对人类文明的终极关怀。正如有的学者所指出的，忽视了社会主义产生的经济必然性的客观规律，社会主义就会变成虚无缥缈的空中楼阁，就是空想社会主义；忽视了社会主义在经济必然性背后的价值原则，社会主义就会变成一种纯粹的经济原子主义，失去了理想而不知道归途。20世纪社会主义之所以道路坎坷，命运多舛，除了社会主义是一种新生事物，还十分不成熟以外，主要是与社会主义国家的人们在对社会主义的认识中没有正确处理好这二者之间的关系有关。

本书欲另辟新径，从合规律性与合目的性这一命题出发，通过探讨马克思主义经典作家的社会主义精神内涵、社会主义精神与巴黎公社和十月革命以及中国社会主义文明建设的实践，社会主义精神与人类文明未来的新定位等，揭示社会主义精神与人类文明之间的规律性联系。这种探讨的思路，或许能够对社会主义理论研究起到一种集思广益的作用。

其次，本书欲探索20世纪人类文明演进的一条规律。历史已经证明，20世纪人类文明演进的规律是和社会主义精神连在一起的，也就是说，社会主义精神和20世纪人类文明的命运是相互渗透、相互联系、相互影响的。20世纪人类文明的运势呼唤着真正的以公正、民主、平等、自由、和谐等为内涵的社会主义精神，社会主义精神则规引着20世纪人类文明的大致走势。它们是合目的性与合规律性的统一。这是20世纪人类文明演绎的一条法则。社会主义社会当前虽然还不成熟、很不完善，但是，社会主义精神将通过解决当代资本主义文明无法解决的人类文明困境问题，最终体现出对资本主义的超越性特征，虽然这一道路还十分漫长。

（二）课题研究具有较强的实践意义

21世纪开始，文明又重新成了人们的热门话题。说是重新，这是因为，在20世纪前期，这个问题曾因斯宾格勒和汤因比等这些西方文明论的"巨腕"的工作一度引起过不小的热潮。时间已过去了半个世纪，今天站在21世纪的门槛上，旧话重提，却是从当代人类生存和发展的迫切问题而提出来的，带有"终极关怀"的意味。不过和当年比起来，学理性已相当淡化。如果说，当时的思想家和文明论家的探讨，历史哲学的理论问题是占主要方面的话，那么，今天人们对文明问题的探求重要的是放在实践操作的层面上，即如何解决当今人类文明所面临的全球性的问题。我们留意一下，马克思主义经典作家是在五种意义上使用文明一词的：①用文明一词来标识人类原始社会演进的不同阶段，把文明看成是继野蛮时期以后的那个阶段人类社会生活组织形式及文化的本质特征，即和血缘的、"自然形成的"社会组织形式不同的新形式的一种特质。②用文明来揭示世界历史发展的统一性，即用物质文明和精神文明的成就来衡量、评价社会历史各阶段的发展程度和水平。③用文明一词来表现资本主义大工业时代的进步性，这是相对于封建主义的落后性而言的。④用文明一词来揭露资产阶级国家的暴力和资产阶级对人民的残酷剥削，他们所说的"文明的野蛮"、"文明的阴沟"就是这个意思。⑤用"文明"一词说明人类社会发展的不同的历史道路，通过对非洲、欧洲文明的研究，探讨跨越资本主义文明阶段的可能性。马克思主义文明理论已经昭示我们，资本主义文明有其一定的历史进步性，但是，资本主义文明绝非人类文明的终结。不能不看到，被马克思·韦伯奉为天经地义的所谓"资本主义精神"早已出现了严重问题。就在第二次世界大战的恐慌和沮丧之中，西方思想界的一些人物如克罗齐、汤因比、李凯尔特、波普尔、柯林武德等曾发动的"历史进步观念"探讨运动，他们探讨的中心仍是人类文明的命运问题；应该看到，20世纪50年代以后，随着新技术革命的开始，新一轮"经济全球化"时代的到来，西方经济高速增长，但是，西方的一些科学家、社会学家和哲学家着眼于人类的生态环境和社会精神文化生活方面，更多地看到了科技发展和经济高速增长的负面影响：森林毁灭、沙漠延展、土地流失、海洋河流被污染、地球大气层不断的分解和地球表面温度威胁性升高、人口大爆炸、能源枯竭、热核战争的阴影、人欲横流、社会中的个性丧失伴随着人的飘零和孤寂、情感表达的衰落、飘荡在空中的虚无主义和非理性的幽魂。奥锐利里欧·贝创立了罗马俱乐部，梅萨罗维奇、亚礼山大·金、丹尼斯·米都斯等一大批科学家、经济学家、社会学家着力于人类处境研究，并著书立说，奔走呼号，倡言"人类文明面临困境"、"全球性危机已经形成"；我们还看到，丹尼尔·贝尔在提出后工业社会已经到来的同时，著有《资本主义文化矛盾》，痛陈资本主义的尖锐深刻的社会文化危机和根源；以霍克海墨、马尔库塞等为代表的法兰克福社会批判理论学派，对"工业化理性"进行了严厉批评；我们也看到，今天西方某些发达的资本主义国家在公正、民主、人权、解放别国人民等旗号下的种种罪恶，在科索沃、阿富汗和两次海湾等战争中，各种新式杀人武器竞相亮相，给那里的人民造成了巨大的灾难；我们也看到美国纽约世贸大楼当年轰然倒塌背后的深层次原因以及反恐战争掩盖下的不可告人的目的。所有这一切都说明了什么？说明了以普遍资本个体为本位的资本主义精神在显示其强大的力量和优越性的同时，由于自身所固有的不可克服的内在的矛盾，造成了个体主义与人类整体主义的分裂。因此，资本主义精神不可能从根本上给人类文明带来福音和希望，相反它带来的只是大量的弊端和损害。

　　拯救人类文明困境的出路在哪里？只有一条，就是马克思主义给人类文明竖立的路标：人类必须从个体本位向类本位转变，即把资本个体主体提高到类主体，也就是向更高的第三形态自觉的"类主体本位"方向发展。这里的"类本位"、"类主体"是指每个人都已自觉为人，把个人存在纳入他人本质，也把他人存在纳入自身的本质，即各人都以人为自我主体的人的自为存在状态，这就是马克思所说的"自由个性"的联合体形态。这是自由、自觉和自为的存在状态，是人完成了本质统一的存在状态。完成这一人类文明历史使命的只有一种精神，这就是社会主义精神。

二、研究现状

从国内学术界来看，从事社会主义理论研究的队伍很庞大，取得的成果可以说是汗牛充栋。近些年来，有些学者欲另辟新径，试图从价值学的角度来研究社会主义的基本理论问题。从事这方面研究的著作，代表性的有马德普的《社会主义基本价值论》、郁兴建和朱旭红的《社会主义价值学导论》，秦在东的《社会主义精神质量—逻辑关联与价值转换》等。不少人在学术刊物上发表了很多有关这方面的专题文章。他们对社会主义理论的创新性探讨无疑筚路蓝缕，但是从社会主义精神动力学的角度、从世界宏观文明的高度来探讨社会主义精神与人类文明之间的规律性联系，似乎还有一些空缺和不足。本书就是试图在这些方面做些尝试和努力。

目前海外从事社会主义理论研究的主要是西方的一些左翼学派和学者以及共产党组织、苏联和东欧的一些共产党组织，还有一些研究全球化问题的学者等，他们的研究在某种程度上，对资本主义进行了严厉的批判，并对人类未来文明的命运进行了探讨。这里引用德国著名马克思主义学者、斯图加特大学教授贝格曼说过的一句话进行说明："我主张，看待资本主义的发展应该以社会进步为坐标而不是以科技进步为坐标。20世纪的资本主义虽然在科技方面取得了巨大成就，但资本主义的社会没有进步。"那么，什么才是符合"社会进步"的标准呢？在贝格曼看来，社会进步的标准也只能是一种整体性的标准，这就是以物质文明、政治文明、精神文明、生态文明和社会文明的全面进步为标准。资本主义文明虽然在某些方面有了很大的进步，但是资本主义以资本个体为本位的价值取向不可能在全球范围内最终解决人与自然、人与社会以及人与自身之间的矛盾和冲突,也就是不可能解决人类文明的归宿问题。当然,西方的一些学者还不可能彻底地用马克思主义的科学世界观和方法论找到人类文明的全面进步与社会主义精神之间的规律性联系。

三、研究方案

(一)大体框架和基本内容

本书主要立足于世界宏观文明的高度,从合规律性与合目的性出发,发掘马克思主义经典作家的社会主义精神要义,在此基础上探寻社会主义精神与20世纪人类文明演进之间的规律性联系。它们之间规律性的联系是20世纪人类社会结构和社会要素之间的本质的、内在的、必然的联系,具有不依人的意志为转移的客观性。它们之间规律的客观性在于20世纪人类的实践活动以及在实践活动中所形成的关系的客观性,是在人们的实践活动中生成的,是主客体交互作用、双向运动的结果,是客观条件制约与主体对客体超越的统一所体现出来的趋势。本书立足于马克思主义的唯物史观,以探寻社会主义精神与人类文明之间内在的规律性联系为目的,提出了一些粗浅的看法。

主要内容可分为以下几个部分:

第一部分是绪论,包括选题的意义,国内外研究概况和研究方法等。

第二部分,即第一章的内容,尽力挖掘马克思主义经典著作中的有关论述,将其纳入社会主义精神的范畴体系,并把它与资本主义精神联系起来进行考察,阐述社会主义精神的定义和要素、马克思和恩格斯关于社会主义精神与人类文明关系的阶段性特征和社会主义精神的主体性特征等。

第三部分,即第二章的内容,主要是从理论逻辑的视角论证社会主义精神是人类文明演进合规律性与合目的性的表现。

第四部分,即第三章的内容,历史地分析了从巴黎公社、苏联和中国在社会主义精神引导下的社会主义文明的实践形式,肯定了它们对推动世界文明进步的巨大贡献,涉及了许多理论与实践的重大问题。

第五部分,即第四章的内容,以当代资本主义文明陷入的困境为事实根据,阐述社会主义精神对人类文明全面进步的价值引导。

第六部分,即第五章的内容,剖解了社会主义精神在苏联和东欧被丢弃的原因，提出了如何全面看待20世纪社会主义的失误，科学地分析了社会主义的历史与现实的经验，通过对"历史终结论"或"文明终结论"的评论，说明现今西方很多理论仍然是为资本主义精神的个体本位主义作辩护的，并以此说明，社会主义精神将在人与自然、个体与类的统一中完成文明历史的新飞跃。

（二）所要突破的难题

从社会主义精神动力学的角度探讨马克思主义经典作家社会主义精神的内涵、要素，然后从合规律性与合目的性入手，以此论证为什么社会主义精神与人类文明之间有着不可分割的规律性联系。这是一个大跨度的问题，有一定的难度。这样做的目的是，找到在当代世界社会主义运动仍然处于低潮的情况下重新认识社会主义的一个新平台：社会主义精神永远都是人类走向文明之路的激活信息，只要人类文明困境犹存，社会主义精神价值就不会销蚀。

（三）特色和创新之处

本书立足于马克思主义经典作家的文本，并以此挖掘他们文本中的社会主义精神的内涵，在此基础上再深入探讨社会主义精神产生的合规律性与合目的性以及社会主义精神所引导下的巴黎公社、苏联和中国社会主义文明建设的实践所体现出的对人类文明的全面进步性以及人类文明未来命运等问题。本书是从世界宏观文明的视角，来探讨社会主义精神的全面进步性问题。

首先，把马克思主义经典作家文本中的社会主义理论纳入社会主义精神范畴体系，归纳总结，得出社会主义精神定义，即：社会主义精神是以社会整体和文明的全面进步为本位，是以理论、运动、制度形态所表现出来的在对资本主义的批判和"扬弃"中所体现出来的对现实社会的超越、探索和对人类文明的终极关怀。这一观点，应该是整部论著的基点，是作者经过研究所得出的原创性的结论。作者认为，虽然这一结论有待商榷并有待完善，但是它有一定的合理之处。

其次，尽力挖掘马克思和恩格斯社会主义精神系统中的社会主义精神要素。拙著把社会主义精神要素归纳为占有与公正、民主与集中、富裕与和谐、人的自由与全面的发展。这种归纳大体上能够体现出社会主义精神的文明整体发展的思想。

第三,按照社会主义思想史的线索,尽力发掘社会主义精神与人类文明的规律性联系。这种联系是人类社会发展合规律性与合目的性的表现,是历史的一种必然选择。巴黎公社、俄国和中国社会主义文明建设已从实践形态的层面向我们昭示了社会主义精神对人类文明的整体性进步。经济全球化进程中人类文明困境的原因就在于资本主义精神中的以资本个体为本位的价值观所造成的人类社会整体发展的分离,人类文明的最终出路只有靠社会主义精神加以价值引导并最终解决。用"社会主义精神"一词也能够说明社会主义代替资本主义是一个非常漫长而曲折的过程,我们现在所能做的也只有在经济全球化进程中大力弘扬社会主义精神。

第四,从另一个角度提出了对社会主义实践形式几十年来风雨坎坷原因的认识。跨越资本主义社会形态走上社会主义文明的国家,是文明演进的合规律性与合目的性的必然选择,但是跨越资本主义社会形态之后的社会主义国家在物质文明、政治文明和精神文明等方面和马克思主义经典作家所设想的社会主义文明的程度还是有很大的差距。因此,对于这些社会主义国家的领导人来说,就不能拘泥于马克思和恩格斯等经典作家的断章词句,必须以开放的、发展的眼光来对待科学社会主义理论,不能一味只顾超越而不顾现实所达到的实际发展水平。苏联在列宁和斯大林的领导下,坚持了马克思主义的社会主义精神原则,取得了社会主义文明建设的巨大成就,体现了社会主义文明的全面进步性和对资本主义文明的超越性。但是,也有过过失,即斯大林的不顾现实的赶超式发展战略,给苏联社会主义文明建设带来了巨大的损失和不好的后果,而且斯大林本人还有很多严重违背社会主义精神的地方。后来的戈尔巴乔夫,更是完全抛弃了社会主义精神,导致亡党亡国的悲剧发生。中国社会主义文明建设对人类历史的全面进步性也是有目共睹,但也发生过严重的弯曲。邓小平开创的中国特色社会主义文明建设就是在坚持社会主义精神原则下,在理想与现实之间找到了合理的张力,对人类文明的发展做出了巨大的贡献。总之,从社会主义精神与社会主义实践形式的关系入手,更能说明社会主义几十年成就辉煌、坎坷不平的原因。

(四)本书写作的方法论原则

第一,主体性原则与客体性原则相统一的方法。任何事物都是多种规定性的统一，从多角度、多侧面、多层次研究和探讨同一事物，才能获得对事物的全面、系统、准确的认识，马克思考察和研究社会历史是从主体和客体两个视角展开的。把人自身发展的历史（主体视觉）和生产方式变革的历史（客体视觉）理解为同一个过程，这正是唯物史观的深刻之处。

第二，历史与逻辑的结合。这是马克思主义经典作家所一再强调的方法。在研究中，主要从马克思主义经典作家的文本中寻求社会主义精神的真正内涵，在此基础上进行理论上的逻辑推演。历史的方法是从客观存在的实际事物出发，寻求社会主义精神产生的客观必然性以及在社会主义实践形式方面的表现。历史从哪里开始，逻辑从哪里开始。

第三，坚持科学性、学术性和政治性、思想性的统一。在坚持正确的政治导向的同时，重视其科学和学术的成分。理论观点的论证和逻辑安排以及政治分寸的把握，力求坚持这一统一的原则。

第四，规范方法和实证方法相结合，以规范方法为主的论述方法。在论述中既有宏观审视，又有微观探幽。本书的重点是破解社会主义精神的内涵、要素、产生的合规律性与合目的性以及与人类文明的互动规律，同时也适当糅合了人类文明史上一些思想家颇具异彩的思想。

第一章　追求和谐:"社会主义精神"新解

马克思和恩格斯一生批判资本主义,特别是从异化劳动和商品等范畴入手揭示资本主义制度下资本家剥削工人的秘密,从而揭示了资本主义私有制为基础的资本主义制度是造成人类不和谐的深层根源。与此同时,马克思和恩格斯还给人类指出了一条通往社会最高层次的和谐之路,即:消灭资本主义和实现共产主义社会。因此,马克思和恩格斯关于社会主义或共产主义最具有核心价值意义的命题,就是追求和谐,即追求"人的自由全面发展"。可以说,追求和谐,就是"社会主义精神"(或称"共产主义精神")的最好表达。

第一节　"社会主义精神":概念的几点说明

社会主义是与资本主义相对的一种思想体系、一种社会制度,是继资本主义之后的一种社会形态。

社会主义这个概念不是新名词,早在几百年前就已存在了,而社会主义思想的出现则比这个概念早得多。根据目前所知,德国神学家、天主教尼迪克派教士安塞尔姆·德辛于1753年与人论战时使用了"社会主义者"一词,可当时的含义却与后来的毫不相干。1803年,"社会主义"和"社会主义者"两个名词曾出现在意大利的出版物中。1827年欧文主义者的《合作杂志》使用"社会主义者"一词来称呼欧文的合作学说的信徒。1832年圣西门派的法文《环球》杂志,1833年欧文派的英文《贫民卫报》,在刊登的文章中把"社会主义"作为未来理想社会的名称。不久,这个词就有了更加广泛的含义。凡是旨在根据人权经济观和社会观来实现某种社会制度的团体,都被称之为社会主义团体。此后"社会主义"、"社会主义者"两词就流行于英法两国,而且很快就传到德国和欧洲的其它国家,同时也传到美国。1870年日本学者加腾弘之在《真正大家》一书中用日本文片假名音译"社会主义"一词。1901年至1902年间将"社会主义"意译为"人群之说"、"人群主义",国内出版的报刊则译为"安民新学"、"养民学"。1902年9月15日出版的《新民丛报》第18期起,梁启超才开始把日本人通用的"社会主义"一词移植过来。从此以后,社会主义一词才开始在国内的书刊上广泛流传。

　　在社会主义思想史上,马克思和恩格斯对社会主义和共产主义两个词的使用,其含义有时是一致的,有时则是有区别的。马克思是在1842年10月15日所写的《共产主义和奥格斯堡〈总汇报〉》一文中使用"社会主义——共产主义思想"的提法,一开始就把社会主义和共产主义当作同一词,不论是指学说也好,指运动也好,指社会制度也好,两个概念的意义基本上是一样的。社会主义或共产主义,都是表达无产阶级解放的条件,即指废除私有,在公有制基础上有计划地组织生产,消灭阶级,消除商品货币,消灭国家,社会成为自由人的联合体等等。在19世纪40年代的一个时期,马克思恩格斯曾很少用"社会主义"一词,那是因为资产阶级当时搞的运动自称为"社会主义运动",所以,马克思恩格斯暂时回避。可是不久之后又照旧使用。至于提出共产主义发展阶段的理论,把共产主义明显地分为两个阶段——第一阶段(或低级阶段)和高级阶段,那是1875年马克思批判《哥达纲领》的时候。但即使在那时马克思也没有说共产主义第一阶段就是社会主义。值得注意的是,1875年以后恩格斯很少再使用共产主义一词了,只使用社会主义一词。恩格斯在1880年写的《社会主义从空想到科学》一书,写于1887年6月的《对英国北方社会主义联邦纲领的修正》一文,1890年恩格斯写给康拉得·施莱特的信,同年8月21日写给奥托·伯尼克的信,1891年6月29日写给考茨基的信等,都使用"社会主义"一词。还值得注意的是,1894年2月恩格斯写给考茨基的一封信中说:"'共产主义'一词我认为当前不宜普遍使用,最好留到更确切的表达时才用它。即使到那时也需要加以注释,因为它实际上已经三十年不曾使用了。"[1]

---

[1]《马克思恩格斯全集》,中文第1版,第39卷,第203页,北京,人民出版社,1974年。

第一次把共产主义第一阶段叫做社会主义的则是列宁。列宁在《国家与革命》一书中这样写道:"通常所说的社会主义,马克思把它称作共产主义社会的第一阶段或低级阶段,既然生产资料已成为公共财产,那么'共产主义'这个名词在这里也是可以用的,只是不要忘记这还不是完全的共产主义。"对此,列宁对共产主义第一阶段即社会主义描绘道:在社会主义社会,实现了生产资料公有和按劳分配,消灭了商品货币关系(实行没有商品货币关系的计划经济),消灭了阶级(包括工农阶级差别),国家正在消亡(暂时变成了非政治性的),但还没有完全消亡,只有到共产主义高级阶段国家才会完全消亡,如此等等。其实,这也是马克思对共产主义第一阶段的描绘。马克思在《资本论》等著作中揭示了资本主义发生、发展和灭亡的规律,也科学地揭示了人类社会的一般规律,并对未来的社会作了许多天才的预测和构想,这些构想都是以较发达的资本主义的经济条件为前提的。列宁对于社会主义的论述也是以此为依据的。这是列宁从抽象的理论形态上来论述的。

十月社会主义革命是在经济文化比较落后的国家首先诞生的。在资本主义包围中的俄国,在复杂多变的国际环境中怎样完成从资本主义向社会主义的过渡?这是一个什么样的社会主义?社会主义和共产主义究竟是什么样的关系?为此,在过渡的提法上,列宁有时提"从资本主义过渡到共产主义",有时提"从资本主义过渡到社会主义"。对这个"社会主义",列宁解释道:"从资本主义过渡到社会主义,即过渡到共产主义的低级阶段。"[①] 这是什么样的社会主义呢?列宁把共产主义第一阶段或低级阶段的社会主义,有时叫作"完全的社会主义"或"完备形式的社会主义",有时叫"发达的社会主义"。但列宁很快就发觉:在曾经是一个小农国家里向这种社会主义过渡要比在其它条件下向社会主义过渡困难得多,要准备忍受几千个困难,准备作几千次尝试。他还说,我们还只处在由资本主义到社会主义过渡的第一阶段,如果我们走社会主义的道路,那么将来总归会达到这个目的的。在列宁看来,在俄国特殊的历史条件下建设社会主义不能靠书本而主要靠实践来探索到达社会主义的途径。关于社会主义和共产主义的关系,列宁认为它们之间的区别是

---

① 《列宁选集》第2版,第4卷,第200页,北京,人民出版社,1972年。

很有限的。如果达到了共产主义第一阶段（社会主义），那么向共产主义高级阶段过渡就不困难了。但是在经过了一场按共产主义原则向社会主义过渡的尝试失败后，列宁认识到，我们在剥夺了地主资本家之后，只获得了建设初级形式的社会主义的可能性，这里丝毫还没有共产主义的东西，共产主义只有在社会主义完全巩固的时候才能发展起来。我们从这里可以看出，列宁已根据经验把可能获得的某种社会主义看作是向完全的社会主义过渡的一个阶段，而不再拘泥于只要一提社会主义就是共产主义第一阶段那种看法。列宁对社会主义的新看法，实际上已接触到了一个重大问题：社会主义在经济文化比较落后的国家取得胜利后，首要的任务就是要大力发展社会主义的经济、政治和文化。

值得注意的是，马克思和恩格斯似乎并不在意"社会主义"的定义问题，他们潜意识地感悟道：如果把人们的注意力吸引到人们对社会主义定义的注意，那可能会导致无休止地毫无意义上的字面上的争吵，这样势必会淡化人们对科学社会主义实质问题的把握。对此，列宁又分析道，"马克思通常所说的社会主义称作共产主义社会的'第一'阶段或低阶段。既然生产资料已成为公共财产，那么，'共产主义'这个名词在这里也是可以用的。只要不忘记这还不是完全的共产主义。马克思的这些解释的伟大意义，就在于他在这里也始终应用了唯物主义辩证法，即发展学说，把共产主义看成是从资本主义中发展出来的。马克思没有经院式地臆造和'虚构'种种定义，没有从事毫无意义的字面上的争论（什么是社会主义，什么是共产主义），而是分析了可以表现共产主义在经济上的成熟程度的两个阶段。"[①] 因此，列宁进一步解释道，我们获得了这种社会主义，通向未来共产主义的大门可以说向我们敞开了，只是我们离未来成熟的共产主义还有一个遥远的路程。

从马克思恩格斯和列宁对社会主义的理解中可以看出，马克思恩格斯基本上是在同义的语境中使用"社会主义"和"共产主义"一词的，只是在特定的情况下他们为了特殊的需要而很少使用"社会主义"一词罢了。而列宁在这里提出的是关于划分社会主义发展阶段的思想，关于建设社会主义长期性的思想。然而无论是马克思和恩格斯的社会主义，

---

① 《列宁选集》第2版，第3卷，第255—256页，北京，人民出版社，1972年。

还是列宁的社会主义发展阶段的思想，它们毕竟都是社会主义，只是马克思和恩格斯的社会主义是未来理想中的社会主义或共产主义，而列宁的社会主义是向社会主义初级形式过渡或正在建设中的社会主义初级形式，是对社会主义的实践和创新。

因此，根据马克思恩格斯和列宁对于"社会主义"和"共产主义"用词的解释，我们既要看到社会主义和共产主义是有着内在的联系，在一定的意义上它们之间的含义是不可分割的，同时也不能不看到它们的微观区别；当我们在看到它们区别的时候，也不能不看到二者之间又有着许多联系和一致的地方。总的起来说，社会主义和共产主义，其追求的精神实质基本上是一致的。

为了说明共产主义和社会主义精神实质上的一致性和区别，我们不妨再看看马克思和恩格斯的描述。他们指出，首先，共产主义是实行单一的社会所有制，而社会主义还存在两种所有制；其次，共产主义实行"各尽所能、按需分配"的原则，而社会主义实行"各尽所能、按劳分配"的原则；第三，共产主义社会，人们的思想觉悟和道德情操极大提高，劳动已成为生活的第一需要，而在社会主义社会，人们的思想觉悟和道德情操的提高，不能不受到限制；第四，共产主义社会，三大差别和旧的社会分工彻底消灭，而在社会主义阶段，这些现象仍然存在；第五，共产主义社会，阶级彻底消灭，国家完全消亡，在社会主义社会，阶级和国家仍然存在。

如果从马克思主义经典作家关于社会主义理论的基本观点和基本原则的思路中加以仔细研究，可以发现，社会主义和共产主义在精神原则上是基本一致的，社会主义在很大的程度上基本上体现了共产主义精神。这主要表现在：社会主义是作为资本主义的反题而出现的，是资本主义的对立面，是为克服资本主义的弊端和灾难而适应人类社会发展规律的需要而出现的。在价值目标上，社会主义就是要在物质文明方面体现出比资本主义更发达的生产力，同时也要体现资源共享、机会均等、剥削减少、天人和谐的世界经济体系；在政治文明方面，社会主义是能够最充分地体现社会民主和社会公正的政治制度形式，保证着社会公民拥有监督和直接参与国家治理的一切平等的权利，是广大劳动人民逐渐摆脱和最终彻底摆脱被奴役地位的政治方式；在精神文明方面，社会主义能够克服资本主义社会人的被异化的状态,人们能够以真善美为尺度发展新型高尚的社会主义的人际关系,人与人之间基本上形成了自爱、亲爱、忠爱、博爱、友爱与互助团结的关系,个体与集体形成了完满的统一,集体主义代替了资本主义的极端个人主义和利己主义。同时教育科学文化得到了全面性的发展,人们以自由人为目标从而使人基本上得到了全面的发展等。

总之,共产主义社会不论是低级阶段还是高级阶段都具有一些共同的特点,即:都消灭了生产资料私有制,消灭了剥削,生产资料归社会所有等。和资本主义社会的以资本个体为本位的发展观不同,共产主义和社会主义所追求的都是社会的整体发展和文明的全面进步,追求和谐是它们的核心价值观。所不同的地方只是生产力发展水平程度不同,在物质财富的丰富程度方面,在人的发展程度方面,在人的社会权利方面仍然存在着一些差别。

根据马克思主义经典作家对共产主义和社会主义的论述,论者所要论及的社会主义精神,在一定的意义上当然也包括了共产主义精神的某些成分和某些内涵。以前,我们更多强调的是共产主义精神,但是,因为我们目前只是处在社会主义初级阶段,所以为与社会主义初级阶段相对应,还是以"社会主义精神"这个概念作为论题。其实,社会主义精神已经在相当大的程度上体现出了共产主义精神。

当年,作为西方社会学理论奠基人之一的德国社会学家、历史学家和思想家马克思·韦伯曾从新教伦理的角度把西欧宗教改革后的资本主义称作是一种资本主义精神,并以此为资本主义的永世长存作论证。他从精神动力学的角度分析了西欧资本主义在经过宗教改革后的变化。在马克思·韦伯看来,资本主义精神不是一般的对金钱的欲望:"对财富的贪欲,根本就不等同于资本主义,更不是资本主义的精神。倒不如说,资本主义更多地是对这种非理性(Irational)欲望的一种抑制或至少是一种理性的缓解。不过,资本主义确实等同于靠持续的、理性的、资本主义方式的企业活动来追求利润并且不断是再生的利润。"① 在韦伯看来,

---

① 【德】马克思·韦伯:《新教伦理与资本主义精神》,第1版,第8页,北京,三联书店,1987年。

资本主义精神是一种特殊的社会精神气质，同时也是一种生活方式。这种特殊的社会精神气质和生活方式不仅仅体现在资本家的身上，而且也体现在工人的身上。从资本家身上来看，资本主义精神不但包括赚钱牟利的动机，精打细算的计划和计算，勤奋、讲信用的作风，而且还包括禁欲主义的生活方式；从工人身上来看，这种资本主义精神主要体现为乐天知命的精神气质，它要求工人要有集中精力的能力，忠于职守的责任感，新的经济观，有效率意识，有节制力和节俭心等。工人们"不追求获利，按使徒的模式生活，因而被赋予一种领袖气质，而这种气质又是信徒式的。"① 新教伦理同时给予资产阶级和工人阶级以精神上的安慰，使他们认识到财富不平等是"神义天命"，各安其位，各尽其责。这种伦理观，很显然支持了低工资——高生产率的资本积累。

任何事物必然都有自己的对立面，这里引证韦伯的论述，意在说明，和资本主义精神相对立的还有一种精神，这个对立面就是社会主义精神。"资本主义精神"不能简单地等同于"新教伦理"，但资本主义精神包含着"新教伦理"却是一个事实。资本家身上固然有一些如韦伯所说的那种精神因素，但韦伯把这种精神说成是合乎天经地义的，并把它完全等同于资本主义制度，这就掩盖了资本主义的本质。特别是他把资本主义精神赋予在了工人阶级的身上，并要工人阶级有一种乐天知命的精神气质，按使徒的模式生活，并认识到财富不平等是"神义天命"的安排，这又显然掩盖了资本主义剥削的本质。应该说，严格意义上的资本主义精神只有一种，这就是马克思和恩格斯揭示的由资本主义的本质所显示出来的资本主义的精神面貌和核心价值观。马克思和恩格斯通过对资本主义生产过程的分析，发现了剩余价值，证明了现代资本家，也像奴隶主或剥削农奴劳动的封建主一样，是靠占有他人无偿劳动发财致富的。"从封建社会的灭亡中产生出来的现代资产阶级社会并没有消灭阶级对立。它只是用新的阶级、新的压迫条件、新的斗争形式代替了旧的。"② 资本主义社会是建立在社会化大生产基础之上并由资本家占有生产资料

---

① 【德】马克思·韦伯：《新教伦理与资本主义精神》，第1版，第139页，北京，三联书店，1987年。
② 《马克思恩格斯选集》第2版，第1卷，第273页，北京，人民出版社，1995年。

的雇佣劳动制度，资本主义社会的基本矛盾是生产的社会化与资本主义私人占有之间的矛盾。由资本主义这种生产方式所决定的社会的基本阶级只能是资产阶级和无产阶级。资产阶级是指占有生产资料并使用雇佣劳动的资本家阶级，无产阶级是指不占有生产资料，靠出卖劳动力为生，受资本主义剥削的雇佣劳动者阶级。"正是对雇佣劳动的剥削才是现代整个掠夺制度的基础，正是这种剥削把社会分成了不可调和地互相对立的阶级。"[①] 这种生产资料的资本主义私人占有的性质，最终决定了资本主义精神实质只能是：以资本个体为本位，以攫取最大利润为目的；在政治上的所谓平等权利意味着消除的是等级特权，保护的是阶级特权；意识形态的核心永远是利己主义。当资本主义的这种本质外化为一种价值理念和价值观时，就构成了所谓真正的资本主义精神。在资本主义社会，这种资本主义精神使得资本和劳动的对立永远不会消失。正如马克思所说，无产阶级，他们同资本家之间的鸿沟，随着现代大工业的逐渐占有一切生产部门而变得越来越深，越来越宽了。社会主义取代资本主义正是这两大对抗阶级之间的阶级斗争的必然结局。

马克思和恩格斯正是在剖析资本主义生产方式的内在矛盾及其运行规律时，才向人类昭示了"资本主义精神"之实质，也正是在对这种规律的剖析中，他们发现了社会主义精神或共产主义精神之所在。因为资本主义私有制的本质决定了资本主义不可能从整体上给人类文明带来富裕、民主、平等、和谐与人的自由全面发展，而资本主义生产社会化的进一步发展又使得资本主义所有制关系的外壳也逐渐地容纳不下了，资产阶级用来反对封建主义的精神武器现在却对准它自己了。人类文明的演进必须要有一种新的价值理念代替资本主义精神。这种价值理念必须具有对资本主义的批判和扬弃的性质，必须超越现存世界，代表社会生活之现实的未来，必须以推动人类社会的整体发展、推动人类文明的全面进步为己任。马克思和恩格斯虽然不可能像写《资本论》那样写出全面剖析社会主义社会基本特征和运行机制的社会主义专著，也没有专门提出过"社会主义精神"或"共产主义精神"这样的概念，但是在《共产主义原理》、《共产党宣言》、《资本论》、《哥达纲领批判》、《反杜林

---

① 《列宁全集》，中文第2版，第7卷，第31页，北京，人民出版社，1986年。

论》等许多著作中,对未来社会所作的许多精辟的论述,展示了他们非凡的科学预见的能力,放射出了社会主义精神的光彩。

在马克思主义经典作家的所有著作中,在科学社会主义思想史上,在社会主义实践的历史经验中,社会主义都集中体现了以社会的整体发展和人类文明的全面进步为价值取向和核心价值观的思想。也就是说,社会主义所追求的是人类的全面解放。因此,当我们从人类的精神园地、价值理念和核心价值观中考察社会主义时,是否可以给社会主义精神下这么一个定义:所谓社会主义精神,就是以社会整体和文明的全面进步为本位,是在对资本主义的批判和"扬弃"中并以理论、运动和制度形态所体现出来的对资本主义社会现实的超越、探索和对人类文明的终极关怀。社会主义精神就是追求和谐,它代表的是人类文明的未来前景和最高境界。①

第二节 马克思和恩格斯的思想深处:社会主义精神与人类文明

在马克思和恩格斯的思想深处,社会主义精神是与人类文明的命运紧紧联系在一的。这是因为,马克思和恩格斯所构想的社会主义和共产主义社会不能不说是一个"和谐社会",其本质就是在人群真正平等基础上的尊严、人权、发展机遇和在此基础上所实现的"大同"与"和谐"的社会形态。当然,马克思和恩格斯"没有脱离阶级对抗、矛盾和冲突、生产资料所有制、分配制度和社会形态(社会主义替代资本主义)的基础上提出某种'和谐社会'。而对所有那些鼓吹阶级和谐、根本利益和谐的理论观点,对那些视阶级矛盾、压迫、冲突和人群不平等而不见,置社会变革方法和手段于不顾,只谈建立一种'抽象'的理想中的乌托邦社会的理论,马克思给予了无情批判",② 对用宗教和其它意识形态力量掩

---

① 近年来,学术界在讨论社会主义核心价值观问题,并从不同方面探讨如何凝炼形成社会主义核心价值观。这里所提出的"社会主义精神"概念,就其最根本的意义上来说,和"社会主义核心价值观"有异曲同工之处。本人在此沿用自己的说法,若有不周之处,敬请学界同仁批评与指正。

② 程恩富主编:《马克思主义视阈中的社会主义和谐社会》,第1版,第65页,北京,中国社会科学出版社,2008年。

盖矛盾与冲突的现象，或以那些以寻求精神寄托来达到社会稳定为目的的说教，马克思称为"假意识"或鸦片。

一、马克思和恩格斯关于社会主义精神与人类文明关系的思想轮廓

从马克思和恩格斯关于社会主义精神和人类文明的关系线索中，可以发现他们思想轮廓的三个阶段：

1. 从《1844年经济学哲学手稿》到《共产党宣言》。在《1844年经济学哲学手稿》（以下简称《手稿》中）马克思批判了"粗陋的共产主义"，说他们否定文明，是倒退。说这种共产主义是"对整个文明和文化的世界的抽象否定，向贫穷的、需求不高的人——他不仅没有超越私有财产的水平，甚至从来没有达到私有财产的水平——的非自然的简单状态的倒退。"[①] 当时的空想社会主义者如圣西门肯定文明，但他把文明看成是理性发展的产物。傅立叶和欧文虽然触及了私有制，但是也未达到要消灭私有制的程度。马克思恩格斯从空想社会主义者所达到的最高水平出发，认为"私有制的否定，即共产主义"。《共产党宣言》更明确地指出："共产党人可以把自己的理论概括为一句话：消灭私有制"。[②] 科学社会主义理论是从私有制的辨证运动中找到了共产主义革命运动的客观依据的。马克思说："不难看到，整个革命运动必然在私有财产的运动中，即在经济运动中，为自己找到经验的基础，也为自己找到理论的基础"。[③] 马克思所主张的共产主义是私有财产的积极扬弃，是对私有制的废除，同时也是自觉地保存了以往文明发展的全部丰富成果的。

2. 从《资本论》到《反杜林论》。马克思毕生致力于研究资本主义这个私有制最高发展形态的社会矛盾。在这部花了他40年的心血写成的巨著中，他精心研究了资本主义社会的基本矛盾，从资本主义社会矛盾运动的规律中，得出了资本主义必然走向社会主义的科学结论。马克思恩格斯认为，解决资本主义社会生产社会化与生产资料的资本主义私人占有之间的矛盾的途径，不是变大生产为小生产，使社会倒退，而是解

---

① 《1844年经济学哲学手稿》，第3版，单行本，第79—80页，北京，人民出版社，2000年。
② 《马克思恩格斯选集》，第2版，第1卷，第286页，北京，人民出版社，1995年。
③ 《1844年经济学哲学手稿》，第3版，单行本，第82页，北京，人民出版社，2000年。

除束缚社会化生产力发展的桎梏,变生产资料的资本主义私人占有为社会占有。没有社会化,哪有社会主义。对于资本主义条件下单个企业生产的有组织性和整个社会中生产的无政府状态的矛盾,马克思指出解决的办法,也是符合社会化生产力发展的客观要求的。这就是在实现生产资料社会占有的条件下,使整个社会生产有计划按比例地发展,当然包括保存和发展单个企业的有组织性。无产阶级与资产阶级矛盾的解决,就是无产阶级取得政权,按照无产阶级这个与最先进的经济形式相连接的阶级的面貌改造整个主客观世界,最后消灭阶级、解放全人类。总之,对资本主义社会矛盾的解决是在保存和发展人类文明的成果的基础之上进行的。

在《反杜林论》中,马克思和恩格斯指出,社会主义是整个文明时代三大时期发展的结果,社会主义不仅是继承了资本主义文明的成果,而且是继承了整个人类文明时代成果的。以往的文明,特别是资本主义文明虽然是历史的一种进步,它曾创造了社会生产力的巨大增长;但是由于它是建立在私有制和阶级对抗的基础上的,所以,文明每前进一步,不平等同时也前进一步。资本主义文明,"这个建立在劳动奴役制上的罪恶的文明"只能是在一个"恶性循环"中运动,是在它不断地重新制造出来而又无法克服的矛盾中运动。① 文明的一切进步,例如科学、发明、劳动的分工和结合、交通工具的改善、世界市场的开辟、机器等等,都不会使工人致富,而只会使资本致富,所以文明的进步只会增大支配劳动的客观权力。对于劳动者来说,它只能是"文明灾祸"。现在,这种以私有制和阶级剥削为基础的文明已成为人类文明进一步高度发展的障碍。"日益成为阻碍工业生产力发展的障碍,同时也成为日益阻碍科学和艺术发展,特别是阻碍文明社交方式发展的愈来愈大的障碍。"② 要改变这种状况,只有实现无产阶级革命。"而这个革命对于文明欧洲的任何一个旧社会都已成为历史的必然",正是"为了不致丧失已经取得的成果,为了不致失掉文明的果实,人们在他们的交往方式不再适合于既得的生产力

---

① 《马克思恩格斯选集》,第2版,第3卷,第610页,北京,人民出版社,1995年。
② 《马克思恩格斯选集》,第2版,第3卷,第151页,北京,人民出版社,1995年。

时，就不得不改变他们继承下来的一切社会形式。"① 马克思和恩格斯认为，要使像俄国这样比较落后国家，也有可能期望由于反农奴制的人民革命兴起，俄国的1793年将会到来，实现下层民众的专政，"最终将以真正的普遍的文明来代替彼得大帝的虚假的文明"②

3. 恩格斯著作《家庭、私有制和国家的起源》。如果说《共产党宣言》对共产主义必然性的论证，还是以阶级社会的发展规律为依据的话，那么，恩格斯的《家庭、私有制和国家的起源》一书，已是根据摩尔根提供的"前所未有的事实"，"树立崭新的观点"，把对共产主义的论证，建立在包括原始社会在内的整个人类社会发展规律的牢固基础之上，并对《共产党宣言》作了补充和修改。

恩格斯在这部著作中，对马克思主义的文明观做了系统的论述。它从人类历史发展的规律来揭示私有制社会文明的本质和意义，揭示高度文明与未来新社会即社会主义、共产主义的内在联系。恩格斯指出，人类由原始共产社会，经过文明时代的三大时期即三大奴役形式，最后达到人类文明发展的最高形式共产主义阶段。以私有制为基础的文明时代，完成了古代氏族社会完全做不到的事情，但是，它是用激起人们的最卑劣的动机来完成这些事情的。"鄙俗的贪欲是文明时代从它存在的第一日起直到今日的起推动作用的灵魂；财富，财富，第三还是财富——不是社会的财富，而是这个微不足道的单个的个人的财富，这就是文明时代唯一的，具有决定意义的目的"。③ 但是，随着历史的发展，人类总有一天会使自己的理智强健到能够支配财富，"一定会规定国家对它所保护的财产的关系，以及所有者的权力的范围。社会的利益绝对地高于个人的利益，必须使这二者处于一种公正而和谐的关系之中。只要进步仍将是未来的规律，像它对于过去那样，那么单纯追求财富就不是人类的最终的命运了。""社会的瓦解，即将成为以财富为唯一的最终目的的那个历程的终结，因为这一历程包含着自我消灭的因素"。那么，人类文明的这些诸因素必将促进新社会的到来。到那时，"管理上的民主，社会中的博

---

① 《马克思恩格斯选集》，第2版，第4卷，第533页，北京，人民出版社，1995年。
② 《马克思恩格斯全集》中文第1版，第12卷，第725页，北京，人民出版社，1962年。
③ 《马克思恩格斯选集》，第2版，第4卷，第177页，北京，人民出版社，1995年。

爱，权利的平等，普及的教育，将揭开社会的下一个更高的阶段，经验、理智和科学正在不断向这个阶段努力。这将是古代氏族的自由、平等和博爱的复活，但却是在更高级形式的复活。"①（起源的结束语）如果用简单的公式来表述的话，共产主义就是公有制加文明（包括物质文明和精神文明，民主也是一种文明，政治文明）②，在这里，恩格斯借摩尔根的话，寄托着他对未来新社会文明的美好设想，共产主义必将达到人类社会文明发展的最高境界。

二、社会主义精神要素的文本分析

要素是构成系统的最小单位。社会主义精神作为一个大系统，当然应该是由许多要素组成并由要素体现出来的。仔细研读马克思和恩格斯的著作，并对他们的著作中所包含的社会主义精神进行要素分析时，我们可以从不同的角度去进行，因此也可以分为不同的要素。要对社会主义精神进行要素分析，必须以马克思主义经典作家为源头，即以马克思和恩格斯的整个社会主义思想体系作为参照系。在马克思主义创始人看来，所谓社会主义社会，就是生产力水平的极大提高，就是以社会化劳动为基础、并由劳动人民掌权的社会制度。它既继承资本主义开创的社会化劳动等文明成果，又与资本主义私有制根本对立。从马克思和恩格斯的经典文本可以看出，社会主义精神要素至少应该是由以下几个方面组成。也正是这些精神要素，它们共同构成了社会主义核心价值观的主导价值取向。③

---

① 《马克思恩格斯选集》，第2版，第4卷，第179页，北京，人民出版社，1995年。
② 参见江流：《社会主义论集》，第1版，第204—205页，北京，中央文献出版社，2002年。
③ 近些年，人们在讨论如何凝炼形成社会主义核心价值观时，提出了多种看法。有人说，社会主义核心价值观可以细化为"自由集体观、民主集中观、文明进步观、和谐仁信观、富强和平观"，并可进一步浓缩为"自由、民主、文明、和谐、富强"五个词（见程恩富：《核心价值观凝炼的五个方面》，《光明日报》（理论版），2011—03—28日）；有人说，社会主义核心价值观与社会主义核心价值体系一样，都是反映着社会主义理论的思想精髓、社会主义运动的价值导引和社会主义制度的本质规定。对社会主义核心价值观的凝炼，应当深入到有机统一的社会主义理论、运动、制度之中获得其理论与实践的依据（见沈壮海："揭开凝炼社会主义核心价值观的思维之结"，《思想理论研究》，2011年，第11期。本人对"社会主义精神"所蕴涵的四对要素和范畴分析，和这些看法都有相似之处。

1. 占有与公正

首先，从历史与现实的双重角度来看，资本主义最大的弊端在于它造成财富的两极分化，原因就在于生产资料私有制的资本主义本质使资产阶级在社会财富的占有方式上占压倒一切的优势地位，工人阶级所创造的社会财富被资本家无偿地占有了。而消除这一占有现象是社会主义者最主要的特征，也是对社会主义者的最主要的要求。马克思早年对经济问题的关注与研究，往往是基于对不公平占有现象的不满。如关于林木盗窃法问题的讨论，就是一例。马克思一方面看到的是富有的林木占有者，一方面是生计无着的贫苦农民。林木占有者的利益得到国家法律的保护，而农民连捡枯枝都要受到法律的制裁。因此，马克思写了《关于林木盗窃法的辩论》，公开为政治上和社会上倍受压迫的贫苦群众的利益辩护。当然马克思在这里的分析"还不是从经济学方面，即从私有本身的合理性方面做出的，而是从法律本身，即从财产的法律意义上做出的。"① 但为受压迫的劳动群众辩护，已经暗含了对资本主义私有制的批判。马克思在对资本主义不合理的占有的批判中，也蕴涵了对人类公正的追求。

在《1844年经济学哲学手稿》中，马克思通过对异化现象的分析，深刻地揭示了资本主义社会不公平的社会占有现象以及无产阶级和资产阶级之间的尖锐对立。在资本主义社会中，异化是大量存在的，工人同自己的劳动产品相异化、工人同劳动本身相异化、人同自己的类本质相异化、人与人相异化等是资本主义社会的基本特征。马克思从分析资本主义社会异化现象出发，得出结论："社会从私有财产等等的解放，从奴役制的解放，是通过工人解放这种形式来表现的"，"因为工人的解放包含着全人类的解放"，"整个人类奴役制就包含在工人同生产的关系中。"② 在这里，马克思已不是从感性经验出发，而已经是触及到了资本主义私有制的本质。马克思在后来写的《资本论》等著作中，通过对许多经济范畴间的内在联系和发展规律的分析，更加深刻地揭示了资产阶级对工人阶级占有的本质，从而透过种种物的外壳展示出资产阶级与无

---

① 《马克思恩格斯全集》中文第1版，第42卷，第52、53页，北京，人民出版社，1979年。
② 《马克思恩格斯选集》，第2版，第1卷，第51页，北京，人民出版社1995年。

产阶级的对抗关系,展示出资本主义生产关系的历史性。马克思和恩格斯在他们的著作中,不仅一方面批判资本主义生产关系中的不公正的占有关系,而且在另一方面还着力分析并建构社会主义与共产主义的公平观。这一建构又是同工人运动中小资产阶级公平观的斗争分不开的。当时德国工人运动中小资产阶级知识分子魏特林曾发表过《和谐与自由的保证》一书,他站在抽象的公平观念的基础上,宣扬公平、平等思想,提出财产公有、人人劳动、平均分配、和谐自由的社会制度。这种绝对平均主义的公平观非但不能引导工人进行斗争,反而成了无产阶级革命运动的障碍。蒲鲁东在《什么是财产》一书中也同样运用抽象的公平观批判和解释私有财产。针对蒲鲁东的绝对平均主义的公平观,马克思在《德意志意识形态》一书中分析道,蒲鲁东关于政治经济的一切论据都是错误的,他的公平观只是"法学家和经济学家的幻想"。针对蒲鲁东把未来的公平社会理解为无政府状态,马克思指出,空想社会主义者都是完全站在法学权利的基础上提出自己的要求,他们或者是扩大了公平的要求,或是从古典经济学的劳动价值论中直接得出社会主义的结论。他们对于剥削制度的批判和未来社会的设想均不设计生产方式的改造,颠倒了法权关系和经济关系。

那么,在社会主义社会,生产资料如何公正地占有呢?马克思认为,首先,社会主义基本经济关系是公有性质的关系,它与私有性质的关系是根本对立的,"废除私有财产,代之以财产公有。"① "私有制必须废除,代替它的是共同使用全部生产工具和按共同协议来分配产品即所谓财产共有。"② 在《资本论》中,马克思也指出过,私有制作为公共的、集体的所有制的对立物,只是在劳动资料和劳动的外部条件属于私人的地方存在。也就是说,社会主义对生产资料的公正地占有,是以废除所有制为前提的。

其次,生产资料公共占有,并不意味着个人的生活资料也归公共占有。空想社会主义者所设计的公有制,实际上是平均主义的东西,要求全体成员在吃、穿、住等方面都一样。马克思坚决反对这种绝对平均主

---

① 《马克思恩格斯全集》中文第 1 版,第 47 卷,第 373 页,北京,人民出版社,1980 年。
② 《马克思恩格斯全集》中文第 1 版,第 47 卷,第 218 页,北京,人民出版社,1980 年。

义。恩格斯说:"无产阶级将取得公共权力,并且利用这个权力把脱离资产阶级掌握的社会生产资料变为公共财产。"①"我们必须摆脱土地所有者和资本家,使掌握了一切生产资料如土地、工具、机器、原料和在生产所需的时间内为维持生活所必须的一切资料的农业工人和工业工人的联合阶级来代替他们的地位。"②"在协作和对土地及靠劳动本身生产的生产资料的共同占有的基础上,重新建立个人所有制。"③"对任何一个懂德语的人来说,这就是,公有制包括土地和其他生产资料,个人所有制包括产品即消费品。"④也就是说,社会主义生产资料的公正占有,并不是去剥夺个人的生活资料。

另外,社会主义生产资料公正地占有,是全社会性地占有,而不是小集团似地占有。马克思和恩格斯在批判空想社会主义者和小资产阶级社会主义者的各种合作公社时说,社会所有制是以消灭一切生产资料私有制为前提的。"国家真正作为整个社会的代表所采取的第一个行动,即以社会的名义占有生产关系。"⑤"使社会(即首先是国家)保持对生产资料的所有权,这样合作社的特殊利益就不能压过全社会的整个利益。"⑥马克思设想未来的社会是一个自由人的联合体,人们用公共的生产资料进行劳动,并自觉地把他们许多个人劳动力当作一个社会劳动力来使用,就是对生产资料全社会性地占有的经典性地表述。

最后,社会主义社会生产资料的全社会性地公正占有,是消灭剥削、发展生产力,使人们过上富裕幸福生活的根本保障。恩格斯在给 1891 年出版的马克思的《雇佣劳动与资本》单行本的导言中写道:"在这个制度下,当代的阶级差别将消灭,……进一步发展一切社会成员的现有的巨大生产力,在人人都必须劳动的条件下,生活资料、享受资料、发展和表现一切体力和智力所需的资料,人人也都将同等地、愈益丰富得到生

---

① 《马克思恩格斯选集》第 2 版,第 3 卷,第 759 页,北京,人民出版社,1995 年。
② 《马克思恩格斯全集》中文第 1 版,第 33 卷,第 267 页,北京,人民出版社,1973 年。
③ 《马克思恩格斯选集》,第 2 版,第 2 卷,第 267 页,北京,人民出版社,1995 年。
④ 《马克思恩格斯选集》,第 2 版,第 3 卷,第 473 页,北京,人民出版社,1995 年。
⑤ 《马克思恩格斯选集》,第 2 版,第 3 卷,第 631 页,北京,人民出版社,1995 年。
⑥ 《马克思恩格斯全集》中文第 1 版,第 36 卷,第 416 页,北京,人民出版社,1971 年。

产资料、享受资料、发展和表现一切体力和智力所许的资料。"① 在生产资料社会占有的条件下,"不仅可能保证一切社会成员有富足的一天比一天充裕的物质生活,而且还可能保证他们的体力和智力获得充分的自由的发展和运用。"②

但是,马克思指出,在共产主义的第一阶段,由于它刚刚从资本主义社会中产生出来,劳动者之间的劳动关系还保留着等价交换的原则,即一种形式的一定量劳动同另一种形式的同量劳动相交换,这样,平等的权力会产生消费生活的不平等。因此,这些弊端是不可避免的。只有到了共产主义的高级阶段,在旧式分工和脑体劳动对立消失之后,随着生产力的巨大发展,集体财富的一切源泉都充分涌流之后,社会才能在自己的旗帜上写上"各尽所能、按需分配。"在这里,马克思同那些物质匮乏条件下的绝对平均主义也划清了原则界限。

社会主义精神要素中的占有与公正,在实践中的表现就要求人们必须坚持一个最基本的原则,那就是权利与义务的平等。权利与义务交换是公正的根本问题;非权利与义务交换则是公正的非根本问题。以研究公正与正义而闻名的罗尔斯也说得很清楚:"正义的主要问题是社会的基本结构,或更准确地说,是社会主要制度分配基本权利与义务。"③ 穆勒也曾说:"公道观念的精义观念,既个人权利的观念。"④ 不过,穆勒有时却由权利是公正的根本问题进而断言权利是公正的全部问题、一切公正都牵连着权利问题,则是错误的了。在社会生活中,既有牵连着权利与义务问题的公正,也有与权利义务无关的公正:前者即根本公正,后者即非根本公正。更确切地说,所谓根本公正,便是权利与义务相交换的公正,是关于权利义务的公正;而非根本公正则是非权利义务交换的公正。反之,根本不公正则是权利与义务相交换的不公正;非根本不公正则是无关权利与义务相交换的不公正。正是权利与义务交换是公正的根

---

① 《马克思恩格斯选集》,第2版,第1卷,第330页,北京,人民出版社,1995年。
② 《马克思恩格斯选集》,第2版,第3卷,第633页,北京,人民出版社,1995年。
③ 约翰·华特生选编:《康德哲学原著选读》,转引自王海明《公正·平等·人道》,第1版,北京,北京大学出版社,2000年。
④ 穆勒:《功用主义》,商务印书馆1957年版,第48页。转引自王海明《公正·平等·人道》,第1版,北京大学出版社,2000年。

本问题,所以,社会主义处理好权利与义务的关系,是正确处理好占有与公正的根本问题。"权利与义务作为社会主义精神要素中的占有与公正的演绎,它有两个方面的内容:其一是一些基本的社会利益,如一些基本的自由权利、生产资料和一些基本的社会福利和机会等都应平等地分享;而一些基本的社会负担,如对别人权利的尊重、对合法权威的服从、对公共秩序的遵守等,所有公民也应平等地分担。其二,对于一些不能平等分配的利益和负担,在扣除了社会积累的公平份额以后,也应该使不同主体享有的利益和创造这些利益时各自所做的贡献在比例上大致相等。"① 也就是说,这些不平等的利益和好处,一般来说,不能是无偿占有他人劳动的结果,而只能是对自己劳动的报偿。总之,社会主义的权利与义务平等原则就是要消灭剥削,消灭不劳而获。也就是说,消灭剥削,消灭不劳而获则是社会主义精神要素中的占有与公正的根本要求。

2. 民主和集中

在社会主义精神要素中,社会主义核心价值理念在政治上的表现应该是民主和集中。正是这样,所以,列宁曾经说过,没有民主,就没有社会主义。

如果从广义的角度来说,民主包括的范畴应该是很广泛的,有政治民主、经济民主、文化民主以及社会民主等。但是,这里要论述的主要是政治意义上的民主。所谓政治民主是指一个国家政治体系(或一个政治共同体)内部存在和发展着的民主。从文明的视觉来看,社会主义政治民主其实也就是社会主义政治文明的一部分。政治文明与物质文明、精神文明一起共同构成了人类文明的组成部分。社会主义政治民主的真实性起源于或取决于社会经济现象的公有性。如果从比较宽泛的视阈来理解,民主与平等其实是联系在一起的:民主也就是为了平等。

卢梭曾经表达过这样的思想,文明每前进一步,都是以不等为代价的。阶级和国家的出现,标志着人类政治文明的开始,即标志着人类进入了有组织的社会政治活动状态。但是这种政治文明表现出赤裸裸的阶级压迫。资本主义民主制度的建立,是人类政治文明的重大进步。资产阶级按照洛克和卢梭的"人民主权论"、孟德斯鸠的"三权分立学说"和

---

① 马德普:《社会主义基本价值论》,第1版,第111页,北京,中央编译出版社,1997年。

密尔的"代议制理论",建立了一整套的资产阶级民主制度,这相对于封建专制主义来说,无疑是一个巨大的历史进步。但是资产阶级民主的实践并没有也不可能真正实现资产阶级民主的理论,劳动人民并没有得到真正的民主,也不可能有真正的平等,所谓"主权在民"的口号也只是一句空话。

马克思和恩格斯对封建主义的无情批判,是创立马克思主义民主理论的起点,而运用唯物史观,对资产阶级民主进行透彻的剖析,是马克思主义民主理论创立的重要组成部分。

马克思和恩格斯认为,资产阶级民主作为资本主义的国家制度,是旧的生产方式和交换方式的一系列变革的产物,是"资产阶级摧毁了封建制度,并且在它的废墟上建立了资产阶级的社会制度"。[①] 这种民主制度无论是在否定封建主义、倡导"自由"、"平等"等方面,还是在发展生产力方面,都具有历史进步性。但是,随着进步性的表现出来,它的阶级实质和局限性也表现得更加突出。资产阶级全力宣扬民主以公民在政治上的平等为原则,似乎表明资产阶级在努力实现普遍的政治平等,但资产阶级民主"远远没有废除所有这些实际差别,相反地,只有在这些差别存在的条件下,它才可能存在……"[②],这些差别和不平等,归根到底,就是在对生产资料所有制关系上的差别和不平等。在所有制归资产阶级完全占有的情况下,劳动人民在经济上是没有什么平等可言的。经济上的不平等,也就决定了劳动人民在政治上的不平等。马克思恩格斯还深刻地指出资产阶级民主理论"自由"、"平等"、"博爱"这些"普遍性形式"与现实的矛盾,指出资产阶级民主是用全民性掩盖其阶级性的民主。它在形式上也好像赋予劳动者一定的权利,好像资产阶级和工人阶级真的是在法律面前人人平等,然而这实际上是假的。资本主义社会实质上是谁拥有金钱谁就有民主权利,谁有多少钱谁就有多少民主权利,谁没有钱谁就没有民主权利。资本主义民主是有钱的资产阶级的民主,对于穷人、劳动人民则是假民主。至于平等,当资产阶级感到自己的统治受到无产阶级和其他劳动人民的威胁时,资产阶级共和国就要显

---

① 《马克思恩格斯选集》,第2版,第3卷,第618页,北京,人民出版社,1995年。
② 《马克思恩格斯全集》中文第1版,第1卷,第427页,北京,人民出版社,1956年。

出自己的真面目来了,他们就会把共和国的自由、平等、博爱这句格言代之以毫不含糊的"步兵、骑兵和炮兵"了。至于所谓的"三权分立"也只不过是资产阶级欺骗劳动人民的把戏把了,资产阶级的政权仍是维护资产阶级统治人民的手段与工具。

马克思和恩格斯是在深刻剖析资本主义民主的实质中,提出要建立无产阶级的新型民主的。1848年《共产党宣言》的发表,不仅标志着马克思主义的诞生,也标志着马克思主义民主观的创立。

在马克思和恩格斯看来,无产阶级要"争得民主",就必须推翻资产阶级,使自己上升为统治阶级。因为,无产阶级不仅在经济上受资产阶级的剥削,而且在政治上还受资产阶级压迫,是不可能享受到充分民主的。正是无产阶级和劳动人民没有民主的权利,所以无产阶级和劳动人民是永远不可能有获得平等的机会。无产阶级最终要获得平等的地位,唯一的途径就是"推翻资产阶级,工人阶级专政"①。也就是说,工人阶级要求得自己的解放,使自己在政治上获得民主和平等,就必须对资产阶级实现专政,建立无产阶级的政权。这个政权是对无产阶级和劳动人民实行民主,同时对资产阶级实行专政的政权,因而也必然是一个民主的政权。马克思在总结巴黎公社的经验教训时说,巴黎公社的性质"实质上是工人阶级的政府,"②是工人阶级"执掌政权的形式",③是由人民自己当自己的家。在马克思看来,只有巴黎公社才是无产阶级和劳动人民充分享受到了民主和平等的无产阶级的政权。这是一个真正的人民当家作主的政权,它只对极少数敌人实行专政。因而这种民主形式也是新型的无产阶级国家政权。

马克思和恩格斯认为,无产阶级民主之所以是民主的,还因为它是建立在生产资料的公有制基础之上的。资产阶级乃至一切剥削阶级民主局限性的实质,就是它建立在生产资料的私人占有制的基础之上。在资本主义条件下,劳动者不占有生产资料。他们在经济上受劳动资料即生活源泉的垄断者的支配,成为他们所受的一切形式的奴役的基础。无产

---

① 《马克思恩格斯选集》,第2版,第1卷,第400页,北京,人民出版社,1995年。
② 《马克思恩格斯选集》,第2版,第3卷,第59页,北京,人民出版社,1995年。
③ 《马克思恩格斯选集》,第2卷,第3卷,第116页,北京,人民出版社,1995年。

阶级如果不"消灭那种将多数人的劳动变为少数人的财富的阶级所有权",不建立公有制,不能"使劳动在经济上获得解放",那么,"公社体制就没有实现的可能,就是欺人之谈。生产者的政治统治不能与他们永久不变的社会奴隶地位同时并存"。① 事实上,社会主义消灭了剥削制度,实现了以生产资料公有制为主体的经济制度,使劳动人民在经济上得到解放,这就为实现人民民主创造了经济前提。正是在这种经济基础上,社会主义社会建立了民主政治制度,这使人民在政治上基本获得了平等的权利。

马克思和恩格斯认为,无产阶级民主制的一个最主要的表现是应对国家公职人员实行选举制、撤换制和普通工人工资制。无产阶级在夺取政权后,为了确保人民社会主人的地位和权力,必须采取有效措施防止国家和国家机关由社会公仆变为社会主人。马克思非常赞赏巴黎公社的做法:一是彻底清除国家等级制,以随时可以罢免的勤务员代替骑在人民头上的作威作福的老爷们,以真正的负责制代替虚伪的负责制;二是代表机关的成员和法官等都毫无例外地一律由人民直接选举产生,不论职务高低,都是人民的勤务员;三是一切社会公职人员都处于人民的监督之下,并随时可以撤换;四是取消一切特权,规定从上而下一切公职人员的工资只相当于工人工资,以防止公职人员追求升官发财,以便更好地履行人民公仆的职责。

无产阶级民主在组织形式上,马克思认为,应该实行"议行合一"的原则。根据巴黎公社的政权组织形式,马克思提出"公社不应当是议会式的,而应当是同时兼管行政和立法的工作机关"。② 也就是说,无产阶级政权不仅在政治上和法律上是代表无产阶级的意志的机关,同时也是执行和实现这些意志的机关,行政权和立法权合二为一。这个原则是对资产阶级民主的"三权分立"原则的直接否定,从而保证了无产阶级政权的"真正民主制"的性质,有利于人民当家作主,实现政治上的平等。

马克思主张无产阶级民主制实行地方自治代替资产阶级官僚中央集

---

① 《马克思恩格斯选集》,第2版,第3卷,第59页,北京,人民出版社,1995年。
② 《马克思恩格斯选集》,第2版,第3卷,第55页,北京,人民出版社,1995年。

权制。根据巴黎公社的经验，马克思主张实行有限制的中央集权领导下的充分的地方自治，按照这一原则组织起来的公社既有地方自制机关管理地方的公共事务，又有在自治的基础上联合起来选举产生中央政府主管为数不多的然而是非常重要的职能，实行集中统一的领导。这样，既能维护中央的集权，同时又是保证人民更好地行使当家作主权力，组织统一民族国家的政治形式。

马克思和恩格斯还认为，无产阶级民主的发展方向是民主的最终消亡。马克思说："历史任务就是要使政治国家返回现实世界"，① 而完成这一任务的途径只能是无产阶级民主。恩格斯也说："国家最多也不过是无产阶级在争取阶级统治的斗争胜利以后所继承下来的一个祸害"。② 所以，马克思指出，无产阶级民主的一个重要任务就是把寄生赘瘤——'国家'迄今所吞食的一切力量还给社会机体，即把社会委托给国家的那些权力重新还给社会，社会把国家政权重新收回。马克思的这一思想意在：第一，打碎旧的国家机器，建立无产阶级专政的民主共和国，使国家处于社会的监督之下。第二，国家的自行消亡。巴黎公社革命"不是一次反对哪一种国家政权形式——正统的、立宪的、共和的或帝制的国家政权形式的革命。它是反对国家本身、这个社会的超自然的怪胎的革命"，③"当国家终于真正成为整个社会的代表时，它就使自己成为多余的了。""那时，国家政权对社会关系的干预将先后在各个领域中成为多余的事情而自行停止下来。""国家不是'被废除'的，它是自行消亡的。"④ 国家消亡了，民主作为国家制度也就随之消亡了。代替这种民主的是自由人的联合体，这就是未来的共产主义社会。⑤

总之，马克思和恩格斯的民主理论，不仅科学地说明了人类民主政治产生和发展的历史原因，并且进一步提出了无产阶级的民主要求，科学地阐明了社会主义民主产生和发展的历史必然性。人类思想史上以往

---

① 《马克思恩格斯全集》中文第 1 版，第 1 卷，第 283 页，北京，人民出版社，1956 年。
② 《马克思恩格斯选集》，第 2 版，第 3 卷，第 13 页，北京，人民出版社，1995 年。
③ 《马克思恩格斯选集》，第 2 版，第 3 卷，第 93 页，北京，人民出版社，1995 年。
④ 《马克思恩格斯选集》，第 2 版，第 3 卷，第 631 页，北京，人民出版社，1995 年。
⑤ 无产阶级民主问题，参考了李贺林等先生的某些观点。见李贺林等：《从列宁到邓小平：民主理论发展轨迹》，北京，中共中央党校出版社，1998 年。

的所有站在剥削阶级立场上的思想家提出的民主思想，从未超出过为少数剥削阶级争得权利、争得民主的范围。马克思和恩格斯在历史上第一次站在大多数社会成员的立场上，科学地阐明了无产阶级的民主理想，论证了社会主义民主是人类历史上最高类型的民主。社会主义民主的国家制度，是社会化生产力发展的政治结果，是社会主义生产关系的必然要求。社会主义民主，将在人类历史上第一次实现广大劳动人民当家做主，掌握国家权力；社会主义民主，将人民权利从政治领域扩大到经济、社会、文化领域，不仅在形式上而且在事实上实现和保障广大人民群众的民主权利。

但是，社会主义在走向民主的过程中，必须和集中统一起来。民主与集中的关系问题，是马克思和恩格斯民主理论中一个十分深刻而重要的问题，也是一个独具马克思主义理论特色的问题，或者说是一个社会主义民主语境下的问题。民主与集中的关系问题，主要存在于民主政治的运行层面，即依照何种规则和程序处理政治事务、进行决策和实施管理。在民主与集中的关系范畴中，马克思认为，世界上没有抽象的民主，民主都是具体的、相对的和有条件的。正因为如此，社会主义从来就主张把"民主集中制"作为社会政治权力的主要直接形式。社会主义民主集中制应该是社会主义最普遍的制度和政治精神。所谓民主集中制，就是没有离开集中的民主，也没有离开民主的集中。只有在充分民主的基础上，才能实行正确的集中；也只有在正确集中的指导下，才能有健全的民主。只讲集中不讲民主，那只是官僚主义的集中；只讲民主不讲集中，那就必然导致极端民主化和无政府主义。

社会主义的民主集中制正确规定了个人和组织、被领导和领导、下级和上级、地方和中央等之间的关系。作为组织原则，一方面，是国家机关和人民的关系，国家机关由人民选举产生，其基础是民主；另一方面，国家权力机关与其他国家机关不是并列的关系，国家权力机关实行议行合一，其他国家机关由权力机关产生，并对其负责，国家权力机关代表人民统一行使一切国家权力，地方服从中央的统一领导，同时发挥地方的积极性。作为活动原则，人民代表大会的活动过程，就是民主与集中的过程，是从群众中来到群众中去的过程。

民主政治是衡量人的解放和平等程度的重要程度。人类社会最终将走向的社会民主,不仅是人类彻底解放与平等的要求,而且也是人类社会历史辨证发展的必然。民主在其自身发展过程中必将以社会民主为其最高形态。在人类历史发展过程中,首先存在的是原始的社会民主,这是建立在一种十分低下的生产力为基础之上的"古代自然长成的民主制"。阶级和国家的出现,代之以国家形态的民主。在阶级对立的社会,国家形态的民主也有自身的发展过程。资产阶级民主政治的出现,是民主发展过程的重大转折,但它仍然是残缺的民主。民主政治的出现不仅意味着人们摆脱了人与人的从属关系,实现了政治领域里的平等;而且意味着通过这种民主政治,无产阶级完全有可能把由少数人享有的民主变成大多数人享受的民主——社会主义民主政治,一种新型的、最高的国家形态民主。社会主义民主政治是迈向社会民主的重要阶段。历史发展的规律决定了国家形态民主的消亡和社会民主的最终实现需要经历一个发展过程。在这一过程中,社会主义民主政治起着重要的推动作用:不经过这一阶段,广泛的社会民主是不可能实现的,人类也不能取得最终的彻底解放和平等。所以,社会主义民主是代表了未来社会民主的正确方向,是历史上迄今为止最高类型的民主,是人类获得彻底解放和完全平等的最理想的平台。

3. 富裕与和谐

马克思和恩格斯认为,尽可能快地发展社会生产力,实现生产力的巨大增长和高度发展,这是社会主义社会的一个基本规定。生产力是社会发展的最终决定因素,创造出高于资本主义社会的生产力是社会主义最终战胜资本主义的物质前提。在《德意志意识形态》中,马克思和恩格斯认为,生产力的巨大增长和高度发展是社会主义社会"绝对必需的实际前提"。在《共产党宣言》中,马克思和恩格斯又指出:无产阶级夺取政权后应"尽可能快地增加生产力的总量",强调发展生产力的首要性是科学社会主义的基本观点。"社会主义的优越性就是体现在它的生产力要比资本主义发展得更高一些,更快一些"。"社会主义要消灭贫穷。贫穷不是社会主义,更不是共产主义。"[1] 生产力的发展不仅表现在发展速度上,更重要的还表现在经济效益上,即以尽量少的劳动消费取得尽

---

[1] 《邓小平文选》,第2版,第3卷,第53页,北京,人民出版社,1993年。

多的劳动成果。马克思曾把时间的节约以及劳动时间在不同的生产部门之间有计划的分配看成是未来新社会"首要的经济规律",[①] 并指出这种时间的节约就等于发展社会生产力。马克思后来看到了科学技术在社会发展中的重要地位,又提出了科学技术是生产力的著名命题。因为,社会主义只有创造出比资本主义更高的劳动生产率,才能使人民富裕起来,也才能最终取代资本主义。

生产力的提高,人民物质生活的富裕虽然是社会主义区别于资本主义的重要标志,是社会主义取代资本主义的重要条件,但是生产力的提高,人民物质生活水平的富裕并不是社会主义精神所追求的唯一价值。在马克思和恩格斯看来,社会主义物质生活的富裕必须以人与自然、人与人以及人与社会之间的整体和谐为前提。社会主义社会就是以社会的整体与全面发展为本位,既注重物质生活水平的提高,同时又注重人与自然、人与人以及人与社会之间的和谐发展。片面地只注重或只强调任何一个方面的发展,都不会给社会带来真正意义的发展,其结果只能使社会呈现出畸形状态,使社会成为"单面性的社会"。虽然资本主义在生产力和物质生活水平方面比起以往的社会有很大的进步,但它是以人与自然、人与人以及人与社会之间的分离与不和谐为代价的,用马尔库塞的话来说,它是"单面性的人"和"单面性的社会"。为此,马克思对资本主义物质充裕下的畸形发展做了尖锐深刻地批判,并对未来共产主义社会的全面发展做了科学的预测和说明。在《1844年经济学哲学手稿》中,马克思就指出:"共产主义是私有财产即人的自我异化的积极的扬弃,因而是通过人并且是为了人而对人的本质的真正的占有;因此,它是人向自身、向社会的(即人的)人的复归,这种复归是完全的、自觉的而且保存了以往发展的全部财富的。这种共产主义,作为完成了的自然主义,等于人道主义,而作为完成了的人道主义,等于自然主义,它是人和自然界之间、人和人之间的矛盾的真正的解决,是存在和本质、对象化和自我确证、自由和必然、个体和类之间的斗争的真正解决。"[②]

[①] 《马克思恩格斯全集》中文第1版,第46卷上,第120页,北京,人民出版社,1979年。
[②] 马克思:《1844年经济学哲学手稿》,第3版,单行本,第81页,北京,人民出版社,2000年。

在这六大矛盾中，前二个矛盾是基本的矛盾，后四个矛盾是前二个矛盾的展开和发挥。人类社会存在的本身必然会出现人和自然界、人和人之间的矛盾。但如何处理这些矛盾，不同阶级的思想家会体现出不同的阶级立场。柏拉图，作为古希腊没落地主之代表，在人与自然和人与人的矛盾面前，分别选择了农业经济和理想国的解决方案。中世纪的思想家把解决这些矛盾的办法完全交给了上帝。近代资产阶级的理论家们如亚当·斯密把"看不见的手"的原则看作是解决人与自然界以及人与人之间矛盾的最好的原则，认为只有建立在竞争与交换的基础上，社会才会向越来越好的方向发展。很显然，这些理论都是有其阶级局限性的。

马克思和恩格斯与其他思想家不同的地方，就在于他们是站在无产阶级的立场上的。马克思指出，只要不扬弃私有财产，就不可能真正解决困绕人类历史的"六大矛盾"，因为，私有财产本身就是人的自我异化的手段。因此，只有作为私有财产之积极扬弃的共产主义，才可能是上述历史之谜的真正解答，才可能是真正代表全人类利益的一种历史选择。也就是说，只有共产主义才能使人与自然、人与人之间达到和谐的统一。当然，这是马克思站在哲学人本主义的角度所说的对私有财产的扬弃的。哲学人本主义本身就意味着它不可能是对这些财富本身的彻底扬弃。共产主义只扬弃私有财产身上所表现出来的异化关系，而不会充当历史虚无主义的角色。

随着马克思和恩格斯无产阶级世界观的逐渐成熟，他们关于人类富裕而和谐的思想的论述，就不再是从抽象的哲学人本主义出发了。《共产党宣言》、《反杜林论》、《哥达纲领批判》等著作从人类社会的基本矛盾出发对未来的社会主义的设想，就完全体现了人类整体和谐发展的思想。什么是社会主义？马克思和恩格斯认为，社会主义一是生产力的极大提高，物质生活水平的富裕；二是生产资料公有制，人民共同富裕；三是通过按劳分配达到共同富裕；四是无产阶级要争得民主；五是确立"有个性的个人"，实现个人自由而全面的发展。在这样的社会里，人类对自然的征服，对自然的利用不仅能够按照"实然"的尺度去实践，而且还能够按照"应然"的尺度去实践。那种将人与自然对立起来，只顾人的生存和发展，单纯把自然界视着获取生活和生产资料的对象而不顾自然界发展规律的做法已经不存在了。人们在改造自然的实践活动中，能自觉树立生态伦理意识，能合理地利用自然规律，以整体利益、长远利益统摄局部利益、眼前利益，使人类改造自然的活动实现预期的目标，从而促进人与自然的协调发展；从人与社会的关系来说，社会主义社会能够按每一个人的能力大小为他提供平等的竞争机会，提供所许的物质生活资料，而每一个人也尽其所能地为社会做出自己应有的贡献，资本主义社会那种人与社会的对立情绪消除了，人与社会达到了和谐的统一；从人与人的关系来说，社会主义社会克服了资本主义社会那种人的异化状态，人们的思想觉悟大大提高，对健康丰富的精神生活的追求以及人们高尚的信仰都大大地提高了。对此，苏联学者米·彼·姆切德洛夫博士在论述这一点时说的比较好，社会主义"社会组织的社会形式摆脱了对抗，摆脱了政治上奴役人的现象、人剥削人的现象，摆脱了对某些民族、种族歧视的现象。社会主义社会保证着人的自由和社会权利——劳动权、受教育权、休息权和老、病、残得到物质保证的权利等等。社会主义根本改变了社会生产的目的，使每个人都对未来抱有信心，把一切物质和精神文化的成果用来为劳动人民服务。"而且与一切对抗性的文明相反，"社会主义文明是建筑在集体主义的社会制度之上的……每个人的社会威望首先取决于个人的品质、个人的劳动、个人给社会提供的财富的数量和质量。在社会关系方面出现了新的原则，即集体主义和同志式的互相关系。"[①]

在马克思和恩格斯看来，把对富裕与和谐的追求作为社会主义精神要素之一，是社会主义社会总体发展中的历史性飞跃。因为社会主义代替资本主义是人类历史上最伟大、最深刻的社会变革，它不仅要进行政治革命、经济革命，而且还要进行更为深刻、更加艰难的变革——彻底改变人，培养和造就社会主义和共产主义新人。资本主义的生产方式使人完全地物化了，成了"单向度的人"。依靠"单向度的人"，无论在什么样的社会经济制度和政治制度下都是无法建立起社会主义和共产主义社会的。社会主义社会并不是在新的生产力水平和物质基础之上，把资产者的生活方式扩大到全社会。社会主义不仅要实现社会平等，满足全

[①] 【苏】米·彼·姆切德洛夫：《社会主义——新型文明的形成》，第1版，北京，求实出版社，1982年。

体社会成员的物质需要，更要改变人的需要的性质和方式。人类无限的物质需求并不是永恒的，它是私有制社会"物化"的烙印。要完成消除"物化"，改变人的需要这样深刻的革命，仅仅依靠政治制度、经济制度的力量，依靠生产力大发展和拥有更多物质财富，是无论如何达不到的，它必须要有一个全面发展的社会主义作为前提。反过来讲，社会主义的政治制度、经济制度的有效性的运行，也必须以社会主义的总体和谐作为前提条件。否则，任何形式的政治、经济制度也不可能是真正社会主义的。所以，从某种意义上来说，"社会主义革命是一场总体性的和谐性的革命，社会主义也必将是总体性的和谐性社会主义。只有社会主义的总体性的和谐性的发展，才能彻底消除私有制赋予人的'虚假需要'，彻底改变'单面人'的面貌，把人的物质欲求还原为人的真正的'自然需要'，使对于全面发展、完善精神与道德和审美的需要成为全人类的基本需要，创造出道德和美学的新天地，创造出社会主义的一代又一代新人。这种总体性的社会主义就是社会主义精神赋予给人类文明的'和谐'。只有这种总体的、和谐的社会主义，才能代替总体的、不和谐的资本主义，人类将在总体性的和谐性的发展中完成历史的新飞跃"。①

4. 人的自由与全面发展

以自由人为目标的人的自由而全面发展是社会主义对人的基本价值要求。这个要求被马克思视为未来社会的基本原则，也是未来社会的基本特征。其实，人的自由而全面发展这一社会主义精神要素是能够涵盖所有其它精神要素的最高的综合性因素。像占有与公正、民主与平等、富裕与和谐等在归根结底的意义上可以说都是人的自由而全面的发展在不同方面的表现，马克思和恩格斯也正是在这个基础上提出了人的自由而全面的发展的思想的。这里主要侧重说明社会主义人本身的发展特别是人的全面发展对自由实现的意义。

马克思的全部学说，归根到底就是要对整个社会实行共产主义改造，而对社会实行共产主义改造的最高目标，则是实现人的全面自由发展。综观马克思和恩格斯的著作，从《1844年经济学哲学手稿》到《德意志

---

① 房宁：《现代资本主义发展引论》，第1版，第251页，北京，首都师范大学出版社，1995年。

意识形态》,：从《共产主义信条草案》到《共产党宣言》；从《经济学手稿（1857—1858年）》到《资本论》；从《哥达纲领批判》到《反杜林论》，以至于马克思和恩格斯晚年的书信，可以看到一个不断重复的论断，一条贯穿始终的红线：对社会进行共产主义改造的目的，共产主义社会的基本原则和本质特征，就是实现人的全面自由发展，或者更准确一点说，就是在保证社会劳动生产力极高度发展的同时又保证人类最全面的发展这样一种经济形态。在《手稿》中，马克思说："共产主义是私有财产即人的自我异化的积极扬弃，因而是通过人并且为了人而对人的本质的真正占有；因此，它是人向自身，向社会的（即人的）人的复归……"这里的论述虽然带有思辨的性质和人本主义的痕迹，但是已表明了马克思对共产主义的基本理解。在《德意志意识形态》中，科学的个人全面发展概念和作为"自由人联合体"雏形的"集体"概念也已经提出。在此基础上马克思和恩格斯认为共产主义社会是"个人的独创和自由的发展不再是一句空话的唯一的社会"。① 他们把人的全面发展同无产阶级革命联系在一起，并认为，个人的全面发展，正是共产主义者所向往的；不可避免的共产主义革命本身，就是个人自由发展的共同条件。在"共产主义同盟"的纲领第一稿的《共产主义信条草案》中，恩格斯在回答"共产主义者的目的是什么？"这一问题时提出："把社会组织成这样，使社会的每一个成员都能完全自由的发展，并且不会因此而危及这个社会的基本条件。""而废除私有财产，代之以共有财产"，则被看成是实现这一目的的途径和手段。② 《共产主义原理》是同盟纲领的第二稿，在这篇文章里，恩格斯又一次重申了这一共产主义的目标和本质："根据共产主义社会原则组织起来的社会，将使自己的成员能够全面地发挥他们各方面的才能。"③ 《共产党宣言》作为科学共产主义诞生的宣言书，更明确地提出了未来共产主义社会的最本质的特征，就是人的全面自由发展，"代替那存在着阶级和阶级对立的旧社会的，将是这样一个联合体，在那里，每个人的自由发展是一切人的自由发展的条件。"④ 19世纪

---

① 《马克思恩格斯全集》中文第1版，第3卷，第516页，北京，人民出版社，1960年。
② 《马克思恩格斯全集》中文第1版，第42卷，第373页，北京，人民出版社，1979年。
③ 《马克思恩格斯选集》，第2版，第1卷，第243页，北京，人民出版社，1995年。
④ 《马克思恩格斯选集》，第2版，第1卷，第294页，北京，人民出版社，1995年。

50年代以后，马克思写下了政治经济学巨著《经济学手稿（1857—1858年）和《资本论》。在《经济学手稿》中，马克思把社会发展和人的个体发展作为一个统一的过程进行了考察，把这一过程概括为三大社会形态或阶段："人的依赖关系是最初的社会形态"；"以物的依赖性为基础的人的独立性，是第二大形态"；而"第三个阶段"的标志则是"建立在个人全面发展和他们共同的社会生产能力成为他们的社会财富这一基础上的自由个性"。① 在《资本论》中，马克思以更加明确的语言表达了同一思想，他把共产主义社会定义为"以每个人的全面而自由的发展为基本原则的社会形式"。② 在这两部巨著中他还多次阐述了共产主义社会的财富观，提出了评判社会"崇高"与"鄙俗"的价值尺度：凡是把人的发展作为目的的社会，就是"崇高"的，而为了某种外在目的而牺牲人的发展这个目的本身的社会，就是"鄙俗"的。③ 在1875年的《哥达纲领批判》中，马克思关于共产主义高级阶段的论述，其中有两点值得注意。第一，马克思所说的共产主义社会的三条，同样是以个人的全面发展为核心的。除了第三条直接表述为"在随着个人的全面发展生产力也增长起来，而集体财富的一切源泉都充分涌流之后"，④ 其余两条的根据是：(1) 消灭旧式分工（第一条）和个人的全面发展实际上是同一语。就个人来考察个人，个人就是受分工支配的，分工使他变成片面的人，使他畸形发展，使他受到限制。(2) 劳动成为生活的第一需要（第二条），只是在"由必需的和外在目的的规定要做的劳动终止的地方"，即只是在"物质生产领域的彼岸"才能成为现实。而在此处开始的，已经是"作为目的本身的人类能力的发展"的"真正的自由王国"。⑤ 第二，在分配问题上，马克思除了始终坚持生产方式决定分配方式而外，他们对未来共产主义社会实行"按需分配"的设想，从一开始就是和"以研究人的本性

---

① 《马克思恩格斯全集》中文第1版，第46卷上，第104页，北京，人民出版社，1979年。
② 《马克思恩格斯全集》中文第1版，第23卷，第649页，北京，人民出版社，1972年。
③ 《马克思恩格斯全集》中文第1版，第46卷下，第218页，上486页；第25卷，第827页，北京，人民出版社，1980年。转引刘怀玉等：《走出历史哲学乌托邦》，第1版，郑州，河南人民出版社，2001年。
④ 《马克思恩格斯选集》，第2版，第3卷，第305页，北京，人民出版社，1995年。
⑤ 《马克思恩格斯全集》中文第1版，第25卷，第927页，北京，人民出版社，1974年。

为基础的实际信念"① 联系在一起的。恩格斯说："只要分配为纯粹的经济考虑所支配，它就将由生产的利益来调节，而最能促进生产的是能使一切社会成员尽可能地全面发展，同时也就是人的尽可能地全面发展、保持和运用自己能力的那种分配方式。"② 这就是说，分配方式的选择，应当以促进生产的发展，同时也就是人的尽可能全面的发展为依据。恩格斯在这里所说的，还是为"纯粹的经济考虑所支配"的分配，到了共产主义社会，纯粹经济考虑就为个人的全面自由发展这一直接目的所代替了，在那种情况下，分配方式必然地要服从于、服务于人的全面自由发展。

马克思在1877年致《祖国纪事》编辑部的信中批驳了米海洛夫斯基把他"关于西欧资本主义起源的历史概述彻底变成一般发展道路的历史哲学理论"的错误做法，但在人类社会的发展目标上，却坚持了无论是东方还是西方，最后所要达到的目标都是一致的，这就是："在社会劳动生产力极高度发展的同时又保证人类最全面的发展这样一种经济形态。"③ 这样的思想，马克思在《经济学手稿》中作过表述，资本主义和共产主义的质变点就在于"基础本身取得的形式使它能和生产力的最高发展，因而也和个人（在这一基础的条件下）的最丰富的发展相一致"。④ 从马克思和恩格斯有关著作可以看出，人的自由而全面发展的思想是马克思和恩格斯以一贯之的思想。人的自由而全面发展应该是马克思和恩格斯的社会主义精神的要素，它像一根红线一样，贯彻于社会主义精神的其它要素之中。

作为社会主义精神要素的人的自由而全面的发展，应该如何去理解呢？根据经典作家的思想愿意，社会主义自由人的理想应该包括以下几个方面：

第一，社会主义的自由是普遍的自由。

在人类思想史上，几乎每一个思想家都在歌颂自由，但到底什么是自由，据当代美国著名理论大师柏林的统计，关于这个定义的大概有二

---

① 《马克思恩格斯全集》中文第1版，第3卷，第637页，北京，人民出版社，1960年。
② 《马克思恩格斯选集》，第2版，第3卷，第544—545页，北京，人民出版社，1995年。
③ 《马克思恩格斯全集》中文第1版，第19卷，第130页，北京，人民出版社，1963年。
④ 《马克思恩格斯全集》，中文，第1版，第46卷下，第35页，北京，人民出版社，1980年。

百种之多。如果从比较精确的概念来说,一般认为,自由是没有外在强制从而能够按照自己的意志进行的活动;不自由则是因为有外在强制而不能按照自己的意志进行的活动。自由,按其类型来说也是很多的,主要有(1)经济自由,也就是人们创造、获得物质财富的自由,比如财产自由、劳动自由、就业自由、经营自由、贸易自由等;(2)思想自由,是人们创造、获得精神财富的自由,如言论自由、出版自由、新闻自由、宗教自由、信仰自由等;(3)政治自由,是人们参加社会管理活动的自由,如选举自由、投票自由、结社自由、游行自由等等;(4)人身自由,是人们不创造、获得财富的活动之自由,如恋爱自由、结婚自由、居住自由、迁徙自由、通信自由等。自由,从其内在价值来说,它是最深刻的人性需要;从其外在价值来说,它是达成自我实现和促使社会进步的根本条件。自由,从其所应遵循的普遍原则来说,首先应是具有法治原则,即是说,该社会必须是法治而不是人治,该社会的法律和道德必需由全体成员或其代表制定或认可,从而是公共意志的体现;其次,自由还应具有平等原则,人人都必须同样地、平等地服从强制,也必须同样平等地享有自由。平等地服从强制,平等地享有自由,也即是要在法律面前人人平等。再次,自由还应具有限度原则,因为自由应有一定的强制,若没有一定的强制,任何社会都不能维持其存在。因此,好的、善的、非恶的必要强制对于维护人们的正当权利和自由又是十分必要的了。任何意义上的绝对自由都是绝对不允许的。就连西方资产阶级的一些政治思想家也是明确反对绝对自由的,如资产阶级自由"始祖"洛克坚定明确地说,"任何政治也不许可绝对自由。"[1] 孟德斯鸠说:"自由是法律所许可的一切事情的权利。"[2] 杜威也说:"公民自由永远不是绝对的","只有一个在哲学上的无政府主义者才主张言论自由包括怂恿别人从事杀人、放火和抢劫的权利。所以在具体情况之下,公民自由就意味着法庭对它们所解释的意义。"[3]

马克思和恩格斯在论述无产阶级的自由理想时,是把它作为无产阶

---

[1] 罗素:《西方哲学史》,第1版,下卷,第146页,北京,商务印书馆,1961年。
[2] 罗素:《西方哲学史》,第1版,下卷,第154页,北京,商务印书馆,1961年。
[3] 杜威:《人的问题》,第1版,第96页,上海,上海人民出版社,1965年。

级解放和无产阶级的根本利益的体现,是根本不同于资本主义社会中的自由和资产阶级的自由理想。因为社会主义的自由是每一个人的自由,是普遍的自由,也就是每一个人都成为自由人,而资本主义社会,自由是被少数人所垄断,劳动人民是根本不可能得到实际上的自由的。所以,早期的空想社会主义者魏特林就说过,无产阶级所要求的自由,"必须是一种统一的、普遍的、不可分的自由",是"一切人的自由,没有例外的全体人的自由"。马克思和恩格斯批判地继承了空想社会主义的自由思想,把未来社会定义为每个人的自由发展是一切人的自由发展的条件。由于社会主义最伟大的历史意义在于它彻底打碎了资产阶级压榨无产阶级和广大劳动人民的权力关系,实现了社会绝大多数成员可以充分享受监督和参与国家治理的权利,而且使自由成为社会绝大多数人可以实现的现实。人们在生产劳动一致的基础上能够按照个人的意志发挥自己的创造性和积极性,人们按照自己的意志从事任何活动都能受到法律的保护和政治的认可。因此,在马克思看来,社会主义的普遍的自由,就是把自由和平等有机地统一起来了。社会主义坚决反对那种建立在不平等基础之上的自由,反对把个人自由凌驾在他人自由和全体人自由之上。这一原则深刻地反映了无产阶级的根本利益和要求。当然,社会主义普遍的自由绝对不是平均主义,更不是普遍的禁欲主义。空想社会主义在一定程度上带有平均主义和禁欲主义的倾向,这只是一种低层次的自由,而且会导致普遍的专制。社会主义的自由就是使"每一个人都成为这样的人,就是对剥削和压迫的否定。所以,社会主义的自由人理想在一定意义上,就是消灭剥削和压迫的理性的另一种表述。"①

第二,社会主义的自由是完整的、全面的,而不是单面性的,是相对于资本主义的自由而言的。资本主义在推翻封建主义的过程中,曾经打出了自由的旗号,但是,由于受私有制的资本主义生产关系所决定,所以资本主义自由的一个显著特点就是它的虚伪性,正如法国无产阶级革命家布朗基所说的,资产阶级的自由是奴役的自由,无情剥夺的自由,豪华生活的自由。当人民没有面包的时候,劳动人民是没有什么自由可言的。所以资产阶级的自由也是残缺的自由,是劳动异化的自由。资本

---

① 马德普:《社会主义基本价值论》,第1版,第260页,北京,中央编译出版社,1997年。

主义自由的虚伪性、片面性和残缺性使得人与自然、人与社会以及人与自身都发生了严重的分离。社会主义的自由理想就是克服和超越了资产阶级自由的虚伪性、片面性和局限性，使每个人在主客体的所有关系中都能成为自由的人，所以，社会主义真正实现了人的全面的自由。

为什么社会主义的自由是完整的、全面的呢？从根本上说来，这是由社会主义精神本身的内在特质所决定的。社会主义精神就是能够从整个社会的需要，按照人与自然、人与社会以及人与自身的和谐关系来促进人的全面发展。如前所论，在人与自然的关系上，社会主义能够克服资本主义社会为了利己的需要而盲目地践踏、掠夺自然的行为，能够按照人与自然的和谐关系来合理地改造自然和利用自然，从而使自然界为人类服务。为此，在《资本论》第3卷中，马克思将共产主义社会中的人看作是人类能力的发展成为人类本身的目的人。他说，人类以劳动与自然界实现物质变换这个领域"始终是一个必然王国"。"在这个必然王国的彼岸，作为目的本身的人类能力的发展，真正的自由王国，就开始了"。[1] 恩格斯在《反杜林论》中也谈到，到那时，生产资料归社会所有，生产的无政府状态被有计划的组织所代替，产品对生产者的统治随之消除，生存斗争停止了。"于是，人才在一定意义上最终脱离了动物界，从动物的生存条件，进入真正人的生存条件，"人们"已经成为自己的社会结合的主人"，这才"第一次成为自然界的自觉的主人"。"只是从这时起，人们才完全自觉地自己创造自己的历史；只是从这时起，由人们使之起作用的社会原因才大部分并且越来越多地达到他们所预期的效果。这是人类从必然王国向自由王国的飞跃"。[2] 也就是说，只有社会主义或共产主义，才能使人类社会发展规律与自然界发展规律之间的对立统一运动正常进行，才能使物质变换正常进行，才能使必然王国飞跃到自由王国。在人与社会的关系问题上，社会主义社会基本上克服了资本主义社会以物的依赖性为基础的自由的特征，人与人之间的关系不再完全是物与物之间的关系，物的联系也不再是一种盲目的自发的经济力量支配着人的行动，成为一种统治人的异己力量，人们也不再把无止境地

---

[1] 《马克思恩格斯全集》中文第1版，第25卷，第927页，北京，人民出版社，1974年。
[2] 《马克思恩格斯选集》，第2版，第3卷，第633—634页，北京，人民出版社，1995年。

攫取和占有物质财富作为人生奋斗的目标,把占有物的多少作为衡量人的价值的主要的尺度,作为衡量人的自由度的主要尺度。如果借用马斯洛的需要层次结构来说的话,那么可以说经济发展和技术进步所满足的首先是人最基本层次的生理需要,而社会平等、公正和民主则反映了人的安全需要、爱的需要和尊重的需要等。安全意味着人的生存权利及其它权利在社会主义条件下能够得到保障,公正意味着消灭了剥削,民主意味着消灭了压迫,实现了人的自我管理。所有这些都意味着在不同的社会关系领域(法律关系、经济关系、伦理关系、政治关系等)都确立了人的主体地位,用恩格斯的话来说,就是人终于成了自己社会结合的主人。在人与自身的关系上,社会主义克服了资本主义社会那种深刻的价值危机,悲观的社会心理,即资本主义的"文化异化"现象,人不再是变形的、孤独的、苦闷的和彷徨的。社会主义"在人与自身的关系上,人的自由首先意味着人成了自身的主人,即他本身既不再受盲目的外在力量所统治,也不再受自身内部的盲目力量所任意左右,而是受作为主体的自我的有意识的支配。这个自我不仅意识到自身与自然的统一、个体与社会的统一、而且意识到自己真正的需要,特别是自身不断超越发展以自我实现的需要。这一关系中的自由还意味着作为客体的人自身的发展符合了作为主体的自我的真正需要,使主体需要的满足从而主体自由的实现成为可能。符合主体真正需要的自身发展就是人的全面发展。"[①]

在社会主义社会,不仅人的自由是全面的、完整的,而且人的发展也是全面的、完整的。社会主义社会人的发展的全面性和完整性主要表现在人与人之间通过交换建立了普遍的联系,使个人活动的空间大大地扩展了,个人就有可能从狭小的地域走向世界的舞台。没有个人与社会之间的普遍联系,个人的才能就得不到发展,人的社会性质也不能得到充分的体现。资本主义条件下建立的普遍关系虽然也给劳动者带来一定的自由,但是,在资本主义生产关系下,劳动者最终又被套上资本铸造的枷锁,所以,劳动者是带着沉重的枷锁在不同的空间里获得一定的自由的。一旦这种枷锁被砸碎,劳动者就会使这种普遍关系成为真正自由的基础。这种普遍关系既是人的社会化的表现,也是生产社会化的表现。

---

① 马德普:《社会主义基本价值论》,第1版,第268页,北京,中央编译出版社,1997年。

普遍关系发展的背后的根本动因就是生产社会化的发展。一旦这种发展超出了狭隘资本主义生产关系的局限，这种普遍性的要求就会挣断资本的枷锁，使劳动者获得解放。因此，人的关系的普遍性的发展，作为生产社会化发展的表现，还是无产阶级解放的一个强大的推动力。其次，社会主义社会人的发展的全面性和完整性还表现在人的发展是一种个人需要的多方面的发展，而不是某一方面的发展。多方面的需求、丰富的人的需要、人的需要的丰富性等?，是马克思针对资本主义社会对人的压抑和扭曲，针对资本主义的虚假性的需要而言的。在现实社会生活中，需要是人作为主体所具有的，是主体的属性。人作为主体所具有的需要主要有自然需要和社会需要。从需要的内容来看，人除了物质生活的需要外，还要有精神需要、政治需要等多方面的需要；从需要的发展来看，人除了生存需要外，还要有发展需要和享受需要等，这是比较高层次的和更高层次的需要。资本主义的虚假性的需要，主要表现在资本主义私有制的范围内，每个人都千方百计在别人身上唤起某种新的需要，以便他做出新的牺牲，把他置于一种新的依赖地位，促使他进行新花样的享乐，从而使他陷于经济上的破产。每个人都力图创造出一种支配其他人的、异己的本质力量，以便从这里面找到自己本身的利己需要的满足。所以，资本主义的表面上的多样性的需要，其背后就是对货币的真正的占有，它的需要的多面性总是要带有资本的拜物教的铜臭味。在社会主义社会，人们除了对物质的需要外，而且最重要的是对发展的需要和精神的需要。社会关系方面的各种需要和精神生活中的各种需要，以及自我实现和发展、超越的自由需要等等，都应逐渐展现在人的现实的需要结构中。没有这样一个丰富的需要结构，人就很难发展出一个全面的能力体系，也很难造就一个根本不同于资本主义的新的生产方式，并且很难把自己提升到一个更高的生存境界。[①]

总的来说，占有与公正、民主与集中、富裕与和谐以及人的自由而全面的发展构成了社会主义精神的四对要素和范畴，它们共同构成了社会主义的核心价值观或核心价值理念。当然，人们还可以从不同的角度

[①] 参见马德普：《社会主义基本价值论》，第 1 版，第 279 页，北京，中央编译出版社，1997 年。

和不同的方面划分出不同的要素来。但是，无论再怎样划分，都不可能逾越马克思和恩格斯社会主义精神中所蕴涵的这几大根本性的要素。社会主义精神的这几大要素以社会整体和社会全面发展为本位，它通过对资本主义的批判和扬弃体现出了对现实社会的超越和对人类文明的终极关怀。

第三节　社会主义精神的主体性特征

毛泽东同志说过，人是要有点精神的。人的精神最能体现人的主体性特征。从认识论的角度来说，人的主体性就是人的活动的目的性、计划性及这种目的性和计划性作为社会发展的不可动摇的客观趋向，转化为对外部世界及人自身改造的合规律性与合目的性的统一。之所以要对马克思和恩格斯的社会主义精神从语义上进行定义、社会主义精神与人类文明关系的轮廓勾勒以及对社会主义精神要素进行概括和总结，意在说明这样一个理论问题，社会主义精神是符合人类文明发展的整体利益的。社会主义精神最能体现人的活动的目的性、计划性及这种目的性和计划性作为社会发展的不可动摇的客观趋向。因此，当我们把对马克思主义的科学社会主义的认识从传统的经济决定论的思维方式转向人类的精神园地，转向人类主体的思维框架，会发现，社会主义精神体现为利益导向的普适性和对未来理想的强烈追求，体现了对资本主义社会的超越和对理想文明的强烈追求。

一、利益导向的普适性

所谓利益导向的普适性，就是指社会主义精神所追求的价值目标和价值理念是以符合人类社会的整体解放和需要为根本目的的。无论是占有与公正、民主与平等、富裕与和谐以及人的自由而全面的发展，它们所追求的都是人类的整体利益。在马克思和恩格斯之前，有各种各样的社会主义，虽然他们也提出了某些类似于马克思和恩格斯的社会主义精神要素中的一些合理成分，如批判私有制、建立人人平等的社会制度，但是，他们的思想从根本上来说同马克思和恩格斯的社会主义精神要义是有着原则区别的。例如，比埃尔·勒鲁一般被认为是最早使用"社会主义"一词的,但是他把社会主义仅仅理解为"联合观念的扩大",他反对资本主义社会通行的个人主义,认为社会主义是与个人主义根本对立的,在社会主义社会,人们要宁愿为社会的利益而牺牲自己。早期的空想社会主义者如莫尔、康柏内拉和闵采尔虽然对现存社会种种罪恶进行了揭露和批判,对未来理想社会进行了描绘,如凡是有劳动能力的人都应该劳动,实现按需分配,实行民主的社会制度,重视教育和科学文化事业的发展等等,但是,他们的学说,从根本上来说,还是资本主义生产方式很不发达,无产阶级还远远没有形成时期的产物,他们的思想不可避免地存在许多缺点和错误。他们把平等和平均混同起来,在分配方面带有平均主义色彩。而闵采尔的空想社会主义还带有浓厚的宗教神学色彩,等等。18世纪的空想社会主义的代表人物如法国的梅叶、摩来里、马布利和巴贝夫从理论上论证了消灭私有制,建立共产主义的必要性,要求社会地位平等,要求消灭阶级,积极探索革命道路,提出人民革命和人民专政的思想,并且论述了关于共产主义社会的基本原则问题,但是从总体上来说,平均主义和禁欲主义又是多数空想社会主义者,特别是18世纪空想社会主义者的共同主张。在他们看来,只有平均,才能确保大家的共同幸福;只有禁欲,才能消灭贪婪的罪恶。他们从人人平等幸福的原则出发,要把有限的财富供大家共同享用,只能采取平均的办法,只能抑制大家的欲望。19世纪圣西门、傅立叶和欧文等的空想社会主义学说,是空想社会主义学说发展的最高形态,以至恩格斯在谈到他们的贡献和历史地位时指出:"德国的理论上的社会主义永远不会忘记,它是依靠圣西门、傅立叶和欧文这三位思想家而确立起来的。虽然这三位思想家的学说含有十分虚幻的空想的性质,但他们终究是属于一切时代最伟大的智士之列的,他们天才地预示了我们现在已经科学地证明了其正确性的无数真理。"[①] 也就是说,他们的社会主义已经蕴涵了马克思和恩格斯社会主义精神的一些合理内容。但是,说他们是空想社会主义,不是因为他们从价值合理性角度,而是因为他们仅仅从抽象的理性、道义、道德即伦理合理性的角度去谴责资本主义,认为资本主义是最不合理和不正义的;他们也从抽象的理性、伦理价值角度去看社会主义,认

---

① 《马克思恩格斯选集》,第2版,第2卷,第635—636页,北京,人民出版社,1995年

为社会主义就是符合道德的一种伦理抽象,是理性和正义的表现,是人们道德上的一种希望,而不是历史的必然。照这样说来,社会主义精神就失去了种种发生的内在根据。他们还从道德和理性主义出发来探求理想社会实现的途径。总之,所有的空想社会主义者在追求社会利益的普适性方面和马克思和恩格斯的社会主义精神有着某些一致的地方,所以,马克思和恩格斯在创立科学社会主义的时候,就吸收了空想社会主义的一些合理性的精华。但是,从根本上说来,所有的空想社会主义的错误的最深厚的根源就在于他们不是用社会存在说明社会意识,而是用社会意识去解释社会存在,这种唯心史观构成了他们的哲学基础。马克思和恩格斯的社会主义是科学的社会主义。之所以是科学的,就在于其实现了哲学基础上的深刻变革。

为了使社会主义变为科学,就必须首先把它置于现实的基础之上。马克思和恩格斯置身于自己时代的经济关系之中,用人们的社会存在说明人们的社会意识,证明一切社会变革和政治变革的终极原因,不应当在人们的头脑中,在人们对永恒的真理和正义的日益增进的认识中去寻找,而应当在生产方式和交换方式的变更中去寻找。正是在对这种生产方式和交换方式变更之中的寻找中,马克思和恩格斯发现了唯物史观和剩余价值学说。这两大学说的发现,揭示了历史本身发展的内在逻辑,从而为科学地批判资本主义、科学地说明社会主义及其实现的途径、依靠力量和手段等提供了可能。"由于这些发现,社会主义变成了科学"。① 可以看到,从马克思早期的一系列著作到《共产党宣言》和《资本论》等,他们都是循着人类的生产方式和交换方式的轨迹,深入地研究资本主义的生产关系,分析资本主义的生产方式的基本经济规律,科学、合理地论证和说明未来社会的规律性和特征。《共产党宣言》是科学社会主义诞生的奠基之作,也是马克思和恩格斯从历史发展的客观规律研究历史发展的不朽之作。"每一历史时代主要的经济生产方式和交换方式以及必然由此产生的社会结构,是该时代的政治的和精神的历史所赖以存在的基础",② 并且只有从这一基础出发,历史才能得到说明。马克思和恩

---

① 《马克思恩格斯选集》,第 2 版,第 3 卷,第 740 页,北京,人民出版社,1995 年。
② 《马克思恩格斯选集》,第 2 版,第 1 卷,第 252 页,北京,人民出版社,1995 年。

格斯不仅在通过对生产方式和交换方式变更的研究中去说明人类社会发展的规律，而且还从对资本主义的本质的批判中研究社会主义。马克思和恩格斯在《资本论》中，在对资本主义基本矛盾的一系列分析批判中，看到了资本主义和社会主义之间的内在联系。他们认为，资本主义基本矛盾的解决，"无产阶级将取得公共权力，并且利用这个权力把脱离资产阶级掌握的社会生产资料变为公共财产。通过这个行动，无产阶级使生产资料摆脱了它们迄今具有的资本属性使它们的社会性有充分的自由得以实现。从此按照预定计划进行的社会生产就成为可能的了。生产的发展使不同社会阶级的继续存在成为时代的错误。随着社会生产无政府状态的消失，国家的政治权威也将消失。人终于成为自己的社会结合的主人，从而也就成为自然界的主人，成为自己本身的主人—自由的人。"①马克思和恩格斯还从对非社会主义学说的批判扬弃中阐发社会主义。在他们创立科学社会主义时，就批判地考察了空想社会主义，在否定和抛弃他们的非科学成分的同时，也肯定和吸收了他们中存在的合理思想：如批判了魏特林空想社会主义的自发斗争，强调了科学理论建设的重要性；批判了"真正的社会主义"的人类之爱；批判了第一国际蒲鲁东的合作社社会主义、英国工联主义的改良主义和巴枯宁的无政府主义；批判了第二国际的拉萨尔主义和杜林的小资产阶级社会主义；恩格斯晚年还对第二国际中出现的机会主义思潮进行了坚决的斗争，捍卫了科学社会主义的基本思想。不仅如此，马克思恩格斯还从实践的发展中，从无产阶级运动的动态的过程中去丰富和发展社会主义。他们一再强调，不要把自己的学说当做教条，并且随时在实践中修正自己已经过时的看法。马克思恩格斯正是在严格遵循这些科学的方法论中，对未来社会主义的本质特征作了科学的把握，体现了对现实社会的精神超越，而这种超越又是以利益导向的普适性，即以符合全体劳动人民的利益为根本旨归的。

马克思和恩格斯从这些科学的方法论出发，对未来的社会主义做了科学的预测。未来的社会主义究竟是什么样子呢？首先，未来的社会主义是建立在比资本主义生产力水平更高的基础之上的，是人民生活非常富裕的一种社会形态。恩格斯说："只有通过大工业所达到的生产力的大

---

① 《马克思恩格斯选集》，第2版，第3卷，第759—760页，北京，人民出版社，1995年。

大提高，才有可能把劳动无例外地分配于一切社会成员，从而把每个人的劳动时间大大缩短，使一切人都有足够的自由时间来参加社会的理论和实际的公共事务。因此，只是在现在，任何统治阶级和剥削阶级才成为多余的，而且成为社会发展的障碍。"① 这"一切社会成员"、"每个人"、"一切人"就是指社会主义精神利益的普适性。而空想社会主义者不懂得这一历史规律，他们看不到理想社会的"物质条件"的根基，企图超越历史条件去构筑未来社会，因而势必导致空想。其次，未来的社会主义是以生产资料全社会占有为其基本经济关系。恩格斯在《共产主义信条草案》中说："废除私有财产，代之以财产公用。"② 马克思在《资本论》中也说过，私有制作为公共的、集体的所有制的对立物，只是在劳动资料和劳动的外部条件属于私人的地方存在。但是，马克思恩格斯认为，这种公有经济关系是以生产资料为内容的，它不包括个人的生活资料。空想社会主义者没有区分生产关系和生活资料，他们所设计的公有制，实际上是平均主义的东西；这种公有经济关系不是小集团性的，而是全社会性的。空想社会主义者和小资产阶级社会主义者希望不消灭私有制，主张建立各种合作公社来达到这种公有经济关系；这种生产资料的全社会占有是消灭剥削、发展生产力，使人们过上富裕生活的根本保障。生产资料的全社会占有方式，最能表明社会主义精神是以利益导向的普适性为前提的。第三，未来的社会主义以消灭商品货币，实行计划生产为其经济运行方式。资本主义生产的自由竞争和无政府状态，使资本主义生产伴随着周期性的经济危机。在危机期间，总有很大的一部分生产力被毁掉，这样的经济运行方式就不能适应现代生产发展的本性了。另外，"任何商品生产的经营都同时成为剥削劳动力的经营；但是，只有资本主义的商品生产，才能成为一个划时代的剥削方式。"③ 这就是说，不消灭商品生产，就不能消灭剥削。马克思和恩格斯还认为，社会的计划管理是驾驭现代生产力的最佳方式，"一切生产部门将逐渐地用最合理的方式组织起来。生产资料的全国性的集中将成为自由平等的生产

---

① 《马克思恩格斯选集》，第2版，第3卷，第525页，北京，人民出版社，1995年。
② 《马克思恩格斯全集》中文第1版，第47卷，第373页，北京，人民出版社，1980年。
③ 《马克思恩格斯全集》中文第1版，第24卷，第44页，北京，人民出版社，1972年。

者联合体所构成的社会的全国性基础,这些生产者将按照共同的合理性的计划自觉地从事社会劳动。这就是19世纪的伟大经济运动所引向的人类目标。"① 这就是说,未来社会实行计划经济,是以人类利益的普适性为出发点的。第四,未来的社会主义社会是以消灭阶级、国家,实现人人平等为其基本的上层建筑关系。空想社会主义不懂得资产阶级国家的暴力机构与其经济基础之间的关系,因而在对未来社会上层建筑关系的设计上,不免陷入空想。马克思和恩格斯研究了未来社会主义上层建筑关系的基本内容,指出:人人平等自由是未来社会主义上层建筑关系的基本性质。"代替那存在阶级和阶级对立的资产阶级旧社会的,将是这样一个联合体,在那里,每个人的自由发展是一切人的自由发展的条件。"② 消灭社会差别是人人平等自由的基础,用恩格斯的话来说,就是把生产发展到能够满足全体成员需要的规模,消灭牺牲一些人的利益来满足另一些人的需要的情况,彻底消灭阶级和阶级对立,通过消除旧的分工,进行生产教育,变换工种、共同享受大家创造出来的福利,以及城乡的融合,使社会全体成员的才能得到全面的发展;这种上层建筑的功能将由对人的统治变为对物的管理。那时国家政权对社会关系的干预将先后在各个领域中成为多余的事情而自行停止下来,那时,对人的统治将由对物的管理和对生产过程的领导所代替;这种上层建筑关系是保障每个人自由全面发展的条件。在这个社会里,个人的独创和自由的发展不再是一句空话,社会的每一个成员都能完全自由地发展和发挥他们的全部才能和力量而不危及这个社会的基本条件。第五,这种上层建筑关系将塑造出全新的人。这种全新的人是与传统的观念实行最彻底的决裂,这是一种全新的人,而且这个社会能够塑造出全新的人。即是说,未来的社会主义社会以消灭阶级、国家,实现人人平等为其基本的上层建筑关系。这种社会主义精神,其利益导向的普适性,正是完全符合人类整体利益需要的。

总之,马克思是从生产力水平、生产资料的社会占有、消灭货币商品、实行计划经济以及消灭阶级和国家等几个方面,论证社会主义精神

---

① 《马克思恩格斯选集》,第2版,第3卷,第130页,北京,人民出版社,1995年。
② 《马克思恩格斯选集》,第2版,第1卷,第294页,北京,人民出版社,1995年。

的普适性原则。

二、对现实社会的超越和对未来理想的强烈追求

人是被称为"万物之灵"的。有意志、有目的地进行活动，是人类创造自己历史的显著特点。恩格斯说过，人们通过每一个追求他自己的、自觉期望的目的而创造自己的历史，却不管这种历史的结局如何，而这许多按不同方向活动的愿望以及对外部世界的各种各样的影响而产生的结果，就是历史。"人离开狭义的动物越远，就愈是有意识地自己创造自己的历史，不能预见的作用，不能控制的力量对这一历史的影响就愈小，历史的结果和预定的目的就愈加符合。"[①]"历史什么事情也没有做，它并不拥有任何无穷无尽的丰富性，它没有在任何战斗中作战！创造这一切，拥有这一切并为这一切而斗争的，不是'历史'，而正是人，现实的、活生生的人。'历史'并不是把人当着达到自己目的的工具来利用的某种特殊的人格，历史不过是追求着自己目的的人的活动而已。"马克思还强调，人是生产劳动历史的主体，是历史发展变革的主体。《关于费尔巴哈的提纲》从世界观的角度批判了"对人的活动"存在着的各走极端的理解。一是费尔巴哈的形而上学的机械唯物主义，"只从客体的或者直观的形式去理解"；二是唯心主义，把人的活动抽象化，只是做抽象的理解，正确的做法应该是"从主体的方面去理解"，[②] 应该把人的活动本身理解对象性的活动，也就是应该从人的实践活动去理解人是怎样在改变客观世界的。所以，马克思说哲学家只是用不同方式解释世界，而问题在于改变世界。由此可见，在马克思看来，正确论证主体的能动作用，目的在于良性、有序地改变包括自然与社会在内的整个世界，彻底实现无产阶级和全人类的解放。马克思对人的主体能动作用的论述，为我们正确理解社会主义精神对现实社会的超越和对未来理想文明的追求提供了一个很好的说明。这因为，目的性是实践主体也就是人的行动的一个重要环节，目的是主体进行社会改造活动的最重要的调节者。社会主体创造历史，向自己提出一定目的并努力实现这些目的。当然，社会主体的目的性，最终要受到物质利益原则的支配，这就是马克思所说的，人们奋

---

① 《马克思恩格斯全集》中文第1版，第20卷，第374页，北京，人民出版社，1963年。
② 《马克思恩格斯选集》，第2版，第1卷，第54页，北京，人民出版社，1995年。

斗所争取的一切，都同他们的利益有关。物质利益就形成了社会领域里主体和客体的价值关系，即物质利益成为主体向客体取向的内在尺度。

总之，目的，这是社会主体行程的最高点。人们利益的需求、价值取向评价的事态、以及对现存的关系和关于未来的理想都并入、容和于目的之中；目的，这是人的主观能动性的最高表现。人的目的是由社会物质条件所产生的，因而不是纯粹的主观性。它自身包含着客观因素，必然要受到社会客体的支配。

社会主义精神对理想文明的憧憬，作为一种社会认识，既根源于社会现实又高于社会现实。这就是说，社会主义精神对理想文明的憧憬首先是对社会现实的反映，它的产生深深地植根在社会现实的土壤之中。但是，社会主义精神对理想文明的憧憬绝不是对现实社会的简单的模写和反映，它是在社会发展规律的基础上对现实存在的超前性的预设。它不仅是一种已经实际存在的"实然"，而且是尚未发生的，是人们追求的未来社会的"应然"。所谓"应然"，从认识论的角度就是指一定历史时期和社会发展阶段上的人们，基于自身发展的需要，结合社会环境的条件、能力之可能而形成的关于未来社会图景和实现途径的前瞻性和超前性的认识。从时间上看，它是人类认识的一种沿顺时间方向的运动过程。它力求使思想的运动速度超越当下的时空界域，去把握社会可能发展的趋向，并超越现实的运动速度，走在社会发展的实际进程前面，在观念中预先构想的社会在未来某一时间或时段上的可能状态。

20世纪世界历史发展的客观现实表明，人类必须在合乎规律性与合乎目的性的基础上，使社会主义由理想变为现实，必须使人们的内在的理想世界逐步通过人们的感性活动而外在化、对象化、实在化，成为现实的美好的生活世界。马克思关于东方社会可以跨越资本主义"卡夫丁峡谷"的著名论断为我们从实践上理解人们对社会主义理想文明的追求提供了一个最好的论证。

社会主义代替资本主义是历史发展的必然趋势。但是社会主义取代资本主义的历史进程究竟会从哪里开始？对此，马克思曾有两种设想。一是无产阶级革命将在几个文明国家同时发生。二是经济文化比较落后的国家在一定条件下革命可能首先成功。马克思在19世纪70年代中期以后，提出了"跨越卡夫丁峡谷"的设想，认为像俄国这样的国家在特定条件下有可能跨越资本主义制度，径直走上社会主义道路，这就是著名的马克思主义的东方社会理论。为什么马克思晚年重视东方社会的历史和发展道路呢？"从理论上看，马克思是希望通过对东方社会特殊性质结构和发展道路的深入研究，解决社会发展过程中一般规律和特殊规律的相互关系，以进一步丰富和深化唯物史观；从实践上来看，当时西方无产阶级革命暂时处于低潮，而东方社会反抗资本主义殖民统治的斗争却日益高涨，处于社会革命的前夜，如何正确估价西方无产阶级革命和东方社会之间的相互影响、相互作用的关系，如何探讨东方国家在经济文化比较落后的状况下能够使社会主义变为现实，就成为无产阶级革命亟待解决的重大问题，这是马克思和恩格斯重新研究东方社会的一个重要原因。"①

马克思和恩格斯在他们的一系列的论述中，深刻地揭示了跨越资本主义卡夫丁峡谷的可能和条件，向我们展示了文明演进的客观规律：一是国内在经济上要保留和利用农村公社，利用现代商品交换机制，从根本上打破农村公社缺少交往联系的孤立性。二是国外要有资本主义文明和世界市场的存在。三是要有革命的前提，即必须有俄国革命，使之成为西方无产阶级革命的信号而双方互相补充。马克思和恩格斯是把俄国社会发展道路放在整个世界历史之中加以考察，即承认它"超越"的可能性，更强调这一独特道路的条件性，因而更为现实、科学。因此，东方落后国家如果具备特定条件，就不一定要等到自身资本主义的充分发展，而可能实现对卡夫丁峡谷的直接跨越。所以，东方经济文化比较落后的国家跨越卡夫丁峡谷并不是像有的人认为的那样是"随心所欲地建立社会主义"，也不是像有的人认为的那样凡是没有经过资本主义充分发展而建立的社会主义都注定要失败，都需要退回去补资本主义的课。俄国和中国等东方落后国家跨越资本主义制度的伟大实践，已经成功地证明了社会主义已经由理想变为现实。从中国和俄国等东方落后国家跨越卡夫丁峡谷的伟大实践可以看出，人们的精神、思想和目的等，在人类文明历史的演进过程中，在顺乎客观规律的基础上，决不是不起任何作用和不能实现的。

---

① 许征帆：《社会主义本质论》，第 1 版，第 42 页，济南，山东人民出版社，1999 年。

列宁说："世界历史发展的一般规律，不仅丝毫不排斥个别发展阶段在发展的形式或顺序上表现出特殊性，反而是以此为前提的"；"我们欧洲的庸人们做梦也没有想到，在东方那些人口无比众多，社会情况无比复杂的国家里，今后的革命无疑会比俄国革命带有更多的特殊性"。[1] 这就是说，东方落后国家在某种特定的历史条件下，完全可以逾越某一社会形态而直接过渡到社会主义文明。但是问题在于，马克思对于社会主义文明的主要论述是建立在对社会生产力高度发达的资本主义国家的分析基础上的，因此，中国和俄国这样一些经济文化比较落后的国家取得政权以后在社会主义文明的理论和实践方面就面临着先天不足和后天失调的问题，这就给超越了资本主义社会形态而直接过渡到社会主义文明的东方落后国家提出了一个历史性的高难度的课题，即怎样建设社会主义文明的问题。列宁提出了在社会生产力落后、资本主义不发达的国家，从资本主义向社会主义过渡的形式将不同于西方发达的资本主义国家。中国共产党提出的社会主义初级阶段的理论，是科学地回答了在经济文化比较落后的国家建设社会主义文明所必须经历的历史阶段的新理论，正确地解决了在脱胎于社会生产力非常落后的半殖民地半封建国家里，不经过资本主义的充分发展阶段，直接过渡到社会主义文明之后，怎样建设社会主义文明的问题。这是对科学社会主义的重大发展，是对马克思列宁主义、毛泽东思想关于社会主义、共产主义发展阶段理论的重大突破。

社会主义理想文明跨越式的实现，使得取得社会主义胜利的国家往往又会出现一种理论上的误区，影响了人们对经典马克思主义历史观与社会主义观念的准确和全面把握，使人们忽视了历史唯物主义最基本的理论，即决定人类社会发展的动力是生产力发展的实际状况与水平，而在有意无意中夸大了人们的主观精神能动作用，于是出现了经济建设中忽视经济发展客观规律决定作用的唯意志论倾向。例如，俄国十月革命的胜利是对第二国际后期理论家们所固守的经济决定论的一次根本的动摇，但这并不意味着马克思历史唯物主义经典论述的终结，特别是马克思关于生产力决定生产关系基本观点的过时。可是这种表面的现象却促

---

[1] 《列宁选集》，第3版，第4卷，第776、778页，北京，人民出版社，1995年。

成了一种普遍的理论上的与历史上的错觉,即以为生产力落后对于社会主义革命与建设来说不仅没有消极作用,相反却是一种有利条件,从而在不自觉之中,片面地夸大了生产关系和上层建筑的优越性,从而把它们看成是决定一切的动力机制。因此,长期以来,社会主义国家革命和建设中盛行的极左错误与传统文化中所固守的道德理想主义与唯意志论紧密地联系在一起,[1] 给这些国家的社会主义造成了极其严重的损失。

实际上,对于跨越了资本主义社会形态而走上了社会主义文明的国家来说,无论是在物质文明、政治文明和精神文明方面都和马克思和恩格斯所设想的社会主义文明的程度还是有很大的差距的。因此,对于这些社会主义国家来说,就不能拘泥于马克思和恩格斯等经典作家的断章词句,必须以开放的、发展的眼光对待科学社会主义理论。实际上马克思和恩格斯生前也非常反对把他们的理论当作包医百病的教条作法。恩格斯说过,如果他们(指第二国际的一些青年人)非要把我和马克思的理论当作包医百病的灵丹妙药,那他们就是给予我们的极大的侮辱。因此科学社会主义者不仅以批判的态度对待一切为旧制度辩护的学说,而且也要以批判的态度对待自己。中国和俄国等社会主义国家在把马克思主义的社会主义精神与本国的实际国情相结合,建设社会主义文明的过程中,就为我们留下了十分宝贵的经验和教训。以实践为基础的理论创新性、开放性是科学社会主义的"本性"。随着实践的发展,科学社会主义者也必须随时地使自己的理论跟上时代的步伐,与时俱进,大胆地进行理论创新和体制创新,大胆地吸收人类所创造的物质文明、精神文明和政治文明的成果,从理论和实践上不断地丰富和完善社会主义。

---

[1] 注:有人说,毛泽东晚年的"一万年太久,只争朝夕"的豪迈情调就是充分的体现。而苏联的马克思主义则深受俄国文化中根深蒂固的民粹主义与东正教思想的影响。俄罗斯人不是怀疑论者而是教条主义者。康德、费希特、谢林、黑格尔等人的唯心主义对俄罗斯思想具有决定的作用。有两种占优势的、能在人民生活中成为动力的神话。在俄罗斯人中占优势的是第二种,即关于世界末日的神话。它热烈地渴望进步、革命、世界文明的最新成果,渴望社会主义。俄国革命者、无政府主义者和社会主义者是无意识的"千年王国"学说的信徒,他们期待着千年王国。革命的神话就是"千年王国"的神话。见刘怀玉等:《走出历史哲学乌托邦——马克思主义发展观的当代沉思》,1版,28页,郑州,河南人民出版社,2001。

第二章 社会主义精神：人类文明演进合规律性与合目的性的表现

马克思主义的辩证唯物主义是我们理解社会主义精神在人类文明史上出现与演进的哲学根据。辩证唯物主义告诉我们，对任何事物的看法既要从事物发展的客观的固有规律出发，同时也不能脱离开主体人的精神状态。否定了历史规律的内在的客观性理解历史，历史只能是唯心主义思想家的主观的随意曲解；历史是人的历史，是人的有目的、有意志的主观活动，离开了主体人的精神状态、目的和意志追求去理解历史，历史只能变成如波普尔等人所说的"不可预言"。社会主义精神以占有与公正、民主与集中、富裕与和谐以及人的自由而全面的发展等这样的核心价值理念或核心价值观，在人类文明史上的出现，既是历史发展的客观规律使然，同时也是和人类对这些价值理念的追求和对理想文明的向往分不开的，就是说，它们和人类主体的选择是联系在一起的。这是历史发展合规律性与合目的性的统一。当我们把聚焦点集中在这两个维度上，就会对社会主义有一个比较正确的新认识。

这是因为，在马克思看来，社会历史规律存在于人们的社会联系和历史联系之中，主要表现为环境和时代特征对现实的人的活动的制约，而且人们的社会历史也就是生产方式演进发展的历史。因为人类史的形成，是由"人们之间是有物质联系的。这种联系是由需要和生产方式决定的，它和人本身有同样长久的历史；这种联系是由需要和生产方式决定的，因而就表现为'历史'"① 马克思还指出："后来的每一代人都得到前一代人已经取得的生产力并当作原料来为自己新的生产服务，由于

---

① 《马克思恩格斯选集》，第2版，第1卷，第81页，北京，人民出版社，1995年。

第二章 社会主义精神：人类文明演进合规律性与合目的性的表现

这一简单的事实，就形成了人们的历史中的联系，就形成人类的历史。这个历史随着人们的生产力以及人们的社会关系的越益发展而越益成为人类的历史。由此就必然得出一个结论：人们的社会历史始终只是他们的个体发展的历史，而不管他们是否意识到这一点。"① 这就是说，人类历史的发展规律是不依人的意志为转移的。历史的发展，社会形态的更替等都有它们的内在必然性。虽然偶然性有时起着很大的作用，但是这种作用只是"有时"的，而非根本性的。但是，马克思和恩格斯在承认历史的必然性的同时，并没有完全否认历史的偶然性以及人的主体选择在历史发展中的作用。为此，马克思和恩格斯在《路德维希·费尔巴哈和德国古典哲学的终结》中说："社会发展史却有一点是和自然发展史不相同的。在自然界中（如果我们把人对自然界的反作用撇开不谈）全是没有意识的、盲目的动力，这些动力彼此发生作用，而一般规律就表现在这些动力的相互作用中。在所发生的任何事情中，无论在外表上看得出的无数表面的偶然性中，或者在可以证实这些偶然性内部的规律性的最终结果中，或者在可以证实这些偶然性内部的规律性的最终结果中，都没有任何事情是作为预期的自觉的目的发生的。相反，在社会历史领域内进行活动的，是具有意识的、经过思虑或凭激情行动的、追求某种目的的人；任何事情的发生都不是没有自觉的意图，没有预期的目的的。"② 这就是合规律性与合目的性的意思。

那么，社会主义精神的产生和发展是如何体现文明演进的合规律性与合目的性的呢？20 世纪的世界社会主义理论与实践已经完全证实了这一历史发展的内在规律。

第一节 社会主义精神：文明演进的合规律性

在历史认识活动中，马克思和恩格斯是在肯定历史事实客观性的基础上，主张历史认识是对历史事实的主观反映，反对历史认识问题上所有形式的唯心主义。恩格斯指出："人们的意识决定于人们的存在而不是

---

① 《马克思恩格斯选集》，第 2 版，第 4 卷，第 532 页，北京，人民出版社，1995 年。
② 《马克思恩格斯选集》，第 2 版，第 4 卷，第 247 页，北京，人民出版社，1995 年。

相反，这个原理看来很简单，但是仔细考察一下也会立即发现，这个原理的最初结论就给一切唯心主义，甚至给最隐蔽的唯心主义当头一棒。"① 列宁也认为："社会意识反映社会存在，这就是马克思的学说。反映可能是对被反映者的近似正确的复写，可是如果说他们是同一的，那就荒谬了。意识总是反映存在的，这是整个唯物主义的一般原理，看不到这个原理与社会意识反映社会存在这一历史唯物主义原理有直着直接的和不可分割的联系，这是不可能的。"② 这就体现了社会经济生活决定社会的政治生活和精神生活，体现了历史选择性的背后有其历史发展的规律性。

一、马克思和恩格斯寻求社会主义精神的思想转向：从空想到科学转变的方法论

社会主义精神在文明史上的出现是合乎规律的"历史的必然"，还是违背规律的"历史的误会"？这是探讨社会主义精神时不得不提出的一个人们经常会提出的问题。

作为一种理想，社会主义是人类摆脱剥削和压迫、走向世界大同的向往和追求。作为一种学说，社会主义是人类进步思想家对资本主义的剥削和对未来社会的描绘。作为一种科学理论体系，社会主义是马克思和恩格斯创立的关于无产阶级和全人类解放条件的学说。作为一种运动，社会主义随着科学社会主义理论的诞生而兴起，并跨越世纪，拓展到全世界。社会主义无论是理想、学说、科学理论体系，还是一种运动，它所蕴涵着的精神都是人类历史发展的客观规律。自资本主义产生以后，人类文明就出现了新的矛盾和新的问题。在西欧，资本主义生产方式刚一产生，就暴露出它是一种"人吃人"的病态社会。在这里，它是资本家和富人的"乐园"，是工人和劳苦群众的"地狱"。资产阶级的每一个铜板都包含着劳动人民的血汗。资本主义的历史是一部用血和火的文字写在人类编年史的。因此，无数的思想家都从不同的方面提出了种种拯救人类文明的方案。马克思和恩格斯与其它思想家不同的地方就在于他们不是从抽象的理性和空想中去寻找解答人类文明命运的答案，而是从人类社会发展的客观规律入手去找变革资本主义社会制度，实现社会主

---

① 《马克思恩格斯选集》，第 2 版，第 2 卷，第 39 页，北京，人民出版社，1995 年。
② 《列宁选集》，第 2 版，第 2 卷，第 219 页，北京，人出版社，1995 年。

义的主体力量和有效途径,并回答了依靠什么精神和力量并通过什么道路来实现社会主义的问题。

1. 从理性到历史:社会主义精神产生的理论基础

资本主义给人类文明带来的灾难以及群众的贫困和苦难,激起了先进思想家的同情,他们开始研究造成劳动者痛苦生活的原因,探索消除社会混乱和弊病的途径。于是代表早期无产者和劳动人民的利益和愿望,反映对资本主义社会不满情绪并幻想建立一个消除贫富对立的美好社会的思潮,应运而生。这就是16—17世纪以摩尔、康柏内拉为代表的"有理想社会制度的空想的描写",18世纪以摩来里、马布利、巴贝夫为代表的"直接共产主义的理论",19世纪初圣西门、傅立叶、欧文三大空想的空想社会主义。空想社会主义之所以是空想,是在于他们是从唯心主义的理性论出发,对未来社会进行了许多改良主义的设想。他们用理性和正义的原则来批判资产阶级世界的不合乎理性和非正义,而社会主义只不过是理性和正义在资本主义那里破灭后的重建。所以马克思在批判他们这种空想社会主义的理论时说,它(指"空想社会主义")是在头脑中去演绎历史,"它自然就把未来的历史进程想像为正在或已经由社会思想家协力或单独设计的种种体系的实现","这种空论的社会主义实质上只是把现代社会理想化,描绘出一幅没有阴暗面的现代社会的图画,并且不顾这个社会的现实而力求实现自己的理想。"[①] 空想社会主义不成熟的理论是建立在19世纪初期尚未成熟的资本主义生产关系和阶级状况的基础上的,是不成熟的无产阶级运动的不成熟理论的表现。他们缺乏解决社会问题、消除社会弊病的现实途径。只能寄希望于思维着的理性。正如恩格斯所指出的:"空想社会主义者之所以是空想社会主义者,正是因为在资本主义生产还很不发达的时代,他们只能是这样。他们不得不从头脑中构想出新社会的要素,因为这些要素在旧社会本身还没有普遍地明显地表现出来;他们只能求助于理性来构想自己的新建筑的基本特征,因为他们还不能求助于同时代的历史。"[②] 抽象的超验的理性并不具有产生出合乎理性的历史的现实能力和历史必然性。

---

① 《马克思恩格斯选集》,第2版,第1卷,第461—462页,北京,人民出版社,1995年。
② 《马克思恩格斯选集》,第2版,第3卷,第616页,北京,人民出版社,1995年。

社会主义要变为科学，就一定要把自己的理论基础从理性转向历史，或者任何意义上的天才的构想都不能完满地解决资本主义文明所面临的走向问题。随着资本主义近代大工业的发展，资本的积累和集中，劳动和生产资料的进一步社会化、无产阶级的成长和壮大，资本主义经济危机的不断爆发，已经表明，资本主义生产资料的集中和劳动的社会化，已经达到了同资本主义外壳不能相容的地步了。由社会占有全部生产资料的经济条件与物质条件已经具备，社会主义的实现已经从抽象的理想转变为客观的可能与历史的必然了。

唯物史观的发现，破解了人类文明发展的"历史之迷"，它揭示了人类历史发展的客观规律。这就是生产关系一定要适应生产力状况、上层建筑一定要适应经济基础的规律。"社会的物质生产力发展到一定阶段，便同她们一直在其中运动的现存生产关系或财产关系（这只是生产关系的法律用语）发生矛盾。于是这些关系便由生产力的发展形式变成生产力的桎梏。那时社会革命的时代就到来了。随着经济基础的变更，全部庞大的上层建筑也或慢或快地发生变革。"[①] 以往的社会主义在历史领域还是唯心主义，它还不能从生产力与生产关系的矛盾运动，从生产方式的内在规律去说明历史，证明资本主义在一定历史时期存在的必然性与灭亡的必然性，揭示社会主义的历史根据。所以，空想社会主义虽然批判了现存的资本主义生产方式及其后果，但是，它不能说明这个生产方式，因而也就制服不了这个生产方式；它只能简单地把它当着坏东西抛弃掉。唯物史观用物质资料的生产和再生产说明社会革命与历史变迁的基础，指出了对各种经济社会形态的产生、发展和衰落过程进行全面而周密的研究的途径，说明了社会形态的更替是一个依据于物质条件发展状态的自然历史过程。

唯物史观这一基本观点确立以后，马克思把它用来研究和分析人类社会历史发展，明确提出，人类社会生活中的物质资料的生产和再生产是整个社会的物质基础。人们为了生产，就必须发生双重关系：即人与自然的关系和人与人的关系。前者构成社会生产力，后者构成社会生产关系，二者的有机统一就是生产方式。社会的发展，就是生产方式矛盾

[①]《马克思恩格斯选集》，第2版，第2卷，第32—33页，北京，人民出版社，1995年。

第二章　社会主义精神：人类文明演进合规律性与合目的性的表现

运动的结果。生产力是生产方式的决定性因素，它的发展归根到底决定着生产方式的变更和人类历史的发展。社会经济基础和上层建筑的矛盾运动和生产力与生产关系的矛盾运动交织在一起，构成社会基本矛盾，它们的发展推动着社会形态由低级向高级发展，即出现了旧社会形态的灭亡和新社会形态的产生。资本主义同以往的社会形态一样，有它自己产生的历史，在其发展中，必将在社会基本矛盾推动下，为更高级的社会形态所代替。马克思恩格斯找到社会发展的根本原因和物质基础，这充分说明了社会主义代替资本主义是一个必然的"自然的历史过程"。一句话，马克思的唯物史观是用一定历史时期的物质经济生活条件来说明一切历史事变和一切政治、法律、哲学、艺术、宗教等意识形态的。

社会主义思想在其发展的过程中，从求助于理性到求助于人类历史。这样就使得它不再是纯粹的抽象思维原则或思维理性的产物，而是基于现实的历史运动的产物，这是社会主义之所以成为科学的方法论前提。社会主义不是忽视理性，它认为人类的理性对历史的发展也同样起一定的作用，但它把理性看作是历史的产物，把理性纳入人类历史发展的范畴，认为是在社会现实中产生理性，而不是在理性中产生现实。社会的物质条件和经济生活，在生产和交往中发展起来的市民社会，是一切理性产生的客观基础。这样，从现实的经济运动出发，社会主义就不是天才头脑的偶然发现，不是理性王国的逻辑基础，而是生产力与生产关系矛盾运动的内在要求，是生产力自己开辟自己道路的内在趋向。

马克思主义的整个思想体系、马克思主义的历史科学大厦，马克思主义科学的社会主义精神，就竖立在唯物史观这个基础之上。正如恩格斯所指出，唯物史观"像一根红线贯穿着党的一切文献"。[①]

2. 从哲学到经济学：社会主义精神的内在根据

社会主义精神是对资本主义精神的否定与扬弃，也是对未来资本主义社会实行历史变革的社会精神力量。在人类文明历史的舞台上，资本主义精神的出现有其合理性的内容，这就是它不是空洞的哲学理念或哲学假说，它是一种由社会经济规律导引出的经济关系或经济制度。社会主义精神是资本主义精神的对立面和替代物，当它还以理论方式存在的

[①] 《马克思恩格斯选集》，第2版，第2卷，第39页，北京，人民出版社，1995年。

时候，它所发生和实现的内在根据也就已经存在于该时代的经济关系与社会生产实践方式中，而不是存在于该时代的哲学思维方式中。是人类社会经济发展的规律导引了社会主义精神，而不是人类的哲学思想和哲学思维方式导引出了社会主义精神。

　　18、19世纪的社会主义，其理论基础是导源于法国的启蒙学派的哲学思想。法国的启蒙学派和唯物主义者在人类思想史上首倡了平等、正义、人权和博爱等口号。这种唯物主义，其基本精神和实践准则就是不仅要推翻封建专制制度，而且在他们看来，就是取代封建专制主义的资本主义也是不合乎理性和社会正义的，一个更加美好的理性社会有待于人们去争取和描绘。这种唯物主义在关于人性本善和人们智力平等，关于经验、习惯、教育的万能，关于外部环境对人的影响，关于工业的重大意义，关于享乐的合理性等等的唯物主义学说，同共产主义和社会主义之间有着必然的联系。因此，法国唯物主义的社会主义倾向具有深厚的哲学基础，哲学基本问题的正确回答而联带出的对感觉和经验的理性关注是社会主义产生的认识论前提。一般说来，只要能从感觉和经验出发，理性地面对生活，就有可能在人性、环境、教育、犯罪等问题上得出接近实际的结论。正是这些结论的延伸和追寻才把唯物主义和社会主义联接起来，并成为社会主义理想和要求的诞生地。在他们看来，抽象的理性是一种超时空的逻辑力量，只要有理性，社会主义就有可能成为现实。圣西门虽然也强调经济因素的重要性，但是他实际上是把经济因素看作是宇宙法则的结果而不是社会变革的原因。傅立叶认为合理的与和谐的秩序是自然界与人类同样存在的先在的基本结构，他的和谐社会代表着必然会到来的人类发展阶段。欧文认为在新的社会中，在符合人的本性的生活条件下，人将恢复自己的完满性，他的使命是着手把地球变成永远充满着和平和幸福的人间天堂。空想社会主义从哲学的范畴寻找社会主义的内在根据，应该说具有一定的进步性。所以恩格斯说："把社会主义社会看作平等的王国，这是以'自由、平等、博爱'这一口号为根据的片面的法国看法，这种看法作为一定的发展阶段在当时当地曾经是正确的，但是，像以前的各个社会主义学派的一切片面性一样，它现在也应当被克服，因为它只能引起思想混乱，而且因为已经有了阐述这一问题的更精确的方法。"① 18、19 世纪的空想社会主义家之所以从哲学的范畴而不是从经济学的范畴去寻找社会主义代替资本主义的必然性，是因为这一时期资本主义还没有得到充分发展的缘故。虽然资本主义已经暴露出了剥削、压迫的本性，贫富分化和社会道德日趋堕落，但是，资本主义毕竟还没有爆发大规模的经济危机，还没有从经济运行本身的规律中显示其灭亡的必然性。即使像李嘉图、巴师夏等这些杰出的资产阶级古典经济学家和庸俗经济学家，虽然提出了像劳动价值论等这些杰出的理论，但他们的理论主要是为资本主义的合理性作论证的。

马克思和恩格斯不同于这些思想家的杰出地方，就在于他们不是从纯粹的抽象的哲学范畴出发去论证社会主义精神的合理性。他们认为，哲学虽然提出了社会进步的基本动力和普遍规律，但社会主义作为一种社会形态，其精神价值的合理性必然产生在资本主义的经济范畴中。不从对资本主义经济现象和经济规律的分析，那么，社会主义就只是哲学的产物、道德的要求和正义的感召了。"一切历史冲突都根源于生产力和交往形式之间的矛盾"，②"一切历史生产形式的矛盾的发展，是这种形式的瓦解和改造的唯一的历史道路。"③"一切社会变迁和政治变革的终极原因，不应当到人们的头脑中，到人们对永恒的真理和正义的日益增进的认识中去寻找，而应当到生产方式和交换方式的变革中去寻找，而应当到有关时代的经济中去寻找。"④ 在《资本论》中，马克思把唯物史观的理论和方法运用到资本主义社会的经济运动的规律，揭示无产阶级和资产阶级对立的经济根源，资本主义生产方式的产生、发展和必然灭亡的历史趋势，提出了无产阶级的历史使命，论述了共产主义生产方式的基本特征。这个新社会将在人类历史上第一次消灭一切剥削。列宁说，资本主义社会必然要转变为社会主义社会这个结论，马克思是完全而且仅仅根据现代社会经济运动规律得出的。

马克思认为，资本主义制度是以资本剥削雇佣劳动为特征的社会制度，资本剥削的实质在于，工人为资本家创造的价值比他因出卖劳动力

---

① 《马克思恩格斯全集》中文第 1 版，第 34 卷，第 124 页，北京，人民出版社，1972 年。
② 《马克思恩格斯选集》，第 2 版，第 1 卷，第 115 页，北京，人民出版社，1995 年。
③ 《马克思恩格斯全集》中文第 1 版，第 23 卷，第 523 页，北京，人民出版社，1972 年。
④ 《马克思恩格斯选集》，第 2 版，第 3 卷，第 617—618 页，北京，人民出版社，1995 年。

而以工资形式得到的补偿更高。"已经证明,无偿劳动的占有是资本主义生产方式和通过这种生产方式对工人进行剥削的基本形式",① 剩余价值的生产和占有是资本主义生产方式的基本规律。而剩余价值构成了有产阶级手中增加的资本量所由积累而造成的价值总量。资本积累首先意味着资本主义生产关系的扩大再生产,资本主义的扩大再生产尽管创造了巨大的社会生产力,但是资本主义生产方式从它产生之日起,就存在着不可克服的内在矛盾,这就是社会大生产和资本主义私人占有之间的社会矛盾。这个矛盾是作为历史发展基础的生产力和生产关系之间的辩证法在资本主义社会的特殊表现形式。它决定了资本主义生产方式和资本主义社会的全部本质。生产的社会化表现于:生产资料的社会化——从只供个人使用的生活资料,变成了由大批人共同使用的生产资料;生产过程的社会化——从一系列个人生产活动变成了一系列的社会生产活动;产品的社会化——从个人劳动创造的产品,变成了许多人共同创造的产品。这种社会化的大生产,客观上要求生产资料和劳动产品归全社会所有,并为社会进行统一管理和分配。但在资本主义制度下,生产资料是归资本家私人占有,这样,"社会化生产和资本的私人占有之间的矛盾,一方面表现为无产阶级和资产阶级的对立",这一对立随着资本主义生产方式的发展和由此引起的生产的社会化程度的提高,在客观上更加尖锐化,"雇佣劳动制度是奴役制度,而且劳动的社会生产力越发展,这种奴役制度就越残酷,不管工人得到的报酬较好或较快。"②,这必然导致资本主义社会这两个基本阶级之间的斗争,这一斗争——不管在个别时期和个别国家中会发生什么曲折——"结局只能是资产阶级的垮台和一切阶级对立的消灭。"③ 社会化生产和资本私人占有之间的矛盾在另一方面表现为"个别工厂中的生产的组织性和整个社会中生产的无政府状态之间的对立"④ 在周期地动摇着资本主义经济危机中,社会化生产和资本主义私人在占有之间的矛盾达到"剧烈爆发的地步","经济的冲突达到了顶点:生产方式起来反对交换方式,生产力起来反对已经被它超过的生产

---

① 《马克思恩格斯选集》,第 2 版,第 3 卷,第 740 页,北京,人民出版社,1995 年。
② 《马克思恩格斯选集》,第 2 版,第 3 卷,第 331 页,北京,人民出版社,1995 年。
③ 《马克思恩格斯选集》,第 2 版,第 4 卷,第 385 页,北京,人民出版社,1995 年。
④ 《马克思恩格斯选集》,第 2 版,第 3 卷,第 624 页,北京,人民出版社,1995 年。

方式……资本主义生产方式的全部机制在它自己创造的生产力下失灵了。"① 经济危机的不断发生，表明资本主义制度本身无法从根本上解决资本主义社会基本矛盾，不能在资本主义社会内部控制危机，而只能是"从不能办到这一点的居于统治地位的资本家手中夺取社会生产和社会分配的领导权，并把它转交给生产者群众——而这就是社会革命。"② 马克思恩格斯就是从对资本主义经济规律的研究中，发现了社会主义代替资本主义的客观必然性。资产阶级在创造庞大的生产力的过程中"不仅锻造了置自身于死地的武器，它还产生了将要运用这种武器的人——现代的工人，即无产者。"无产阶级作为先进生产力的代表，具有彻底的革命精神和严格的组织纪律，它是向未来社会过渡发展的革命主体，是追求占有与公正、民主与平等等社会主义精神的主要社会力量。"随着资本巨头不断减少，贫困、压迫、奴役、退化和剥削的程度不断加深，而日益壮大的、由资本主义生产过程本身的机制所训练、联合和组织起来的工人阶级的反抗在增长。资本的垄断成了与这种垄断一起并在这种垄断之下繁盛起来的生产方式的桎梏。生产资料的集中和劳动的社会化，达到了同它们的资本主义外壳不相容的地步。这个外壳就要炸毁了。资本主义私有制的丧钟就要敲响了。剥夺者就要被剥夺了。"③

3. 从空想到实践：社会主义精神的科学证明。

18、19世纪的空想社会主义者毕竟是建立在唯心史观的基础之上的，他们的弱点在于只是让理想处于理想的阶段，而不设法去采取行动。他们用幻想的理论活动来代替实践活动，用虚构的"乌托邦"和关于道德行为规范的箴言来代替改组社会的实际方案。他们没有把他们的理论付之于实践，也根本没有用实践去检验理论的科学性。无论是圣西门的"实业制度"，还是傅立叶的"和谐制度"以及欧文所设计的理想公社，其脱离实践，脱离现实的虚幻成分十分明显。他们拒绝一切政治行动，特别是一切革命行动。一部分空想社会主义者想通过和平的途径达到自己的目的，并且企图通过一些小型的实验，通过示范的力量来为新的社

---

① 《马克思恩格斯选集》，第2版，第3卷，第627页，北京，人民出版社，1995年。
② 《马克思恩格斯选集》，第2版，第4卷，第458页，北京，人民出版社，1995年。
③ 《马克思恩格斯选集》，第2版，第2卷，268—269页，北京，人民出版社，1995年。

会福音开辟道路。空想社会主义的先天缺陷很快暴露出了非历史、非科学的纯粹空想性质。马克思和恩格斯在创立他们的理论之初，就明确地以实践为他们的价值取向，"对实践的唯物主义者即共产主义者来说，全部问题都在于使现存世界革命化，实际地反对并改变现存的事物。"① 马克思和恩格斯并没有把建立科学社会主义的理论当作他们的终极任务，与空想社会主义的"示范"、"试验"相比，科学社会主义强调的是政治的行动，要推翻的是资本主义制度；是革命的行动，要运用物质的以至于暴力的手段；是群众的行动，要动员广大无产阶级共同为自己的利益而斗争。

由于马克思和恩格斯社会主义精神的实践品行，所以，现实中的社会主义也要随着实践的发展而发展。科学社会主义不是万事不变的绝对真理体系，"马克思的整个世界观不是教义，而是方法。它提供的不是现成的教条，而是进一步研究的出发点和供这种研究使用的方法。"② 实践的发展也将进一步证明科学社会主义的正确性。社会主义实践本身在发展和变化，这些发展和变化又有与原有的社会主义理论不一致的地方，这就要求我们用新的实践去补充、完善社会主义理论。所以，我们不能拿本本去套实践，而是要用实践去发展本本。科学社会主义只有很好地研究与回答历史的新课题，才能在与时代同步发展的过程中保持着生机和活力。历史的实践不是宿命论的走向，还要取决于社会主义的主体建设、主体努力、主体力量。

马克思寻找社会主义产生的根据，抛弃了空想论，走向了科学的方法论，这就说明了，社会主义精神的产生不是一种出于良好愿望的道德伦理主义，或者说，建立在道德伦理主义基础之上的社会主义精神只是人类一厢情愿的良好愿望。社会主义精神的产生是建立在客观规律基础之上的人类社会发展的必然要求。

二、社会主义精神产生的历史必然性的深沉根据

1. 社会主义精神的产生是资本主义经济运动决定的自然历史过程，是资本主义基本矛盾运动的产物

---

① 《马克思恩格斯选集》，第 2 版，第 1 卷，第 75 页，北京，人民出版社，1995 年。
② 《马克思恩格斯选集》，第 2 版，第 4 卷，第 742—743 页，人民出版社，1995 年。

第二章 社会主义精神：人类文明演进合规律性与合目的性的表现

从现实看，社会主义的历史必然性是一个历史观问题，它是由资本主义经济运动所决定的自然历史过程，是资本主义基本矛盾运动的产物。

历史唯物主义认为，贯穿人类社会的历史过程归根结底的决定因素是生产力的发展水平，是生产力与生产关系，经济基础与上层建筑的矛盾运动。马克思在《资本论》第一版序言中写道："问题本身并不在于资本主义生产的自然规律所引起的社会对抗的发展程度的高低。问题在于这些规律本身，在于这些以铁的必然性发生作用并且正在实现的趋势。"[①] 列宁也说：马克思主义"这个理论制定了社会经济形态的概念。它以人类任何共同生活的基本事实即生活资料的谋得方式和在它影响下形成的人与人之间的关系联系起来，并指出这些关系（按马克思的术语是'生产关系'）的体系是社会的基础，……每一种这样的生产关系体系都是特殊的社会机体，有它自己产生、活动和向更高形式过渡即转化为另一种社会机体的特殊规律。"[②] 这就是说，社会主义精神的产生，社会主义最终之所以能够代替资本主义，不是以任何个人的主观意志为转移的，而是人类文明演进的"自然历史过程"，它是社会经济形态运动规律的体现，是资本主义基本矛盾运动的产物。不论人们多么向往社会主义，也不论人们多么厌恶社会主义，仅仅靠人们的主观意志，为所欲为地使它产生和发展或阻止它的产生和发展，都是不可能的。

马克思揭示资本主义经济运动的一个秘密就是在唯物史观的基础上发现了剩余价值学说。这个学说揭开了资本主义生产的全部秘密。它从资本主义的经济细胞——商品入手，以精湛的经济学分析证明，工人与资本家的关系是一种雇佣劳动关系。资本家与工人交换的不是劳动而是劳动力；劳动力也是商品，具有价值和使用价值；劳动创造的价值大于劳动力本身的价值。这个超额构成了剩余价值。而资本则是"死的劳动"，它的生命靠不断吸取"活的劳动"的鲜血即剩余价值来维持和发展。"它吸取得越多，生命就愈活跃，继续吸取剩余价值的能力就愈大。剩余价值是资本主义生产方式的独特范畴，资本对剩余价值的无偿占有是资本主义独特的剥削形式。剩余价值规律是资本主义生产的基本规律。

---

① 《马克思恩格斯选集》，第 2 版，第 2 卷，第 100 页，北京，人民出版社，1995 年。
② 《马克思恩格斯全集》中文第 1 版，第 39 卷，第 406 页，北京，人民出版社，1975 年。

正是在这一基本规律的支配下,资本主义生产方式的内在矛盾、产业工人阶级与资本家阶级的矛盾由非对抗走向激烈的对抗。"①

马克思在分析资产阶级榨取工人阶级剩余价值的时候,进一步分析说,资本主义生产方式区别于任何生产方式的地方就在于:一方面,此时的社会生产力获得了巨大的发展,生产达到了社会化的水平;而另一方面,社会的生产资料和生产成果却被一小撮资本家私人占有,这就构成一种尖锐的矛盾。在生产高度社会化的条件下,社会生产各个部门和各个企业之间的联系空前地扩大和加强了,整个社会经济已经成为一个统一的有机体。这种社会化的大生产,客观上要求由社会共同占有生产资料和对社会生产进行统一的计划和管理。只有这样,才能使社会生产各个部门和各个企业之间的比例关系以及生产和消费之间的比例关系协调起来,从而使社会再生产得以顺利进行。但是,随着资本主义的发展,社会的生产资料和生产成果日益集中到资本家手中,归他们私人占有,顺从于他们榨取剩余价值的贪婪目的。这样,资本主义生产方式的基本矛盾就在资本主义的经济生活中引起了更为深刻的一系列的矛盾和冲突。这种矛盾和冲突一是表现在资本主义各个企业内部生产的有组织性与整个社会生产的无政府状态之间的矛盾,二是表现为资本主义生产无限扩大的趋势和劳动人民有支付能力的需求相对缩小之间的矛盾。随着竞争和无政府状态的加剧,资本主义各个生产之间的比例失调现象不免会日益严重,经济危机的爆发已具有现实的可能。而同时,资本主义既然在无限扩大生产时相对缩小了劳动人民的购买力,降低了他们的消费水平,这就在生产和消费之间制造了日益尖锐的对抗性矛盾。当这种矛盾发展到一定程度的时候,社会总产品的实现条件就要遭到猛烈的破坏,于是普遍性的生产过剩的危机就会爆发。危机的周期性发生及其对所造成的直接经济损失和对生产力的严重破坏表明,资本主义制度具有自身无法解决的矛盾,资本主义生产关系已经容纳不了日益增长的生产力。这些都表明,资本主义生产方式内在矛盾的激化预示了资本主义文明的历史暂时性,无产阶级必须起来推翻资产阶级的统治,把生产资料的资本主

---

① 戴舟:《九论社会主义和资本主义发展的历史进程》,第 1 版,第 4—5 页,北京,红旗出版社,2001 年。

第二章 社会主义精神：人类文明演进合规律性与合目的性的表现

义私有制变成社会主义的公有制，建立一个公正、民主、平等以及富裕与和谐的新文明社会，这就是社会主义社会。

2. 资本主义基本矛盾的发展必然导致资本的自我扬弃

任何事物的发展变化都是辨证的否定，都是事物自身的扬弃。所谓扬弃，即含有发扬和抛弃双重意义，对原有事物一方面抛弃其消极因素，即保守的肯定因素，另一方面又保留、发扬其积极因素，即革命的否定的因素。资本扬弃，就是资本本质（相当于现象而言），也可以说在资本的本质中由于资本与雇佣劳动的的对立，以及资本与资本的对立，这两对矛盾运动导致的对资本本质的否定和抛弃，对资本中映现着未来社会主义的新社会因素的肯定和保留、发扬。资本扬弃的实质内容就是由于雇佣劳动对资本的反抗、资本对资本的竞争，扬弃着本来意义上的资本，即资本家私人占有的资本，呈现出资本社会化占有，最终实现资本全社会占有，资本就不成其本来意义上的资本。"这里抛弃的是资本家对雇佣工人的剥削，资本与劳动利益的对立（例如在合作制企业和社会主义国家的国有企业中），以及资本的私人占有（如私人占有向合伙资本和社会资本转化）；而保留的则是资本价值的自我增殖，追求效率的激励约束机制；抛弃的是资本竞争的无政府状态，保留着在计划调控下的有序竞争。这些是现实中看到的资本扬弃的形式，至于将来资本扬弃还会有什么的形式，只能取决于未来的实际"。[①]

对于资本主义基本矛盾的发展所引起的资本扬弃以及这种扬弃的内涵，马克思主义的创始人也曾做过精辟的分析。恩格斯在《反杜林论》中说："猛烈增长着的生产力对它的资本属性的这种反作用力，要求承认生产力的社会本性的这种日益增长着的压力，迫使资本家阶级本身在资本关系内部可能的限度内，越来越把生产力当作社会生产力看待。无论是信用日益膨胀的工业高涨时期，还是由大资本主义企业的破产造成的崩溃本身，都是大量生产资料不得不采取像我们在各种股份公司所遇见的那种社会化形式。"[②] 在这里，恩格斯不仅深刻地指出资本自我扬弃的

---

① 施九青：《当代世界社会主义研究》，第1版，第41页，天津，天津社会科学院出版社，2000年。

② 《马克思恩格斯选集》，第2版，第3卷，第628页，北京，人民出版社，1995年。

根源在于资本主义的基本矛盾的发展,而且具体指明了资本自我扬弃的表现形式之一,即资本主义社会中出现的各种股份公司。马克思也说过,资本主义的股份企业,也和合作工厂一样,应当看作是由资本主义生产方式转化为联合的生产方式的过渡形式,只不过在前者那里,对立是消极地扬弃的,而在后者那里,对立是积极地扬弃的。这就说明了,在资本主义制度内有积极扬弃和消极扬弃两种。资本的积极扬弃,在马克思和恩格斯时代,主要表现为合作社、合作工厂以及工人参加管理等等。

马克思和恩格斯还分析了资本的扬弃对于社会主义取代资本主义有着深刻的影响。首先,他们深入地分析了资本自我扬弃两种表现形式对社会主义取代资本主义的重要意义,不仅强调指出,股份资本是"这种扬弃的最高形式","是资本再转化为生产者的财产所必须的过渡点"。而且指出,"如果我们从股份公司进而来看那支配着和垄断着整个工业部门的托拉斯,那么,这里不仅没有了私人生产,而且没有了无计划性。"[①] 基于这样的分析,马克思和恩格斯认为,这是资本主义生产方式在资本主义生产方式本身范围的扬弃,因而是一个自行扬弃的矛盾。这个矛盾表现为通向一种新的生产方式的单纯过渡点。因此,它作为这样的矛盾在现象上也会表现出来,它在一定部门造成了垄断,因而要求国家干涉。并指出,自由竞争已经日暮途穷,在英国这个当时最发达的资本主义国家整个化学工业的基础部门中,竞争已为垄断所代替,并且为将来由整个社会即全民族来实行剥夺作好了准备。

其次,马克思和恩格斯还对资本主义再发展的可能和世界无产阶级革命的形势作了重新思考和估计,特别强调指出,在资本主义普遍繁荣的情况下,也就是在资本主义的生产力正以资产阶级关系范围内一般可能的速度蓬勃发展的时候,还谈不上真正的革命。资本扬弃正像资本主义必然灭亡和社会主义必然胜利一样,既存在两个必然,也存在两个绝不会。历史一再证明"两个绝不会"的真理性。"无论哪一个社会形态,在它们所能容纳的全部生产力发挥出来以前,是绝不会灭亡的;而新的更高的生产关系,在它存在的物质条件在旧社会的胎胞里成熟以前,是

[①] 《马克思恩格斯选集》,第 2 版,第 4 卷,第 408 页,北京,人民出版社,1995 年。

第二章　社会主义精神：人类文明演进合规律性与合目的性的表现

绝不会出现的。"① 资本扬弃，作为资本主义灭亡和社会主义胜利的根据是贯穿资本主义整个历史过程的，体现着两个绝不会。资本扬弃相对于无产阶级反对资产阶级的阶级斗争，无产阶级夺取政权的政治斗争来说是两个必然的深沉根据，是深居于资本主义社会生产关系本身的本质规定之中。这就给身后高举科学社会主义伟大旗帜而英勇奋斗的革命者正确认识把握资本主义再发展的可能性和社会主义取代资本主义的长期性和艰巨性提供了重要的理论指导。

19 世纪末 20 世纪初，世界资本主义由自由竞争阶段发展到垄断阶段。根据这一阶段出现的新情况和新特点，列宁提出了著名的帝国主义理论。他不仅强调帝国主义是垄断的寄生的腐朽的和垂死的资本主义，而且还精辟地提出国家垄断资本主义是社会主义的最充分的物质准备，社会主义已经在现代资本主义的窗口中出现的思想。列宁对资本主义再发展的可能也作了分析，认为垄断资本主义的典型特征是资本输出，它"一定会"扩大和加深对资本主义在全世界的进一步发展。并指出，垄断使"生产的社会化有了巨大的发展。就连技术发明和技术改进的过程也社会化了。""拥有亿万巨金的大银行企业，也能用从前远不能相比的办法来推动技术的改进"。这就进一步阐明了资本自我扬弃在资本主义发展到帝国主义阶段后最主要最基本的特征和资本主义再发展的可能及其促成因素，为我们加深对这一问题的认识提供了新的理论指导。但是，我们也应该看到，列宁对"两个必然性"实现进程的估计也曾存在过乐观的认识偏颇，而后来社会主义各国的领导人在相当长一段时间里对这个问题的认识更是日益步入严重的误区，乃至误认为资本主义已经走向全面崩溃，社会主义已经走向全面胜利，似乎"两个必然性"的实现已是指日可待、唾手可得的成熟果实。社会主义曾经走了一段比较长的弯路。

第二节　社会主义精神：文明演进的合目的性

现代认识论研究表明，任何认识都离不开认识主体，都不可避免主体的介入，历史认识也绝不可能脱离认识主体而独立存在，不可能排斥

---

① 《马克思恩格斯选集》，第 2 版，第 2 卷，第 33 页，北京，人民出版社，1995 年。

历史认识过程中的主体性倾向。历史认识的主体性，是指历史认识的属人特性，它是主体在历史认识活动中自觉或不自觉地将其自身因素投入认识过程，融合或凝结于认识结果之中而使认识不可避免地带有的主体属性。在历史认识过程中，要追求和达到客观的认识，不但不能排除主体性，而且还得处处依赖主体性，更好地发挥主体性。因为历史认识是一种能动的反映，而不是被动的。这也就是历史的合目的性的意蕴。

人类文明的历史就是一个不断地从必然王国向自由王国演进的过程。它既是一个客观的合乎规律的自然历史过程，同时也是人类在遵循客观规律的基础上对历史走向进行主观选择的过程，体现了"历史自觉能动性"。占有与公正、民主与平等、富裕与和谐、人的自由而全面发展等社会主义精神所蕴涵的价值取向，体现了人类的精神主体对理想文明的美好追求。无论是过去、现在和未来，社会主义精神都始终是人们所向往和追求的。只要世界上有压迫、剥削、贫穷、苦难和强权存在，只要阶级对立、民族分裂、国家战争存在，社会主义精神就是人类的一种寄托和现实追求。资本主义私有制和以资本个体为本位的价值取向和核心价值观的存在，决定了它不仅无法解决社会对立和贫富分化，而且也无法阻止强权政治和霸权主义在全球各地的肆虐，更难以创造公正的国际经济政治秩序以保证广大发展中国家的发展，它也不可能解决全球性环境、资源和生态危机的滋长和蔓延。人类文明过去、现在和未来所面临的这些重大课题，只能用更先进的社会主义精神来解决，只能由持有社会主义理念的人们来解决。从这个意义上来说，人类文明的演进是和人类主体对社会主义精神的追求分不开的。

一、马克思对社会主义精神是合目的性的理论解读

1. 社会主义精神的价值选择

社会主义精神既是科学的合规律性的，又是无产阶级的价值追求，是合目的性的，二者是高度的统一。首先，反对资本剥削，追求自身解放，实现共同富裕以及公平、正义、民主、自由等价值目标是无产阶级的利益所在、本能要求，是自觉的有目的的价值选择。这正如《共产党宣言》中所说，无产阶级在反对资产阶级的斗争中失去的只是身上的锁链，而得到的却是整个世界。其次，在马克思看来，历史的主体是现实

的人及其感性活动,历史的过程离不开人的参与,历史规律的实现离不开人们自觉有意识的活动,因而,历史的发展规律是通过历史主体的活动为自己开辟道路的。也就是说,历史的发展虽是受一定的规律支配,但没有人在历史活动中体现出来的主观能动性,历史的发展规律也是不存在的。问题在于,承认精神动力、动机,是在于揭示出这些动机、动力背后的经济原因。"现在有一些浅薄的社会主义者,热衷于价值追求,而懒得或无力揭示深藏其中,并最终制约价值追求动因和结果的经济规律。把社会主义完全价值化,或者仅仅看到社会主义的经济必然性,而忽视人们对社会主义的价值追求,都是片面的、不科学、无法实现的。必须将二者统一起来,有机地结合起来。"①

强调历史的必然性,也就是强调社会发展规律的客观规律性,并不是说人们的精神追求或价值追求是毫无意义的。有些崇高的超越历史阶段的发自人类追求自由、平等、正义、民主等本性的价值追求,始终是鼓舞人们奋勇前进,推动人类文明进步、历史发展的积极因素。英国著名的社会主义思想家柯尔说,"仅仅从相信社会主义符合历史发展方向出发。或者说,如果人们不是出于相信社会主义是正义的,而正义的事业是应该奋力以求的,就很难理解人们何以会不畏劳苦地为社会主义奋斗。在马克思自己强大的武器库中,正义感也不是最小的一件。"② 社会主义是无产阶级解放的现实运动,它同一切人类实践活动一样具有两重性(受范导性、受制约性,即合规律性和主体性、能动性即合目的性),也必须遵循两重尺度(外在尺度和内在尺度),历史必然性作为现实条件同人的实践活动及其结果之间的本质的必然的联系,内在地蕴涵了价值性关系,人的价值评价和价值选择,实际上也构成了历史发展因果链条中的必然环节。只不过历史必然性往往表现为外在于人的制约于人的因素,而价值追求往往表现为人的内在的主观能动的行为。好象二者有重大的区别,实际上是相辅相成,紧密联系在一起的。历史不过是追求自己目的的人的活动而已,但是这个目的不是个别人或少数人的活动,而是所

---

① 施九青:《当代世界社会主义研究》,第1版,第52页,天津,天津社会科学院出版社,2000年。

② 《大英百科全书》,1964年版,"社会主义"条目,柯尔撰写。转引自施九青:《当代世界社会主义研究》,第1版,第52页,天津,天津社会科学院出版社,2000年。

有人活动的合力,即由所有人的不同目的活动所构成的出自一个点的无数力的平行四边形所整合出来的那个平行四边形的对角线。作为具体的人的价值追求归根结底取决于并受制于这个历史必然性。所以,历史必然性相对于价值追求,具有更重要的和决定意义的地位。

2. 马克思社会主义精神的合目的性思想

马克思对资本主义的批判、扬弃和对未来文明社会的憧憬是从"经济事实"出发的,特别是唯物史观和剩余价值学说的发现,说明社会主义代替资本主义是合乎历史发展规律的必然,只有合乎这种规律的对未来社会的憧憬才可以称为理想。共产主义作为一种理想的社会文明制度,必须有其独特的符合人类文明发展需要的目的性,有明确的一种价值目标。只有这种价值目标,才能构成共产主义与资本主义及其它社会制度的根本区别,构成共产主义特征的内在规定性,也才能决定着社会主义发展的全过程。马克思对社会主义精神合目的性的研究,正是在合乎规律性的基础上展开的。过去,我们只注意马克思和恩格斯关于社会主义的产生是合乎规律性和必然性的论述,忽视或忘却了他们在对社会主义本质的论断中是把对价值目标的追求放在第一位的。

马克思第一次对共产主义的文明理想进行系统的论述,是在《1844年经济学哲学手稿》中。在这部著作中,马克思在对资产阶级经济学说进行批判性的考察时,发现资产阶级经济学家们把作为自己学说基础的私有制看成一种不言而喻的事实,而没有说明理由。古典经济学的杰出代表亚当·斯密虽然揭示了私有制的本源是劳动,无论商品、货币、资本都不过是人的劳动的凝结,从而得出"劳动是财富的唯一本质"的结论。但这一结论又使他自己的学说陷入一贯不可克服的矛盾之中。既然劳动是财富的唯一源泉,劳动的全部产品就应该属于工人,为什么工人只能获得"为繁衍工人这个奴隶阶级所必要的那一部分"呢?,由于资产阶级经济学家只把工人当作"劳动的动物",工人和一匹马一样只应得到维持劳动所必需的东西,他们对这一显而易见的矛盾完全不与理会。马克思站在工人阶级的立场上,从对劳动的研究出发去寻求私有制的本质,提出了异化劳动理论。正是这一理论,开启了通向共产主义的大门。

马克思认为,劳动是人类自由的、自主的活动,"劳动这种生命活动、这种生产活动本身对人说来不过是满足一种需要即维持肉体生存需

第二章 社会主义精神：人类文明演进合规律性与合目的性的表现

要的一种手段。而生产生活就是类生活，这是产生生命的生活。一个种的整体特性、种的类特性就在于生命活动的性质，而自由的有意识的活动恰恰就是人的类特性"。① 劳动把人与动物区分开来，因此，劳动是人类的本质，是人与自然统一的基础。但是，在资本主义制度下，工人创造的产品不属于自己，他们创造的商品越多，自己就越变成廉价的商品，并且越受他们的产品即资本的统治和奴役。这种物的异化现象来源于人的劳动活动本身的异化。资本主义制度下的劳动已不是自由的和自主的活动，而是一种"被迫的强制的劳动"，工人在劳动中不属于自己，而是属于别人。劳动对他来说，不是幸福，而是不幸；不是发挥自己的体力和智力，而是使自己的肉体受尽折磨，精神倍受摧残，因此，人们会像逃避瘟疫一样地逃避劳动。当人们只有逃避劳动，在劳动之外才感到自由时，人与自己的本质也发生了异化，于是，人丧失了自身。既然劳动产品不属于工人所有，劳动也只能给工人带来痛苦，那么，劳动的存在会给另一个不劳动的人带来享受和快乐。因而，这种异化劳动不仅生产了商品，而且生产了一个站在劳动之外的、剥削工人的资本家。这是马克思对资本占有雇佣劳动所作的最早的理论阐述。

通过对异化劳动的分析，马克思发现：私有制的本质并非亚当·斯密所说的劳动，即不是人类本来意义上的劳动。私有制，这个被资产阶级经济学家视为前提的东西就可以得到合理的说明："私有财产是外化劳动即工人同自然界和自身的外在关系的产物、结果和必然后果。因此，我们通过分析，从外化劳动这一概念，即从外化的人、异化劳动、异化的生命、异化的人这一概念得出私有财产这一概念"。② 既然私有制的本质是异化劳动，既然异化劳动使人丧失了自己，使人不再成其为人，那么，未来理想的文明社会就应当把人从异化劳动之中解放出来，使人还原为人。基于这样的认识，马克思阐述了自己的共产主义观点："共产主义是私有财产即人的自我异化的积极扬弃，因而是通过人并且为了人而对人的本质的真正占有；因而它是人向自身、向社会的即合乎人性的人

---

① 马克思：《1844年经济学哲学手稿》，单行本，第3版，第57页，北京，人民出版社，2000年。

② 《马克思恩格斯选集》，第2版，第1卷，第50页，北京，人民出版社，1995年。

的复归,这种复归是完全的、自觉的和在已往发展的全部财富的范围内生成的。"① 这个定义表明:私有制的本质是人的自我异化,作为完成了的共产主义文明社会,就是对这种异化的扬弃。这种复归不是倒退,而是以资本主义社会中得到高度发展的生产力为前提的。共产主义作为解决这一矛盾的手段和结果,既是资产阶级社会中私有制本身矛盾运动的必然物,同时有不断创设出愈来愈符合人的本质要求的历史条件,使实现出来的人的本质愈充分、愈丰富。正是对共产主义的这种双重界定,马克思才真正超越了关于共产主义的其它形形色色的理解。在这里,共产主义文明的核心是人而不是物,是人的解放而不是对物的占有。可以看到,马克思在这里主要是从理想主义的高度来预测共产主义的。要指出的是,马克思在这篇文章中,是把哲学、经济学和社会主义融为一体,尤其是从经济关系的角度来批判资本主义,设想未来的共产主义的。这明显地和那些用抽象的道德标准和理性原则来批判旧制度、设计新的社会的旧社会主义学说是不同的。

马克思最反对没有事实根据的空想描绘。《手稿》已接近了唯物史观的一些原理,但是它毕竟不是马克思成熟时期的著作,纯思辨的伦理色彩还很突出。1845年秋到1846年5月,马克思和恩格斯共同完成的著作《德意志意识形态》,被人们誉为唯物史观形成的标志。马克思和恩格斯根据新的历史观,对社会主义文明取代资本主义文明作了全面的科学的论证,确定了如何认识社会、认识社会的出发点是什么的问题,这就是:不是意识决定生活,而是生活决定意识。前一种观察方法从意识出发,把意识看作是有生命的个人。符合实际生活的第二种观察方法是从现实的、有生命的个人本身出发,把意识仅仅看作是他们的意识。马克思从现实的人是社会历史的基本出发点出发,考察现实的人,而不是考察抽象的人,将人们的物质生产活动以及他们的物质生活条件联系起来,就是要从规律上来探讨社会主义精神产生的内在的条件,这就和一切唯心主义彻底划清了界线。但即使如此,马克思还是大胆地作了一些理论的预测和逻辑的推演,作了一些主体性的价值探测,这从马克思恩格斯曾

---

① 马克思:《1844年经济学哲学手稿》,单行本,第3版,第81页,北京,人民出版社,2000年。

提出过"消灭劳动"的思想中可以看出。马克思和恩格斯写道:"过去的一切革命始终没有触动活动的性质,始终不过是按另外的方式分配这种活动,而共产主义革命则反对活动的旧有性质,消灭劳动"。"无产者,为了保住自己的个性,就应当消灭他们至今所面临的生存条件,消灭这个同时也是整个旧社会生存的条件,即消灭劳动。"① 只有当劳动转化为自主的活动,哲学家们才能在不再屈从于分工的个人身上看到了他们名之为"人"的那种理想。

《共产党宣言》是科学社会主义诞生的标志。它在论述了著名的"资本主义必然灭亡,社会主义必然胜利"后指出,人类未来代替那存在阶级和阶级对立的资产阶级旧社会的,将是每个人的自由发展是一切人自由发展的条件这样一个联合体。这实际上是对《1844年经济学哲学手稿》和《德意志意识形态》所阐明的对未来理想社会的概括和总结。因为,只有在共产主义社会里,人的自由而全面的发展不再是一句空话。私有制、旧式分工、阶级对立的消除,正是作为人类社会从必然王国向自由王国飞跃、实现人的自由而全面发展的必要前提。后来,恩格斯在《共产主义原理》一文中,对这个"联合体"的原则又作了详尽的解释:"由社会全体成员组成的共同联合体来共同地和有计划地利用生产力;把生产发展到能够满足所有人的需要的规模,结束牺牲一些人的利益来满足另一些人的需要的状况;彻底消灭阶级和阶级对立;通过消灭旧的分工,通过产业教育、变换工种、所有人共同享受大家创造出来的福利,通过城乡的融合,使社会全体成员的才能得到全面发展。"② 在这里,恩格斯不仅强调社会主义社会是人的全面发展的社会,而且还指出了达到这一目标的手段:生产力的发展,阶级的消灭,旧式分工的消除,等等。后来马克思在《资本论》中对资本主义的批判和对共产主义的预见,都是同时进行的。在批判资本主义的无政府状态时,他提出了只有社会主义和共产主义社会才能合理调节社会生产的预见;在论述社会再生产时,也阐述了社会主义再生产这一十分重要的问题;在批判资本主义私有制时,论述了未来社会的生产资料公有制与按劳分配等等。他指出,只有

---

① 《马克思恩格斯全集》中文第1版,第25卷,第926页,北京,人民出版社,1974年。
② 《马克思恩格斯选集》,第2版,第1卷,第243页,北京,人民出版社,1995年。

社会主义才是"以每个人的自由而全面的发展为基本原则的社会形式"。①在《法兰西内战》中,马克思对巴黎公社进行评述时,再次指出公社就是要把用于奴役和剥削劳动的工具的生产资料变成集体劳动的工具。"以实现个人所有权"。在《哥达纲领批判》中,马克思在尖锐批判哥达纲领草案中拉萨尔的机会主义路线及其经济观点、政治观点和策略思想时,对他的理想的文明社会进行了具体的描述,实现了科学社会主义学说发展的一次重大的飞跃。共产主义社会第一阶段,经过长久的阵痛,刚刚从资本主义社会产生出来,权利不能超出社会的经济结构以及由经济结构所制约的文化的发展。"在共产主义高级阶段上,在迫使人民奴隶般地服从分工的情形已经消失,从而脑力劳动和体力劳动的对立也随之消失之后;在劳动已经不仅仅是谋生的手段,而且本身成了生活的第一需要之后;在随着个人的全面发展,他们的生产力也增长起来,而集体财富的一切源泉都充分涌流之后——只有在那个时候之后,才能完全超出资产阶级权利的狭隘眼界,社会才能在自己的旗帜上写上:各尽所能,按需分配!"② 1894年,即恩格斯逝世的前一年,意大利人米·卡内帕请他为即将出版的周刊《新世纪》找一段题辞,用简短的文字来表达未来社会主义新纪元的基本思想,恩格斯在回信中选用了《宣言》中的一段话,并强调,除此之外,我再也找不出合适的了。马克思的这段话,描述了人类文明的最高境界,体现了崇高而伟大的共产主义的理想。这表明了马克思恩格斯对建构社会主义的价值原则不仅有着充分的自觉,而且是始终坚持的。

总起来说,在马克思看来,资本主义生产方式这种以弱肉强食、生存竞争为外部表现的自发性特征以及社会化生产力与私人占有之间的矛盾,是人们自觉地利用历史规律性从而再创立一个新的文明社会的基础和起点,新文明社会的理想就是要按照社会化大生产的本性,以生产资料的社会性所有代替资本主义私人所有,从而消除生产发展的人为障碍,使生产获得无限的滋长,并克服资本主义生产方式必然导致的生产过剩危机以及对人类文明所造成的危害。在这种情况下,社会历史领域里历史的自觉能动性,

---

① 《马克思恩格斯全集》中文第1版,第23卷,第649页,北京,人民出版社,1972年。
② 《马克思恩格斯选集》,第2版,第3卷,第305—306页,北京,人民出版社,1995年。

即历史的合目的性表现的最为明显。人们自觉地认识和利用历史规律性和社会化大生产的本质要求，能动地把握历史前进的方向，使之合乎既定的理想文明的目标，自觉能动地运用于创建、运用、发展新社会文明——社会主义社会文明的活动过程。和资本主义的自发性不同，社会主义是以人们自己自觉创造合乎自己目的性历史为其本质特征的。

二、一个更为深刻的现实问题：对文明模式的主体性选择不可避免

马克思和恩格斯揭露资本主义生产方式的内在矛盾，阐述社会主义精神在合规律性的基础上合目的性，构建新社会、新文明的理想，是有着事实的根据。这就是"世界历史"的现实。

马克思和恩格斯在《共产党宣言》中多次指出，不断扩大产品和销路的需要，驱使资产阶级奔走于全球各地，它必须到处落户，到处创业，到处建立联系，从而在伴随着大量罪恶的同时，也开创了世界历史。资产阶级把一切民族甚至最野蛮的民族都卷到世界交往的大潮之中，它那商品的低廉的价格，就是它用来摧毁一切万里长城，征服野蛮人的最顽强的仇外心理的重炮。资产阶级按照自己的形象创造出了一个世界有机体。

资产阶级所开创的世界历史，是符合文明历史发展的客观规律的一种必然表现。因为生产力的发展必然导致交往的扩大，交往的扩大又必然导致各个民族和地区联系的增多。这样以来，原先那种封闭的、闭关自守的民族和地区再也不能按照自己的狭隘的生产方式进行历史创造活动了，原先那种民族范围的问题也因此而变成了世界性的问题。人类历史从民族历史转变为世界历史，其最大的意义就在于促进了人类生产力和科学技术在全球的大发展。正是这样，所以马克思指出，历史中的资产阶级肩负使命的一个重要方面，是造成全人类互相依存为基础的世界交往以及进行这种交往的工具。马克思在1853年7月《不列颠在印度统治的未来结果》中分析到：

"资产阶级历史时期负有为新世界创造物质基础的使命：一方面要造成以全人类互相依赖为基础的普遍交往，以及进行这种交往的工具，另一方面要发展人的生产力，把物质生产变成对自然力的科学统治。"[①]

---

① 《马克思恩格斯选集》，第2版，第1卷，第773页，北京，人民出版社，1995年。

马克思在这段论述中，不但继续强调两方面条件发展对于共产主义的不可或缺性，而且对其内在属性分别做出界定。以往我们只注重生产力而忽视了马克思为什么将"普遍交往"的形成当做共产主义的客观前提。

以全人类互相依赖为基础的普遍交往是马克思"世界历史"的基本特征。作为全球化不同表达的"世界历史"，一方面与马克思对共产主义本质要义的确立存在着因果性联系，同时又是共产主义行动的必备前提。这就是马克思在《德意志意识形态》中所说的，共产主义"只有作为'世界历史性的'存在才有可能实现。"① 这就表明，除了提出以发达的大工业和社会财富的极大丰富为前提外，《德意志意识形态》另一个重要的理论突破，是从世界历史的形成、发展来透析共产主义—人类解放—的实现的。学者韦定广在《〈世界历史〉语境中的人类解放主题》一书中分析道：

首先，人类解放是以资本主义的高度发展作为既定历史前提，而资本主义始终"具有国际性质"。因为，与已往一切生产方式相比较，资本主义的重要特征是必须以广泛的国际分工、国际贸易为生存基础。马克思在写作《德意志意识形态》时已经完全意识到了这一点。分工与社会分工都是生产与交换方式发展到一定阶段的产物，而国际分工则是社会分工发展到超越国家界限，是一国内部生产社会分工的对外延伸，其结果必然是导致生产的全球范围组织。这一点在资本运动的推动下，又总是以一种不可遏制的趋势发展着。

对国际性质的认识是马克思研究资本主义得出的一个重要结论。资本的本质在于能够生产剩余价值，而且资本永远不会满足于一般剩余价值的获得，不断追求超额剩余价值是其生命所在。随着资本在本国范围获得更高程度的发展和国内市场日趋饱和，按照内在运行逻辑，资本必然在越来越大的程度上突破国家界限走向世界。它不顾一切地打破落后国家狭隘闭塞的自然经济的基础，将适应自己发展要求的生产方式传播到世界各地，并逐渐成为占统治地位的生产方式。由于资本"具有创造越来越多的剩余劳动的趋势，同样，它也具有创造越来越多的交换地点

---

① 《马克思恩格斯选集》，第2版，第1卷，第87页，北京，人民出版社，1995年。

第二章　社会主义精神：人类文明演进合规律性与合目的性的表现

的补充趋势，……从本质上来说，就是推广以资本为基础的生产或与资本相适应的生产方式。创造世界市场的趋势已经直接包含在资本的概念本身中。"① 在资本扩张性的驱动下，随着各国人民日益被卷入世界市场网，从而资本主义制度日益具有国际的性质。②

其次，资产阶级开创的具有国际性质的世界历史既给人类生产力和科学技术带来了大发展，同时又给非西方社会落后国家造成了种种灾难。历史表明，西方资本主义开创的世界历史，主要是通过三种形式进行的：

（1）资产阶级通过世界贸易，把非西方社会一些落后国家卷入世界交往大潮，并推动其走资本主义道路，如日本。

（2）资产阶级通过血腥暴力，把非西方社会一些落后国家变成自己的殖民地，使之纳入世界资本主义体系，如印度。

（3）西方资本主义通过赤裸裸的侵略和鸦片毒品，打开非西方社会一些落后国家的大门，把它们变成形式上独立的半殖民地半封建的国家，使之纳入世界资本主义体系，如中国。③

至于究竟采取哪种形式，则取决于当时特定的"情况和条件"，即使离开了对非西方社会落后国家血腥暴力的征服，资本主义同样也是要开创世界历史的，这是由其先进的生产力、科学技术、生产关系所决定的。这就是人类历史发展的内在的规律。正因为如此，马克思把廉价商品看作是资产阶级开创世界历史无所不摧的重炮。

资本主义通过发展世界贸易或血腥暴力殖民扩张或赤裸裸的侵略和鸦片贸易，必然在世界范围造成发达与不发达（或者说中心与外围）的差别。马克思在《1857—1858年经济学手稿》的"导言"部分谈到资本主义"生产的国家关系"时，曾经把其中一部分称为"第二级的和第三级的东西，总之，派生的、转移来的、非原生的生产关系。"④ 既然有"第二级的和第三级"以及"派生的、转移来的"资本主义生产关系，那

---

① 《马克思恩格斯全集》，第1版，第46卷（上册），第391页。
② 韦定广：《〈世界历史〉语境中的人类解放主体》，第1版，第146—147页，北京，人民出版社，2004年。
③ 江丹林：《东方复兴之路——非西方社会发展理论与建设有中国特色社会主义》，第1版，第719页，广州，广东教育出版社，1996年。
④ 《马克思恩格斯全集》，第12卷，第760页。

就必然存在着第一级的和具有原生性质的资本主义生产关系。在19世纪中期,后一种性质的生产关系主要存在于西欧,尤其是英国。恩格斯曾经对当时有国际分工所造成世界经济状况做过一个说明。他形象地比喻道:"英国是农业世界的大工业中心,是工业太阳,日益增多的生产谷物和棉花的卫星都围绕着它转。"①

当工业国家的资产阶级通过资本扩张将整个世界组织成为以自身发展为"中心"的总体时,资本主义生产的"一切矛盾都展开了",并且在"普遍的世界市场危机中集中地暴露出来。"② 韦定广在《〈世界历史〉语境中的人类解放主体》中指出,马克思认为在世界历史条件下,资本主义矛盾的世界性主要体现在三个方面:

一是工业发达民族与落后民族间的矛盾。西方资本主义国家凭借在世界工业化、现代化进程中的"早发优势",一方面通过建立殖民地方式形成对落后国家资源与市场的直接占有,另一方面还通过经济关系实施对落后国家的剥削。在早期,后者主要借助发达国家商业资本伸向落后国家的国际性垄断公司进行,例如历史上著名的英属、荷属东印度公司。机器大工业出现后,情况有所变化。"机器对分工起着极大的影响,只要一种物品的生产有可能用机械制造它的某一部分,生产就立即分成两个彼此独立的部门。"③ 就对世界的影响而言,"机器生产摧毁国外市场的手工业产品,迫使这些市场变成它的原料产地……。大工业国工人的不断'过剩',大大促进了国外移民和把外国变成殖民地,变成宗主国的原料产地……。一种和机器生产中心相适应的新的国际分工产生了,它使地球的一部分成为主要从事农业的生产地区,以服务于另一部分主要从事工业的生产地区。"④ 在这个场合,富国会剥削穷国,由此导致双方矛盾的激化。

二是不同资产阶级国家的矛盾。资本主义在对外扩张过程中,作为资产阶级利益集中体现的国家往往在其中起着巨大的主导性作用。当需要共同对付落后国家的反抗时,工业发达国家是不可或缺的角色。当需

---

① 《马克思恩格斯选集》,第2版,第4卷,第425页,北京,人民出版社,1995年。
② 《马克思恩格斯全集》,第26卷,第2册,第610页。
③ 《马克思恩格斯全集》,第4卷,第169页。
④ 《马克思恩格斯全集》,第4卷,第494—495页。

要共同对付落后国家的反抗时,工业发达国家能够团结起来,但世界市场的有限性又必然会加强它们之间的矛盾。另外,资本主义经济矛盾的集中表现是危机,危机最初是资本主义国家在一国范围内运行的结果,但随着世界历史的发展,各工业国家间生产中联系的加强,个别国家的危机必然向世界危机转变。

三是落后国家的社会矛盾与世界资本主义的矛盾相互纠葛。当资产阶级在西欧、北美少数国家成为统治阶级时,世界上绝大部分国家都还处于前资本主义阶段。然而,"那些还在奴隶劳动或徭役劳动等较低级形式上从事生产的民族,一旦卷入资本主义生产方式所统治的世界市场,而这个市场又使它们的产品的外销成为首要利益,那就会在奴隶制、农奴制等等野蛮灾祸之上,再加上一层过度劳动的文明灾祸。"① 就是说,工业发达国家每在一个新开辟的地区或国家进行工业产品的推销、资源的掠夺,或直接建立起初步的资本主义生产方式,就会使落后国家在原有社会矛盾基础上,再加上一层或多或少带有资本主义性质的矛盾。于是造成这些国家的社会发展与世界相联系,或者说,由工业发达国家主导的世界文明进程也会从根本上影响与制约着落后国家的发展。②

资本主义在扩张过程中将其基本矛盾推向全球层面,这时,无产阶级就不再是存在于少数工业发达国家的一种孤立现象。另外在世界历史条件下,资本剥削又具有"全球"性质:一是每一民族国家的无产阶级面临着多国资本家的压迫;二是资本主义的跨国经营使同一企业不同国家的工人遭受代表不同民族利益的资本家的剥削。于是在全球化过程中,"当每一民族的资产阶级还保持着它的特殊的民族利益的时候,大工业却创造了这样一个阶级,这是一个真正同整个旧世界脱离而同时又与之对立的阶级。"③ 这个阶级就是无产阶级。因此,马克思得出结论:"工人阶级没有祖国"、各国"联合的行动"是"无产阶级获得解放的首要条件之一"。

总之,从历史哲学的视野看,在西方把东方落后国家纳入世界历史

---

① 《马克思恩格斯全集》,第23卷,第263—264页。
② 韦定广:《〈世界历史〉语境中的人类解放主题》,第1版,第150—151页,北京,人民出版社,2004年。
③ 《马克思恩格斯选集》,第2版,第1卷,第115页,北京,人民出版社,1995年。

的范畴之后，非西方社会落后国家应该怎么办？在这样的历史规律面前，非西方落后国家就只能有两种大致的方向可供选择，要么甘当西方的附庸，要么挣脱西方资本主义的统治和奴役，走一条非西方化的道路。如果屈从于西方资本主义的征服与奴役，那就只能使自己永远处于被压迫民族的境地。历史发展的规律性丝毫也不排斥作为历史主体的人的选择性。

事实上，作为历史主体的人的主观选择性在其现实性上也就是另一种规律性，因此，合规律性与合目的性是内在的统一的。不过，在这里，主体对历史的选择表现得比规律性更为突出。俄国、中国等非西方落后国家在外国资本主义、殖民主义以及资本主义和殖民主义卵翼之下的本国的封建统治者的剥削和摧残之下，只得做出自己的正确的选择。这种对社会发展的合乎目的性的选择和对理想文明模式的追求是以摆脱资本主义和殖民主义的统治、以摧毁国内的封建势力，争取民族解放和政治上的翻身为价值取向的。俄国、中国等非西方落后国家就是这样的典型例子。

中国、俄国等非西方落后国家如何才能走出一条现代化的文明之路，已故著名学者江丹林在其著作《东方复兴之路——非西方社会发展理论与建设有中国特色社会主义》一书中指出，当时非西方社会落后国家在艰难探索中形成了多种现代化的模式，而且这些落后国家"都在不同程度上和不同领域对东方复兴之路作出了自己的探索，但并不是每一种模式的创始人及其发展者都能处于'盗火者'（为非西方落后国家锻造真理的普罗米修斯）的崇高地位。谁能科学地分析非西方社会落后国家的基本矛盾并指出解决这一矛盾的方式和途径，谁就是普罗米修斯，被永远铭刻在非西方社会发展理论的丰碑上。"① 当时非西方落后国家探索的模式主要有：资本主义现代化模式、社会主义与资本主义混合现代化模式、殖民地现代化模式、伊斯兰现代化模式以及社会主义现代化模式。这里主要阐释三种现代化模式：

（1）资本主义现代化模式。马克思和恩格斯站在人类文明历史的高

---

① 江丹林：《东方复兴之路——非西方社会发展理论与建设有中国特色社会主义》，第1版，第718—719页，广州，广东教育出版社，1996年。

度,认为,世界历史是资本主义开创的,历史中的资产阶级一方面开创世界历史和造成全人类相互依赖为基础的世界交往以及进行这种交往的工具;另一方面要发展人的生产力,把物质生产变成在科学的帮助下对自然力的统治。从这个意义上来说,非西方落后国家的农村公社就不是什么令人向往的"世外桃源",而是一种灾难;非西方落后国家不是苦于资本主义的发展,而是苦于没有资本主义的发展。所以,资本主义对非西方社会落后国家的侵略,对加速世界历史的形成和创造世界无产阶级革命的现实条件,就具有十分重要的意义,因而非西方落后国家的未来的前景是比它更为先进的资本主义。但是,马克思又认为,正如"地质变革"为地球创造了表层一样,资本主义在非西方社会落后国家所进行的建设性的革命,既不会给人民群众带来自由,也不会改善他们的社会状况,因为这两者都不仅仅决定于生产力的发展,还决定于生产力是否为人民所有。事实上,西方资本主义的高度发展是以非西方的相对不发展为必要条件的,非西方社会落后国家只有成为西方发达资本主义国家的商品和资本输出的场所、原料产地、廉价劳动力的来源等等,才能在这一体系下生存下去。所以,从总体上说,西方国家资本主义的高度发展,堵住了非西方社会落后国家走向资本主义现代化的道路。

(2) 殖民地现代化模式。殖民地现代化模式在本质上是传统的前资本主义生产方式和现代资本主义生产方式混合生长和变异的一种"亚种"的、畸形的、过渡性的殖民地生产方式,非西方社会一些经济极不发达和传统农业占优势的落后国家往往实现这一现代化模式。[①] 这一模式的特点是:第一,在整个国民经济运行中,呈现出互相脱节的"二元结构"——前资本主义与资本主义两种经济成分并存。前者主要在农村和中小城市广大地区,与落后的生产力结合在一起;后者主要在大城市,与相对较为先进的生产力结合在一起,受资本主义世界市场所支配。第二,在整个国民经济运行中,农业基础极为薄弱,出现了这样一种情况——形成了在商业资本和高利贷资本控制下的大批极其贫困的小土地

---

① 这一概念根据印度学者哈姆扎·阿拉维·帕特奈克著作,《南亚译丛》1987 年第 1 期。转引自江丹林:《东方复兴之路——非西方社会发展理论有建设有中国特色社会主义》,第 1 版,第 724 页,广州,广东教育出版社,1996 年。

所有者，其简单商品生产纳入资本与市场的关系之中，从而受到了多重剥削。第四，在前资本主义生产关系（如奴隶制、封建制）与资本主义生产关系混合生长的基础上，依附于国际资本的寄生地主和商人资产阶级，在政治关系上，成为国家政权的主导力量。总之，这种殖民地的现代化模式遇到了来自宗主国西方发达资本主义国家不可克服的阻力，而只能永远处于相对的落后状态，不可能走上复兴之路，更不可能取得复兴的成功。

（3）社会主义现代化模式。这是马克思和恩格斯所开创并为列宁和中国共产党历代领导集体所发展的这条文明道路，是非西方社会落后国家实现现代化的必由之路。这个结论绝不是以某一个世界改革家所臆测或发现的思想或原则为根据，而是建立在历史辩证法的科学逻辑基础之上，并为实践检验所证实为真理，它是非西方社会落后国家自身矛盾运动所决定的。这个问题，已在有的章节作了剖析。

非西方社会落后的国家选择社会主义现代化模式确实是走向理想文明之路的必经之途，然而，社会主义现代化模式也不是单一的，"社会主义现代化模式作为非西方社会落后国家实现现代化的必由之路本身，却蕴藏着一个更深层次的问题，这就是什么样的社会主义的模式才能适应非西方落后国家建设社会主义以实现现代化的需要呢？苏联东欧社会主义国家巨变的实践，证明'斯大林社会主义模式'已经由'现实'转变为'现存'，丧失了必然性而死亡"[①] 中国特色社会主义在总结"斯大林社会主义模式"经验教训的基础上开辟了一条熠熠生辉的希望之路，为东方的复兴指明了前进的方向。

19世纪末和20世纪初，世界在从自由资本主义发展到垄断资本主义阶段，即帝国主义阶段以后，这时，导致资本主义所固有的三大矛盾，即无产阶级和资产阶级、殖民地半殖民地人民和帝国主义、帝国主义国家之间的矛盾达到空前尖锐的程度，使得无产阶级革命成为直接实践的问题。其中，像俄国、中国等经济文化比较落后的国家，社会矛盾、阶级矛盾更加突出，成为世界矛盾的集中点，正在孕育一场革命风暴。这

---

① 【美】查尔斯·K·威尔伯主编：《发达与不发达问题的政治经济学》，中国社会科学出版社，1984年。

第二章 社会主义精神：人类文明演进合规律性与合目的性的表现

些矛盾主要表现为，殖民主义的大肆掠夺，使被掠夺者陷入极度贫困，完全堵塞了边缘国家进入资本主义发展轨道所必需的原始积累的可能性。殖民主义所造成的亚洲、非洲、拉丁美洲的停滞甚至衰落，正是欧洲和北美资本主义大发展的同一过程的不同组成部分。加速积累是发展的重要基础，这就要求增加国内储蓄或者国外的投资来源。但是长达几个世纪的殖民主义的统治和剥削使落后国家的大量财富流向资本主义核心国家。在这种情况下，西方资本主义迅速地发展起来，东方落后国家却没有经济剩余用于积累，因而难以形成资本主义发展所必要的物质基础。西方的入侵和掠夺虽然有效地破坏了落后社会根深蒂固的封建宗法关系，但它没有带来资本主义关系和资产阶级的成长。大肆地掠夺在有效地遏止了落后国家经济增长的可能性的同时，也有效地遏止了落后国家资本主义发展的可能性。"与国际上发达与不发达之间的关系相类似的，不发达国家中所谓的国内落后或封建地区的当代不发达体制，同所谓的更加进步地区的资本主义体制一样，都是资本主义发展同一历史过程的产物。"

事实上，西方的殖民主义者正是靠掠夺与扼杀落后国家民族资本主义的发展、和落后国家的传统经济势力结成同盟来维持其对这些落后国家的掠夺的。"由于当代不发达国家特殊的历史经历，阶级结构演变的典型方式与西方不大相同，资本主义是通过已故的保罗·巴兰所说的'普鲁士道路'——不是通过相互竞争的小企业的发展，而是通过从国外引进先进的垄断企业——而进入大多数不发达国家的。因此，这些国家的资本主义的发展，并没有伴随着强大的中产阶级的兴起、地主对社会的统治被推翻、经济剩余再分配给那个中产阶级，而是意味着新来的垄断企业同社会上根深蒂固的土地寡头之间取得和解。因此企业之间也没有经济剩余会用于积累，从而出现的社会结构产生了一种极端不平等的收入分配。典型的后果是生产大大低于潜在的水平。农业继续在半封建的基础上经营。垄断性的高关税和其它手段保护了工业中的浪费和不合理状况。"① 所以，西方的扩张对落后国家的作用是双重的：一方面是把这些东方落后国家纳入世界资本主义体系，为西方的资本主义发展源源不

---

① 赵明义：《20世纪社会主义的抉择——科学社会主义和民主社会主义》，第1版，第26—27页，济南，黄河出版社，2000年。

断地提供积累；另一方面，又加强了东方旧势力的统治，延缓了这些国家的自发的发展过程。西方的扩张，把类似于资本主义的各种紧张关系都输入到这些国家中来了。由于社会财富的大量外流和上层社会的过渡搜刮，社会贫困化程度日益加深，社会矛盾极度激化。所以，无论在亚洲的山冈、非洲的沙漠、拉美的丛林，我们到处都能看到日益贫困化的民众反对现存国际秩序和国内统治者的斗争。

马克思对资本主义制度的揭露和他的阶级斗争的学说，尤其是暴力革命的理论，为这些国家民众推翻现存制度的斗争提供了理论依据。他根据资本主义核心国家的发展成就对未来共产主义文明下美满富裕生活方式的推测，正好符合赤贫者改善自己处境的愿望，因而对他们产生了强烈的吸引力，尽管马克思自称他的学说是西方现代大工业无产阶级的理论，但在东方，他的思想却和前资本主义社会的各种贫苦阶层一拍即合，使得落后国家形形色色反对现存秩序的运动都程度不同地成为马克思主义旗帜下的运动。在这面旗帜下，强烈的民族主义（反对国际资本的剥削和压迫）历史性地结合到了一起。对于这些国家的人民来说，社会主义文明不仅意味着摆脱了长期屈辱和贫困的外国统治的民族主义的解放，而且意味着人人平等、富裕文明的新生活秩序。因而正是在这一时期，社会主义成了落后国家对理想文明模式的历史选择。即使那些没有接受马克思主义理论旗号的国家，在摆脱了殖民主义的统治以后，也都以不同方式推行了某种形式的社会主义制度，走上了所谓社会主义文明的发展道路。历史主体对文明模式的选择性在这里表现得最为明显和突出。

恩格斯在《关于共产主义同盟的历史》中评价马克思的学说时说："这个学说在一切文明国家里，在西北利亚矿山的囚徒中，在加利福尼亚的采金工人中，拥有无数的囚徒；而这个学说的创始人，当时受到人们的憎恨和诽谤最多的一个人——卡尔·马克思，临到逝世时，却是新旧两大陆无产阶级的经常被请教的和永远乐于帮助的顾问。"[①] 用恩格斯的这句话来说明非西方社会落后国家对于社会主义精神的主体性追求，来说明历史发展在合规律性的基础上又合目的性是再恰当不过的了。

---

① 《马克思恩格斯选集》，第2版，第4卷，第209—210页，北京，人民出版社，1995年。

历史是最诚实的，不诚实的只是历史谎言者的谎言。所谓社会主义是"历史的误会"、社会主义"早产"论以及"补课"论等，他们都忽视了一个最基本的理论和事实前提：社会主义精神是合规律性与合目的性的统一。

第三节 马克思晚年的历史设想及俄、中等国家走上社会主义道路的历史必然

资本主义开创的世界历史，使任何一个民族和国家都不能长久地保持自我封闭和与世隔绝状态，都会自觉不自觉地把自己纳入世界历史的体系之下。因此，一个国家或地区的发展，不仅取决于本国的历史特点，而且要受到世界潮流的制约。就东方社会，如俄国、中国来说，由于它们在世界历史中形成了特殊二重性的历史空间，由此决定了其在历史进程中的可能性的选择。20世纪，社会主义首先在经济文化比较落后的俄国和中国等首先诞生，已经说明了这一历史发展的规律。

一、马克思关于俄国历史进程的设想及其方法论意义

1. 马克思晚年关于俄国历史进程的设想

马克思晚年关于俄国历程的设想思想，已经过去了一个多世纪了。时至今日，不仅俄国的社会情况发生了众所周知的变化，中国和其他一些东方国家，也在社会制度上完成了根本性质的改造。现在，重新研析马克思晚年关于俄国社会的论述，对于理解社会主义精神与人类文明的命运有着十分重大的意义。

1872年9月《资本论》第一卷俄文版出版，在俄国社会引起强烈反响。俄国民粹派理论家米海洛夫斯基并不真正懂得马克思。他在《祖国纪事》杂志发表文章，引证《资本论》关于西欧资本主义生产起源的历史概述，将俄国必然经历着资本主义发展阶段的结论强加给了马克思。为了澄清认识，马克思于1877年写了《给〈祖国纪事〉杂志编辑部的信》，明确反对将西欧的发展模式不加分析地套用在俄国。马克思指出：如果"一定要把我关于西欧资本主义起源的历史概述彻底变成一般发展道路的历史哲学理论，一切民族，不管它们所处的历史环境如何，都注

定要走这条道路……他这样做，会给我过多的荣誉，同时也会给我过多的侮辱。"① 马克思根据多年来对"这个问题有关的官方发表的和其他方面发表的资料"的研究，表明了自己的观点：俄国具有自己特殊的国情，是否要经历资本主义将取决于历史条件。"如果俄国继续走它在1861年所开始走的道路，那么它将会失去当时历史所能提供给一个民族的最好的机会，而遭受资本主义制度所带来的一切灾难性的波折。"② 这是一个有条件的假设性的结论，马克思明确指出了"遭受资本主义制度所带来的一切灾难性的波折"这种可能。同时也暗示着另外一种可能，即如果俄国能够抓住特定历史条件提供它的最好的机会，就有可能免遭资本主义制度所带来的一切灾难性的波折。

但是，马克思的信没有寄出。由于俄国革命者未能及时了解到马克思的原意，因此，他们关于俄国社会发展前途的争论仍然十分激烈。1881年，俄国女革命家查苏里奇写信向马克思求教。她说，近来，一些人鼓吹农村公社注定要灭亡，而这些人又自称是马克思的学生。因此，她请求马克思谈谈对俄国农村公社可能的命运的看法和对世界各国由于历史的必然性都应经过资本主义生产各阶段的理论的看法。马克思在给查苏里奇的复信草稿及正式复信中比较全面地论述了他对俄国农村的看法，明确提出了俄国在一定的历史条件下可以跨越资本主义"卡夫丁峡谷"而直接进入社会主义的设想。

马克思说，《资本论》中概述的资本主义"原始积累过程"，讲的是西欧国家的资本主义制度从封建制度内部产生出来的途径，并涉及东方国家的情况。资本原始积累过程是把一种私有制变为另一种私有制，而在俄国农民中则是要把他们的公有制变为私有制。所以，《资本论》中所分析的"历史必然性"，明确地限于西欧各国，它既不包括赞成俄国农村公社有生命力的证据。他强调，把他关于西欧资本主义起源的历史概述，变成一般发展道路的历史哲学理论，就是用一般历史哲学理论解决特定历史条件下的具体问题，不可能得出科学的结论。

马克思具体分析了俄国的农村公社已经具有了不同于古代公社的重

---

① 《马克思恩格斯选集》，第2版，第3卷，第341—342页，北京，人民出版社，1995年。
② 《马克思恩格斯选集》，第2版，第3卷，第340页，北京，人民出版社，1995年。

第二章　社会主义精神：人类文明演进合规律性与合目的性的表现

要特征。第一，它不再以血缘为基础；第二，房屋及园地已不再是公有，而是农民私有，这样，就把个人使用同公有制结合起来；第三，耕地虽然仍然为公社所有，但已经定期在公社社员之间重新分配，每个社会则自己耕种分给他的土地，产品留为己有而不再集体分配。马克思认为，俄国农村公社的这种二重性或者能够"成为它的巨大生命力的源泉"，"也可能逐渐成为公社解体的萌芽"，"一切都取决于它所处的历史环境"。马克思进一步分析俄国社会跨越的可能性："俄国是在全国范围内把'农村公社'保存到今天的欧洲唯一的国家。它不像东印度那样，是外国征服者的猎获物。"同时，俄国不是脱离现代世界孤立生存的，"和控制着世界市场的西方生产同时存在，就使俄国可以不通过资本主义制度的卡夫丁峡谷，而把资本主义制度所创造的一切积极的成果用到公社中来。"① 在马克思看来，俄国社会这种发展可能是符合时代发展方向的。"对这一点的最好证明，是资本主义生产在它最发达的欧美各国中所遭到的致命危机，而这种危机将随着资本主义的消灭、随着现代社会回复到古代类型的高级形式，回复到集体生产和集体占有而告终。"② 马克思还指出，跨越资本主义"卡夫丁峡谷"只是一种理论上的可能，要实现这种可能，必须具备一些条件，其中俄国内部必须发生革命。"如果革命在适当的时候发生，如果它能把自己的一切力量集中起来以保证农村公社的自由发展，那么，农村公社就会很快地变为俄国社会新生的因素，变为优于其他还处在资本主义制度奴役下的国家的因素。"③

在马克思和恩格斯看来，实现跨越资本主义"卡夫丁峡谷"的可能性，仅有内部条件还不够，还必须有外部条件。在1882年《共产党宣言》俄文版序言中，他们指出，俄国要实现跨越必须取得西方无产阶级革命的支援，"假如俄国革命将成为西方无产阶级革命的信号而双方互相补充的话，那么现今的俄国土地公社所有制便能成为共产主义发展的起点。"④ 在这里，马克思和恩格斯坚持的是一种特殊的俄国革命与西方无

---

① 《马克思恩格斯选集》，第2版，第3卷，第765页，北京，人民出版社，1995年。
② 《马克思恩格斯选集》，第2版，第3卷，第769页，北京，人民出版社，1995年。
③ 《马克思恩格斯选集》，第2版，第3卷，第773页，北京，人民出版社，1995年。
④ 《马克思恩格斯全集》，中文第1版，第19卷，第326页，北京，人民出版社，1980年。

产阶级革命紧密联系、相互配合的东西方"共同胜利"的思想。①

2. 马克思晚年关于俄国历史进程设想的方法论意义

马克思和恩格斯曾经说过，历史唯物主义，就其提供给人们的方法论意义来说，充其量不过是从对人类历史发展的观察中抽象出来的最一般结果的综合。以此标准来衡量，马克思关于俄国历史进程的思想就给人们以重要的这样的方法论启示。②

1. 研究任何国家和民族的历史进程，必须立足于世界历史的高度，从当时特定的历史环境出发

首先，马克思对俄国社会历史进程的研究，是从世界历史的总的环境出发的。自从历史转变为世界历史以后，在世界历史体系中，显然最先是由资本主义社会形态位于这个体系的中心的。资本主义生产达到的水平，就是世界历史总的水平，资本主义的存在和发展，影响到当时人类历史的全部进程。所以，跨越资本主义"卡夫丁峡谷"，是以资本主义在世界历史上的中心地位为前提的。正是在这个意义上，马克思研究俄国社会历史进程，也是从世界历史这个总的环境出发的。就是说，只有世界历史已经使生产力达到较高水平的条件下，才能提出跨越资本主义制度的卡夫丁峡谷的问题。

其次，马克思对俄国社会历史进程的研究，还必须要从俄国社会自身特定的历史环境出发。只研究世界历史这个总体环境还不够，因为它只是具有普遍性的意义，只有总体环境，还不能得出对一个国家和民族的有实际意义的结论。事实上，在19世纪70年代到80年代初的俄国特定历史环境中，马克思所做的矛盾分析和由此得出的两种可能性的逻辑结论，是具有充分的历史理由的。他也不会否认，随着可能发生的变化，有必要随时修正他自己在发生变化以前作出的逻辑结论。同样地，马克思也不可能因为顾及到俄国社会的历史情况有可能出现新的变化，而放弃应当依据但是的历史环境进行实事求是的矛盾分析，并作出必要的逻辑结论。

---

① 顾海良主编：《马克思主义发展史》，第1版，第156页，北京，中国人民大学出版社，2009年。
② 此处吸收了王复三、杨霞的一些观点。见王复三、杨霞：《人类历史进程与当代中国》，第1版，第101页，北京，中国人民大学出版社，1993年。

2. 在研究不同国家历史发展进程的问题上，应把先进思想的影响、精神的引导和诉诸革命实践的意义放在重要的方法论地位，即人的主体追求对历史进程会产生巨大的影响。

马克思认为，俄国历史上保存下来的公社农民的集体主义——民主主义传统和以互助为核心内容的社会关系的人道主义原则，能为公社的演变和避免资本主义的灾难的前景，确立了一定的可能性。这种可能性的实际意义就在于将人类在自身发展的历史进程中已经开拓的那种早期的集体主义——民主主义因素，同在社会主义取代资本主义的历史时代中，客观上已成为人类进步的目的和理想的那种集体主义和民主主义，按照一定的目标历史地结合起来的可能性。

作为共产主义的理论家和实践家，马克思还非常重视先进的思想，特别是精神的力量对于历史进程的巨大作用，在社会大变革时期尤其如此。在俄国社会发展道路的问题上，马克思的一个重要见解是，就决定公社命运的意义来说，作为社会的基本经济单位的公社内部的性质，固然是赖以发展的现实根据；同时还要看到，对于公社外部的思想的和政治的因素，即社会主义革命的精神的影响，同样是不可忽视的。

所以，在考察对俄国历史进程有决定意义的因素的问题上，当然归根到底要根据经济生活的矛盾及其在世界历史中所表现的特殊情况，而不是首先取决于先进思想的影响。但是，"经济状况是基础，但是对历史斗争的进程发生影响并且在许多情况下主要是决定着这一斗争的形式的，还有上层建筑的各种因素：阶级斗争的政治形式及其成果——由胜利了的阶级在获胜以后确立的宪法等等，各种法的形式以及所有这些实际斗争在参加者头脑中的反映，政治的、法律的和哲学的理论，宗教的观点以及它们向教义体系的进一步发展。这里表现出这一切因素间的相互作用，而在这种相互作用中归根到底是经济运动作为必然的东西通过无穷无尽的偶然事件（即这样一些事物和事变，它们的内部联系是如此疏远或者是如此难于确定，以致我们可以认为这种联系并不存在，忘掉这种联系）向前发展。"①

如果把是否存在精神动力，看作是社会历史运动与自然运动的根本区

---

① 《马克思恩格斯选集》，第1版，第4卷，第695—696页，北京，人民出版社，1995年。

别，那么，我们必须承认，人的一切活动都是有预期目的的，这些目的又都是由人的愿望和意志所驱使的，因此都是在精神动力的推动下发生和发展的。正是这种精神动力规定了历史活动与自然活动的根本区别。也正是这个原因，引起了社会历史动力研究者对精神动力的关注。在马克思以前，一切历史动力论的研究者都在精神动力上做文章，认为精神动力是历史发展的唯一决定力量。这种观点虽然不是全面的，但是他们强调精神动力的作用，这又是完全可以理解的。为了坚持唯物主义的立场，我们过去在历史动力的研究中，着重于研究精神动力背后的经济动力问题，这也是完全可以理解的。但是，只讲经济动力，并把它看作是社会历史发展的唯一决定力量，而不讲精神动力的决定作用，这同样也是不全面的。在马克思和恩格斯的时代，为了坚持历史唯物主义的观点，必须特别强调经济动力的决定作用；今天，为了全面地认识社会历史发展的动力，我们有必要特别强调精神动力的决定作用，加强对精神动力的研究。我们不仅要充分和大胆地肯定精神动力在历史发展中的决定作用，而且还必须肯定精神动力在现代历史动力中所居的首要地位。当然，单靠先进思想和精神力量的影响以及诉诸革命实践，离开社会进程的现实可能，只是一种"左"的盲目行动；但是，在客观可能性许可的条件下，不注重先进思想和精神的影响并诉诸革命的实践，则势必将有利于历史进步性的现实可能丧失殆尽。马克思关于俄国历史前景的推断，包含着历史发展阶段的跳跃性思想，这是对他创立的社会经济形态理论的重大补充和拓展。它向人们宣示的真理是："世界历史发展的一般规律，不仅丝毫不排斥个别发展阶段在发展的形式或顺序上表现出特殊性，反而是以此为前提的。"①

马克思的这一思想，事实上已经超出了俄国和俄国公社的那些问题的范围，它对研究西欧以外的国家和地区，特别是对研究东方国家和地区的社会发展道路，都有着深远大的历史意义。

二、合规律与合目的性的表现：俄国、中国等国家选择社会主义道路的历史必然性

十月革命发生在 20 世纪初的俄国，就其客观内容来说，原本属于从

---

① 《列宁全集》，第 2 版，第 43 卷，第 370 页，北京，人民出版社，1980 年。

1905年开始的、以推翻沙皇专制制度为使命的资产阶级民主革命的范畴，是这场在俄国特殊国情下持续十余年的革命进程的最高阶段，是俄国在走向现代化过程中的必然选择。

俄国的现代化虽属外援性，但起步并不算晚，18世纪初的彼得一世改革已经拉开了"西方化"即现代化的序幕。然而俄国的现代化却步履蹒跚，存在着难以克服的结构性矛盾，直至19世纪末仍未完成结构的总体转型，以至成为一个畸形发展的、传统因素占主导地位的半现代化国家。导致俄国现代化进程失衡的基本因素是俄国社会存在的二元结构特性，地跨欧亚两洲的俄罗斯帝国，从来就是一个兼具东西方文明特征的二元化的社会，东方与西方两股世界之流在俄罗斯发生碰撞，俄罗斯处在二者的相互作用之中。这种二元结构的矛盾集中表现在国家统治集团的两重性上，一方面，俄国是被具有改革倾向的统治者拖向西方的；另一方面统治集团学习西方的目的仍在于巩固自己的传统型的政治制度。这样，俄国虽然引入了一些西方现代社会的体制因素（主要在技术和经济领域），但政治制度并没有得到改造，而且在经济发展过程中进一步强化了传统的政治架构。虽然俄国历史上曾有过推动现代化的"开明君主"，但从根本上来说，沙皇专制制度是俄国现代化的政治障碍。由于历代沙皇都拒绝现代社会的政治载体——议会民主制，拒绝君主立宪，从而堵塞了俄国通向资产阶级进入统治集团的政治通道，也失去了议会机构对君主的辅佐和制衡，于是不可避免地出现了政治体制的腐朽和统治集团的退化。俄国的历代统治者的种种倒行逆施使俄国社会现代化进程的内在矛盾日趋尖锐，终于引发了全面的社会危机，把一场政治革命推上了历史舞台。

与沙皇专制制度结合在一起的是俄罗斯传统的村社土地所有制。1861年的农奴制改革虽然在一定程度上破坏了村社的原始型结构，但并没有从根本上触动村社土地所有制。1893年，沙皇政府颁布法令，完全禁止农民退出村社，不允许农民的份地转为私有。这样，在俄国的现代化进程中，资本主义生产方式始终没有占领农业领域，经济结构的二元性矛盾及其导致的发展失衡成为社会危机的深刻根源，而农业危机和农民暴动在19世纪末、20世纪初频繁发生则预示着革命时期的到来。

俄罗斯帝国国家结构的特性及其在国际地缘中的特殊地位是俄国现

代化进程难以突破政治障碍并诱使内外矛盾交织的另一个因素。帝国在形成和扩展的过程中，即包含着开拓性殖民因素，也包含着侵略殖民因素，两者的交错混淆了民族国家和殖民帝国的需要。另一方面，俄国的统治者也总是把对外战争当作转移内部矛盾、消弥革命的工具，但是在克里米亚战争后，俄国与西方强国的实力差距越来越大，结果，每一次战争都是加深社会危机、引爆革命的"雷管"。20世纪初的俄国革命就是在这种背景下发生的。

1905年俄国在日俄战争中失败揭开了俄国革命的序幕。革命的冲击曾迫使沙皇政府进行宪政和土地制度改革。但是，沙皇的改革是虚伪的。改革的失败暴露了沙皇制度的腐朽本质，它表明，这个制度不仅是俄国社会发展的严重障碍，而且缺乏自行变革的内在动力。在这个意义上，俄国革命的继续推进是必然之势。

战争充当了革命的加速器。沙皇政府为了摆脱危机，参与发动第一次世界大战，最终把自己推向了绝境。随着俄国战争的失败，国内危机空前加剧。到1917年春，社会的革命情绪一触即发。3月8日（俄历2月23日）的"二月革命"把"遍体血污"的罗曼诺夫帝制赶下了台。

但是，上台的临时政府，其政策仍是违背人民的当前利益的，不仅没有给人民以好处，而且在持续的混乱中还进一步恶化了形势。正是在这种特定的历史形势下，列宁领导的十月革命爆发了。诚然，从革命发生的具体过程来看，这是一场由布尔什维克领导的革命，但是，革命的客观依据并非哪一个政党能够"制造"出来。作为十月革命的目击者，约翰·里德在近距离观察到体会到，布尔什维克的胜利是因为他们"代表了工人、士兵和农民那种纯真而简单的愿望"，[1] 从这个意义上来说，十月革命是一场合乎历史规律，顺势而为的革命，同时，其发生根据主要存在于布尔什维克的指导思想——列宁主义的理论逻辑之中。

如果说《共产党宣言》所蕴涵的社会主义精神是被剥削、被压迫民族走向人类文明之路的指路明灯的话，那么，十月社会主义革命则从实践上为被剥削被压迫民族走上文明之路树立了一个绝好的样板。十月革命一声炮响，给中国送来了马克思列宁主义。毛泽东思想就是科学社会

---

[1] 约翰·里德：《震撼世界的十天》中译本，第1版，第293页，北京，人民出版社，1980年。

第二章 社会主义精神：人类文明演进合规律性与合目的性的表现

主义的基本原理同中国革命的具体实践相结合的产物，是中国特色的社会主义理论。

众所周知，旧中国是一个半殖民地半封建的社会，帝国主义、封建主义和官僚资本主义是压在人民头上的三座大山。不推翻这三座大山，人民得不到解放，社会生产力得不到解放，中国的落后面貌永远得不到改变。从1840年鸦片战争起，中国在抵御西方入侵的斗争中，屡战屡败，节节溃退，一步步沦为半殖民地半封建国家。为了挽救民族危亡，无数仁人志士一直在寻求抵御列强、振兴中华的良方。然而，无论洋务运动还是戊戌变法，也无论太平天国起义、义和团运动还是辛亥革命，最后无不以失败告终。中国出路何在？在这种情况下，中国才有了马克思主义的传播，中国共产党的成立，社会主义运动的兴起。

但是，面对中国的新问题，即是照抄照搬俄国的经验，还是走一条符合中国国情的道路？合目的性必须合乎规律性。以毛泽东为代表的一批中国共产党人，运用马克思列宁主义的基本原理，结合中国的具体实际，正确地回答了中国的社会性质、革命性质、革命的领导阶级和同盟军、中国革命的特殊道路等一系列问题，既为中国革命指明了正确方向，又从理论上创造性地发展了马克思列宁主义。如：关于中国革命究竟应当走什么道路的问题，毛泽东指出，在中国，由于无产阶级力量薄弱，中国的大城市完全掌握在反动统治阶级手里，通过中心城市起义引发革命高涨这种俄国革命的方式根本不适用。而中国的农村幅员广阔，反动势力的统治相对薄弱，革命力量有较充分的回旋余地，而且那里有无产阶级最可靠的同盟军农民。无产阶级只有依托农村，建立工农武装，创立红色政权，以农村包围城市，才能最后夺取城市。这就是毛泽东提出的中国革命的独特道路。中国的新民主主义革命，正是沿着这条道路，中国共产党在战胜各种外部困难和党内"左"右倾机会主义、教条主义之后，逐步走向胜利。中国革命的胜利，是马克思主义社会主义精神在中国的胜利，是毛泽东思想的胜利，是中国特色科学社会主义的胜利，是以毛泽东为代表的中国共产党第一代领导集体在找出适合中国国情的规律基础上正确选择的结果。事实证明，中国如果不顾国情可以盲目地走资本主义。但是，事实也证明，中国走资本主义没有给中国带来福音，给中国带来的只是灾难，资本主义在中国是走不通的。所以，中国只能选择社会主义，这是历史的必然，是合规律性与合目的性的统一。

　　新中国成立之初，中国遇到的一个难题就是，这样一个原来贫穷落后的国家，能不能跨越资本主义，向社会主义过渡。尽管马克思曾预言，东方经济落后的国家，有可能跨越资本主义"卡夫丁峡谷"，但在此之前毕竟还没有先例。我们党从中国曾是半殖民地半封建社会、经济文化发展比较落后这一特殊国情出发，提出了过渡时期的总路线，要求在逐步实现国家工业化的同时，逐步实现对农业、手工业和资本主义工商业的社会主义改造。在社会主义改造过程中，我们党运用科学社会主义的原则和方法，创造性地制定了对资本主义工商业进行"赎买"等政策。到1956年，由新民主主义到社会主义这一深刻的社会变革基本完成，中国走上社会主义道路，开始了对社会主义建设道路的探索，取得许多重大的进展，使我国从一个原来贫穷落后的国家，逐步发展成为初步繁荣的社会主义国家。从一定意义上可以说，中国社会主义改造的胜利是毛泽东思想的胜利——也是中国特色科学社会主义的胜利。社会主义改造完成后，毛泽东率领全党艰难地进行建设社会主义的探索，继续取得不少重大成就。但由于对社会主义建设规律的认识不足，由于在理论上出现了失误，由于对国际形势的急剧变化做出了不正确的反应，结果导致"大跃进"和人民公社的失败，特别是最终酿成了"文化大革命"政治大动乱，对我国的社会主义事业造成了极大危害。毛泽东晚年的错误，不只是他个人的悲剧，也是我们党、我们国家的悲剧。悲剧固然痛苦，但惟其痛苦，也就给人们留下最深沉的反思，因而往往成为新思想、新事物孕育的重要契机。科学社会主义在中国的际遇毕竟是幸运的，没有社会主义就没有新中国，这是千真万确的真理。在经历了一番曲折之后，它终于摆脱了困境，重新走向胜利。

第三章　社会主义精神与社会主义文明的实践形式

要大胆地说出历史，并不容易。在跨入21世纪的时候，要大胆地肯定社会主义精神引导下的社会主义实践形式在人类文明演进中的历史价值，更需要宽广的历史视角和诚实的历史态度。本章力图在世界宏观文明进步的视野中对社会主义精神引导下的社会主义文明的实践形式作出阐释，以期说明社会主义精神给人类带来的福祉，同时也昭示社会主义的曲折和悲歌给我们留下的深层次的思考。

第一节　人类对资本主义文明超越性选择的首次破题：社会主义精神与巴黎公社

社会主义精神作为一种社会生活的关系方式和对理想的追求，成为人类对文明的一种历史性选择，当然它是马克思主义在全世界广泛传播的结果，但是，在更决定性的层面上乃是当时社会历史运动，当然主要是资本主义历史运动在一定阶段上的必然结果，更具体地说，是自由资本主义作为一个经济时代走向它的反面和终结时人类对文明走向所作出的选择。

1871年3月18日，爆发了震撼世界的巴黎公社革命。巴黎公社革命是普法战争期间法国社会阶级矛盾和民族矛盾激化的结果。这是工人阶级建立无产阶级专政国家的伟大尝试，也是工人阶级用社会主义精神来建立无产阶级政权的伟大尝试。公社虽然在资产阶级的残酷镇压下失败了，公社的原则是永存的：在工人阶级得到解放以前，这些原则将一再表现出来。马克思不仅热情颂扬巴黎公社"将永远作为新社会的光辉先驱受人敬仰",同时还及时总结了巴黎公社革命的经验教训,进一步阐述了马克思主义关于无产阶级和无产阶级专政的理论。那么,巴黎公社的社会主义精神及其文明实践形式是什么呢?

一、用无产阶级国家政权代替资产阶级国家政权

资本主义文明代替封建文明具有历史的进步性,但是"文明的阴沟"和"文明的野蛮"又是和资本主义文明联系在一起的。正是因为这样,马克思才把资本主义的文明称作是"野蛮中的野蛮"。1848年欧洲革命失败以后,在法国建立的代表金融贵族和工业大资产阶级利益的第二帝国,对内残酷压迫和剥削人民,对外连年发动侵略战争。这些反动政策,引起了人民的强烈不满。在推翻第二帝国后建立起来的资产阶级临时政府对外勾结外国反动势力,对内企图镇压巴黎的工人运动。1871年3月18日,巴黎工人举行武装起义,推翻了资产阶级的反动统治,并建立了自己的政府——公社委员会,这是人类历史上第一个建立的无产阶级政权。巴黎公社是世界历史的转折点,它宣告了世界范围的资产阶级革命时期的终结,开创了无产阶级历史的新篇章。马克思后来用历史唯物主义的观点分析了法国资产阶级国家机器产生、发展和演变的历史,指出,随着无产阶级同资产阶级矛盾的激化,这个旧国家日益成为公开剥削、残酷镇压无产阶级的工具,资产阶级把这个旧国家机器发展到最完备的形式。资产阶级的国家,是奴役工人的政治工具。无产阶级的最终目的是要消灭一切阶级和阶级统治,使人类获得彻底解放。因此,工人阶级不能把奴役他们的政治工具,当成解放他们的政治工具来使用,必须彻底打碎它。

最重要的是,巴黎公社还解决了用什么来代替必须打碎旧的国家机器的重大问题。公社提供了这方面的新经验。马克思指出:"这次革命的新特点还在于他们组成了公社,从而把这次革命的真正领导权握在自己手中,同时找到了在革命胜利时把这一权力保持在人民自己手中的办法,即用他们自己的政府机器去代替统治阶级的国家机器、政府机器"① 公社经验表明,无产阶级要在打碎旧的国家机器的基础上,代之以新的真正

---

① 《马克思恩格斯选集》,第2版,第3卷,第106—107页,北京,人民出版社,1995年。

民主的国家政权。巴黎公社的第一个法令就是废除资产阶级常备军,用人民武装来代替它。公社取消了反动警察机构,代之以新的公安机关,选举产生了人民治安委员会。废除了旧法官,封闭旧法院,选出司法委员会,组织新的民事法庭。废除了资产阶级议会制度,实行立法与行政的统一。公社委员会是最高权力机关,下设执行、军事、粮食、财政、司法、公安、劳动与交换、社会服务、对外联络、教育等十个工作委员会,负责处理公社的工作。公社是兼管行政和立法的工作机关。公社废除了资产阶级的官僚集中制,实行民主集中制。公社对公职人员实行普选制,并随时可以撤换。公社实行普通工人工资制,从公社委员到一般普通工人的最高年薪不得超过六千法郎。公社还摧毁了资产阶级进行精神压迫的枷锁,宣布教会与国家分离。这样,公社在打碎资产阶级的军事官僚机器,摧毁一切物质的和精神的压迫力量之后,开始建立起来的国家,是完全区别于一切旧国家的无产阶级国家。正是这样,马克思认为,巴黎公社实质上是工人阶级的政府……是终于发现的、可以使劳动在经济上获得解放的政治形式。

巴黎公社的社会主义精神还表明,无产阶级夺取政权,建立自己的政治统治还不是目的,目的是凭借这种政治统治使劳动人民在经济上获得彻底解放。巴黎公社夺取政权后,并没有终止革命。他们采取了一系列有利于劳动人民的政策和措施,对社会进行革命的改造。根据公社的经验,马克思强调指出,无产阶级的政治统治决不能与他们在社会中所处的奴隶地位的长久不变状态同时存在,公社应当成为根除阶级的存在所赖以维持,从而阶级统治的存在所赖以维持的那些经济基础的工具。这也就是说,无产阶级的国家应该是无产阶级解放的工具。

二、真正民主化国家政权的制度设计

建立真正民主的国家是社会主义精神一个非常重要的要求,也是社会主义社会文明的内在特质。民主是衡量人类政治解放和社会解放的一个最重要的尺度,是社会主义文明区别于资本主义文明的重要的标志。巴黎公社的重大意义就在于:在人类文明历史上第一次建立了真正的民主制,真正把这种民主制运用于国家政权。这主要表现在,首先是政治公开与民主监督原则。政治公开是指国家的所有政治事务政治活动都依据一定的法律和程序在一定范围内公开,使国家机关广泛地置于人民的监督和关注之下。政治公开是人民参与政治的前提,也是民主监督机制得以正常运行的基本条件。政治公开程度反映着政治民主化的程度。在公社看来,一切专制、愚昧、落后、倒退的政治统治总是以其政务的神秘性为特征出现的。与剥削阶级的愚民政策相反,公社实行民主政治,让劳动人民有充分的、真实的选举权和罢免权。为了防止国家公职人员蜕化变质,由社会的公仆变成社会的主人,巴黎公社采取的第一个重要措施,就是彻底废除了旧国家的等级授权制,代之以自下而上的民主选举制,让广大劳动人民有充分的、真实的选举权和罢免权。巴黎公社诞生不久,作为公社临时权力机构的国民自卫军中央委员会,就立即着手筹备公社的民主选举。公社认为,要彻底打碎资产阶级的国家机器,建立起无产阶级的政治统治,就必须把过去被统治者作为欺骗工具的普选权运用于真正的目的,由人民来选举行政和创制法律的公职人员。这就如同一个工厂主能用个人选择的权利,为自己的企业找到合适的工人、监工和会计一样,从而使社会公职已不再是中央政府走卒们的私有物。《公社选举公告》号召公民们要充分珍惜自己的民主权利,努力做到"知人善任",要挑选那些"出身平民,坚定积极,有正义感,公认为正派的人","真心实意的人"。并强调指出:"公民们,不要忘记,只有从你们中间选出来的,与你们同甘共苦的人,才能最好地为你们服务"。公告还提醒大家:"要提防野心家和向上爬的人","也要提防言而不行的空谈家","也要避开财运亨通的阔佬"。公社的选举是真正的民主选举,不仅选举国家最高权力机关的公社委员会是由自下而上的提名表决,而且司法机关的法官和公证人,国民自卫军的高级将领,工厂的厂长也都是经过选民充分讨论酝酿,由民主选举产生。旧时存在的国家等级制被一扫而光。这是一个以真正的负责制代替了虚伪的负责制的民主政权。公社还规定,劳动者不仅享有充分的、真实的选举权,可以按照自己的意志来选择自己满意的公职人员,而且拥有对国家官吏充分的、真实的监督权,随时可以罢免和撤换那些不称职的被选举者。公社认为,不给人民罢免权的监督,算不上是真实的彻底的民主监督。为了自觉接受人民群众的监督,公社坚持将自己的一切言论和行动,特别是工作中出现的错误和缺点和盘托出,告诉民众。让人民群众拥有充分真实的选举权和罢免权,这就有效地防止了国家机关人员蜕化变质,杜绝了各种不法行为。其次,巴黎公社实施经济平等,取消高薪制,一切公职人员都只领取同普通工人一样的工资。公社还禁止国家公职人员兼职兼薪,领双份工资,而大力提倡多做工作,不计报酬的义务劳动。巴黎公社关于废除国家机关高薪的法令及其实施的各种措施,既是对旧的官僚制度的一种无情的批判和否定,又是对未来社会新的政治与经济关系的一种勇敢的尝试,具有极其深远而重大的意义。马克思恩格斯十分重视公社实行普选制和实行普通工人工资制这两项措施,认为这是防止国家和国家机关由社会公仆变为社会主人的重要措施。列宁认为,这些措施表明从资产阶级的民主转变为无产阶级的民主,"会成为从资本主义过渡到社会主义的桥梁"。①

总之,巴黎公社把选举权、监督权和罢免权作为人民群众民主权利的统一的、不可分割的整体有机地结合起来,并在实践中认真加以贯彻,有助于使国家公职人员成为为人民谋利益的社会公仆,防止其蜕化为人民的主宰。缩小工资差别,它标志着公社的公职人员不再是享有特权的社会主人,而是与普通劳动者处于同等的经济地位,并为他们服务的社会公仆,标志着新政权同以往一切旧政权的彻底决裂。公社通过各种渠道注意听取群众的批评和建议,吸引群众参加国家事务和企业的民主管理,使人民群众真正成为了国家主人。几十年来各社会主义国家的实践反复证明,如何实行真正的民主制度,如何使国家机关和公职人员保持"社会公仆"的本色,确实是无产阶级政权建设的根本问题,巴黎公社民主原则的精神是值得借鉴的。

三、重视用高尚的精神产品和道德风尚改变人的灵魂,重塑人的精神世界,改变社会的精神面貌和道德风尚

社会主义文明的发展是全面的。巴黎公社从一开始就力求于文明的全面发展和社会的全面进步。巴黎公社把对社会的改造和对人的改造结合起来,其在思想文化等精神文明建设方面所采取的各种措施及其所取得的成就也同样是人类文明史上的一份宝贵遗产。巴黎公社在短短的72

---

① 《列宁选集》,第3版,第3卷,第149页,北京,人民出版社,1995年。

天就致力于精神文明建设，令人可歌可泣。

  1. **教育改革**。巴黎公社对教育事业的改革与发展十分重视，在公社成立后的第一次会议上，成立了十个委员会，行使政府各部的职能，教育委员会即是其中之一。它的职责是"着手改革教育"，"起草免费、普及的全部世俗教育的法令草案。"公社教育改革的目的，就是"使公社革命能够通过教育改革来巩固其实质上的社会主义革命的性质，因为教育改革将保证每个人都有社会平等的真正基础——全面教育，将使每个人都容易学会他能够胜任和喜爱的职业。"[①] 为了达到这一目的，公社教育委员会采取了一系列措施。首先是以世俗教育代替宗教教育，实现教育世俗化。学校取消了愚昧的宗教课程、教义问答、神像、祷告及一切宗教象征，教师以科学知识传授学生。这样，长时期以来法国天主教会控制学校的局面就被打破了。列宁指出："使国民教育具有纯粹世俗的性质，这就给了身穿袈裟的宪兵以有力的打击"，这是"足够说明公社的真正意义和目的的措施"之一。其次，公社努力普及初等教育，加强职业教育，培养全面发展的有用人才。公社十分重视普及义务初等教育。在学校教育的指导思想、课程设置和教学方法等方面，公社也都开始了改革的尝试。公社注意向他们进行思想品德教育和传授科学知识，具体规定了学校应开设的课程，并要求改进教学方法。第三，公社还注意兴办职业学校，加强职业技术教育，使受教育者能在较短的时间内掌握一两种专门技术，以服务社会。还提高教师的社会地位和工资收入

  2. 十分重视文化艺术工作和新闻工作，并把它看作是揭露敌人、教育群众和传播公社理想的有力工具，是公社革命事业不可分割的一部分。公社在文化艺术领域里所采取的措施是：坚持国家对文艺的管理和监督；注意保护文化遗产；克服困难，设法尽快开放博物馆、图书馆，举办各种艺术展览，以教育群众，鼓舞斗志；适应革命斗争需要，改革文艺演出形式，革新演出剧目内容，以反映无产阶级的巴黎为推翻资本主义制度而斗争的作品。巴黎公社还利用新闻报刊宣传公社理想、教育和动员群众、揭露和打击敌人。公社在新闻报刊方面所作的种种努力，在无产阶级新闻事业史上留下了珍贵的一页。

---

 ① 《巴黎公社会议记录》，第1卷，第43页，北京，商务印书馆，1961年。

3. 道德风尚。虽然在当时紧张的军事斗争形势下，公社领导人不可能规定具体的思想道德建设要求，但是他们出于工人阶级的阶级本能，以身作则，严以律己，全心全意为工人的解放事业献身，为广大公职人员树立了良好的榜样。正因为有了这样高尚的道德情操，所以绝大多数公社领导人把自己看作是人民的公仆，全心全意为公社的事业献身，而从不考虑个人的利益。他们手中握有大权，但从不以权谋私。为了使公职人员保持社会公仆本色，防止由社会公仆蜕变为人民的主宰，公社所采取的三项重要措施，即民主选举公职人员，取消高薪制，兼职不兼薪，加强对公职人员的监督等，就体现了崇高的道德风尚，保持了劳动者的本色。在他们的带动和影响下，巴黎的社会面貌也就焕然一新。巴黎公社为了树立良好的社会道德风尚，十分重视对青少年的思想品德教育。巴黎公社还提高妇女的社会地位，实行男女平等，妇女的精神面貌大有改变。

马克思在《法兰西内战》中指出："公社简直是奇迹般地改变了巴黎的面貌！第二帝国的那个荒淫无度的巴黎已经消失得无影无踪了。法国的京城不再是不列颠的大地主、爱尔兰的在外地主、美利坚的前奴隶主和暴发户、俄罗斯的前农奴主和瓦拉几亚的封建贵族聚集的场所。在陈尸场内一具尸首也没有了，夜间抢劫事件不发生了，偷窃现象也几乎绝迹了。"① 公社在思想文化等战线上的种种措施及其所取得的成绩是人类文明史上的一份宝贵遗产，对于我们今天加强社会主义精神文明建设仍然有着重要的现实意义。

总之，巴黎公社是无产阶级掌握政权的第一次伟大尝试。这次革命所实施的具有社会主义趋向的措施，表明它是把人类从资本主义文明的野蛮中永远解放出来的伟大的社会革命的曙光。它的业绩和精神，是和社会主义精神对人类文明的全面进步紧密地联系在一起的。公社的原则是永存的，是消灭不了的，在工人阶级得到解放以前，这些原则将一再表现出来。公社的社会主义精神给后来的俄国和中国等国家走上社会主义道路，建设社会主义文明以巨大的鼓舞，也昭示着社会主义文明代替资本主义文明是历史的法则。

---

① 《马克思恩格斯选集》，第2版，第3卷，第66页，北京，人民出版社，1995年。

第二节 社会主义精神与列宁和斯大林的社会主义文明实践

社会主义社会文明的兴起和真正大发展是在 20 世纪。19 世纪末和 20 世纪初，世界从自由资本主义发展为垄断资本主义阶段，即帝国主义阶段。导致资本主义所固有的三大矛盾，即无产阶级和资产阶级、殖民地半殖民地人民和帝国主义、帝国主义国家之间的矛盾达到空前尖锐的程度，这就使得无产阶级革命成为直接的实践问题。其中，像中国、俄国等经济文化比较落后的国家，社会矛盾、阶级矛盾更加突出，成为世界矛盾的集中点，正在孕育着一场革命风暴。以列宁为代表的俄国共产党人和以毛泽东为代表的中国共产党人，高举马克思主义旗帜，用科学社会主义这个火炬，点燃了这里存放的一堆堆干柴，燃成熊熊火炬，把资本主义旧世界化为灰烬。社会主义文明首先在这里诞生，使多个世纪人们梦寐以求的理想变成活生生的现实。社会主义社会文明在 20 世纪就是这样蓬勃兴起的。

从 1917 年十月革命到现在，社会主义既是社会思潮，又是社会运动，还是社会制度，是思想、运动、制度的统一。社会主义文明一步步的发展，是社会主义先驱者和后继者们在社会主义精神的旗帜下同亿万群众顺乎历史发展的潮流，为实现崇高的共产主义理想长期不懈地进行战斗并付出巨大的牺牲和代价所换取的伟大成果。这完全是合乎规律和合乎目的的历史进程。

一、列宁的社会主义精神与建设社会主义文明的理论和实践

在社会主义精神与文明的关系上，列宁同马克思和恩格斯相比较，就不仅仅是科学的预见，而是带有明显的实践特点。列宁是在建设社会主义新社会的实践中论证了社会主义精神同文明的关系的。

1. 社会主义是现代文明的支柱。在列宁看来，只有社会主义才能够真正达到高度的文明。[①] 因为，从历史发展的总趋势看，社会主义文明是

[①] 列宁说："只有无产阶级专政，只有社会主义国家才能够达到而且真正达到高度的文明。"见《列宁全集》中文第 1 版，第 30 卷，第 374 页，北京，人民出版社，1972 年。

建立在人类以往全部文明成果的基础上的，生产的社会化，要求占有的社会化，要求实现社会主义，这是人类文明发展的必然结果。同时，只有社会主义制度才能创造比资本主义高得多的劳动生产率，使全体劳动者过最美好、最幸福的生活；只有社会主义制度，才能使科学、教育、文化等摆脱资本主义的桎梏，摆脱资本主义的奴役，使全体劳动者享有；也只有社会主义制度，才能建立新的人与人关系和新的纪律，建立高尚的道德情操和良好的社会风尚。当然，要建立起这种高尚的社会主义文明生活，需要做许多年甚至几十年的工作，但是正如列宁所强调的那样，"只有社会主义才能实现这一点。"

列宁还认为，无产阶级是现代文明的支柱。在资本主义条件下，列宁就十分明确地指出，只有无产阶级"才是现代文明的支柱"，它的劳动创造了财富，是我们整个"文化"的基石。无产阶级取得政权后，列宁又进一步指出，无产阶级如果不能成为组织全部社会主义文明的阶级，就不能组织社会主义新社会。1920年3月，列宁在纪念斯维尔德洛夫的讲话中说："无论在工人阶级为革命做准备的漫长历史过程中，还是在革命的最初时期，组织无疑是工人阶级的主要武器。如果受资本家压迫的、一盘散沙的劳动群众不能产生一个能学习做组织工作并亲自建设这个大工业、城市生活、整个社会主义文化和文明的阶级，那么劳动者的先进部队就不能摧毁资本主义，就不能实际着手组织社会主义新社会。"① 这就告诉我们，组织社会主义新社会，建设社会主义文明，必须紧紧依靠无产阶级，并且建设社会主义新社会的无产阶级必须具备这种新的素质。同时，在列宁看来，"只有马克思的哲学唯物主义，才给无产阶级指明了摆脱精神奴役的出路。"联系马克思讲过的作为时代精神精华的哲学"它是文明的活的灵魂"的意思，列宁在这里指明了马克思主义才是无产阶级精神解放和它建设新文明的思想指南。

2. 社会主义文明的基础是有比资本主义更发达的物质文明。社会主义文明代替资本主义文明是历史的必然。那么社会主义文明区别于资本主义文明的一个最显著的标志就是社会主义能够创造出比资本主义更发达的物质文明。恩格斯曾经指出，各阶级之间的斗争，归根到底都是围

---

① 《列宁全集》中文第2版，第38卷，第249—250页，北京，人民出版社，1986年。

绕着经济解放进行的，首先是为了经济利益而进行的，政治权力不过是来实现经济利益的手段。社会主义是以经济上的解放为目的，并且以经济解放作为政治解放的条件的。没有经济解放，就没有政治解放。在这个问题上，列宁和马克思恩格斯都是一样。他强调，无产阶级在夺取政权以后，只有迅速恢复国民经济，发展社会生产力，才能加强国防实力，巩固社会主义制度。如果我们不能恢复我国的经济，那么我们就落在而且将来还要落在资本主义列强的后面，我们就会挨打。因此，战胜资本主义只靠暴力是不行的，只有发展经济，提高劳动生产力才是战胜资本主义的根本保障。劳动生产率是保证新社会制度胜利最主要的东西，资本主义可以被彻底战胜，而且一定会彻底战胜，因为社会主义能够造成新的高得多的劳动生产率。当然，完成这一事业，这要很长时间才能办到。

如何创造出发达的社会生产力，创造出比资本主义更高的物质文明，这就十分尖锐地摆在了面前。列宁强调指出，社会主义必须建立在大生产的基础之上，必须吸取和利用人类文明的成果来建设社会主义。"我们必须……在大机器工业的基础上从各方面开始建设我们的国家，以便把我们国家变成文明的国家。"[①] "以前的革命所以失败，就是因为工人不能保持牢固的专政，不懂得单靠专政、暴力、强制是保持不住的；唯有掌握了文明的、技术先进的、进步的资本主义的全部经验，使用一切有这种经验的人，才能保持得住。"[②] "在苏维埃制度基础上实行电气化，会最终奠定我国共产主义的基础，奠定没有剥削者、没有资本家、没有地主、没有商人的文明生活的基础。"[③] 但是，社会主义文明和资本主义文明的区别，不仅在于生产力的极大提高、经济的彻底解放、生活的富裕，而且还要求社会财富在占有上的公正。在这一方面，列宁在原则上坚持马克思主义创始人关于社会主义基本经济制度特征是生产资料公有制的思想。列宁提出要首先恢复和发展大工业，将此作为建立社会主义制度的基础。为此，他强调要发展机器制造业、燃料动力工业，要加强劳动纪

---

① 《列宁全集》中文第1版，第30卷，第28页，北京，人民出版社，1972年。
② 《列宁全集》中文第1版，第30卷，第395—396页，北京，人民出版社，1972年。
③ 《列宁全集》中文第1版，第30卷，第336页，北京，人民出版社，1972年。

律,提高劳动生产率,组织劳动竞赛等。同时,列宁还提出了社会制度的改造,主要是:把资本主义和小商品生产纳入国家资本主义的轨道;使全体居民都加入消费公社;用国家统一领导下的有计划的产品分配来代替贸易;建立有国家控制的直接的工农业产品交换体系;引导小农实现共耕制等。列宁在这里是企图通过一个直接的社会主义过渡的规划,实现国家统一组织生产和分配、没有商品货币的社会主义。虽然列宁在这时也提出了利用国家资本主义这一中间环节逐步改造旧经济的主张,虽然他和"左派共产主义者"那种不顾俄国国情一味高喊"社会化",不停地向资本实行赤卫队式的"进攻"的主张完全不同,但是,从总体上看来,他的这些过渡办法和马克思恩格斯的理想中的社会主义有很多相同点。对公正的追求和强烈的历史超越意识在列宁的社会主义精神中表现得特别突出。

　　经济文化比较落后的国家先于发达的资本主义国家走上社会主义文明道路,这一方面异乎寻常地加快了历史前进的步伐,实现了人类文明历史上空前未有的飞跃;另一方面,它与西方发达国家"开始困难,继续比较容易"相反,是"开始容易,继续比较困难"。[①] 经济文化比较落后的国家建立社会主义制度以后,在建设社会主义文明的探索中遇到的困难是:①这些国家实现向社会主义过渡以后,面临双重历史任务,其中既有社会主义自身任务,还有发展商品经济、实现民主化和反对封建主义余毒的民主主义任务。②这些国家走上社会主义文明道路,确立社会主义制度以后,虽然在社会主义制度上高于资本主义,但是在经济文化、科学技术的发展上仍远远落后于发达资本主义国家。因此社会主义优越性的充分发挥需要一个很长的历史过程,特别是在经济发展和人民生活这个主要方面很难在短期内体现出令人信服的优越性。③在"一个世界、两种制度"的并存和对立这个大格局中,资本主义可能要在很长一段时间内实力上占优势,并形成了对社会主义国家的包围,企图重建资本主义的一统天下。经济文化比较落后的国家先于西方发达资本主义国家走上社会主义道路,建设社会主义文明,这是历史形成的20世纪社会主义的历史难题。这些国家必须在走向理想的路径中寻找到现实的合

---

① 《列宁全集》中文第2版,第34卷,第343页,北京,人民出版社,1985年。

理的张力。

为了解决这个历史难题,列宁进行了艰辛的社会主义探索,并取得了初步的成果。这就是著名的"新经济政策"。1921年,国内战争刚一结束,列宁就提出要用"新经济政策"代替"战时共产主义政策"。虽然"战时共产主义政策"是为了应付战争的需要而为,但也包含了向共产主义过渡的错误认识。新经济政策与战时共产主义政策不同,它是在无产阶级专政的国家掌握国家经济脉搏的条件下,充分利用商品货币关系,利用市场,建立城乡之间的经济联系;同时,大力发展苏维埃商业。主要包括:第一,必须把社会主义的经济建设和大工业的恢复与发展,建立在适应和支持小农经济的基础上。列宁认为,必须使我们开始建立的工业经济同千百万农民赖以为生的农业经济结合起来,必须从农业入手来恢复和发展大工业。与此相应,他对小农的看法也发生了根本的改变,他十分关注农民小生产的利益,认为新经济政策正是以尊重农民个人利益为前提的。由于施行粮食税,允许农民自由贸易,此后,苏维埃俄国的经济得到了很大的发展。第二,列宁认识到,在一个小农国家建设社会主义,必须通过商业这条迂回曲折的道路,用商业把社会主义大工业与小农经济结合起来。其三,列宁总结了数年来在改造小农问题上的经验教训,充分肯定了合作社引导农民走社会主义道路的意义,认为合作社是改造小农的最好形式。

通过几年新经济政策的实践,列宁已经初步找到了一条在俄国这样一个经济文化比较落后的国家过渡到社会主义的正确途径。它的主要内容是:用无产阶级国家政权支持小农生产力的发展,适应小农经济来建设社会主义,来恢复和发展大工业;用商业来把社会主义大工业同小农经济联系起来;用合作社的形式引导农民走社会主义道路。此外,列宁还提出要将社会主义建设建立在个人对物质利益关心的基础上,要贯彻物质利益原则,实现集体利益和个人利益的正确结合。他还提出要重复利用和吸收资本主义的文明成果为社会主义建设所用,提出通过租让制的形式吸收资本主义的技术、资金和经验,促进社会主义生产力的发展,等等。这些崭新的思想把人们对社会主义文明的认识极大地向前推进了。

列宁建设社会主义文明的新思路,并没有违背马克思恩格斯社会主义精神的本质,而是为社会主义新文明在经济文化比较落后的国家找到了一条健康蓬勃发展的道路。这就证明，社会主义在经济文化比较落后的国家首先取得胜利后，在坚持社会主义精神的原则下，就不能拘泥于教条，而应该大胆地进行理论创新和体制创新。列宁就是进行创新的典范。

3. 建设社会主义，必须有比资本主义更加优越的政治文明。和马克思和恩格斯的社会主义精神一样，列宁也认为，社会主义文明的发展是全面性的。在列宁看来，社会主义之所以能战胜资本主义，还在于社会主义比资本主义有着更加优越的政治文明。所谓政治文明，是指人类社会在政治领域即国家政治权力涉及领域的理性状态，是人类社会政治生活的进步状态。"政治文明"范畴进入科学社会主义创始人的视野，可以追溯到马克思在1844年11月写的《关于现代国家的著作计划草稿》。在提纲的第七条，马克思写道："执行权力：集权制和等级制。集权制和政治文明。联邦制和工业化主义。国家管理和公共管理。"① 在这部广泛涉及"政治制度"、"国家"、"法律"、"权力的分开"与制衡、"国家管理和公共管理"、"政党"、"选举权"等内容的著作提纲中，就提出了"政治文明"的概念。至于这个概念的具体指向，马克思没有给予明确的界定。马克思和恩格斯后来所写的大量的关于社会政治的论述，关于民主平等的论述，都包括了丰富的政治文明的思想。列宁虽然没有提出政治文明这样的概念，但是在列宁看来，在社会主义社会，由于一切劳动者阶级总是生产方式的主体和最活跃的因素，因而以劳动者阶级为主体结构的人民的需要、利益和意志及其实现程度就成了人类政治文明状态的根本标尺。就是说，社会主义政治文明的核心就是确保劳动人民当家作主。其中关于国家机关改革的思想，关于执政党建设的理论，就是列宁对社会主义政治文明建设最好的实践。

第一，关于国家机关改革问题。列宁认为，革命胜利后建立起来的苏维埃政权在本质上发生了变化，它已不再是"居于社会之上"的"社会主人"，而是收回到社会之中的"人民公仆"了。这是因为，这个政权是由于人民按照自己的方式自动地创立的民主制度，所以无产阶级国家比资产阶级国家优越的多、进步的多，它是真正民主的、劳动人民的国

---

① 《马克思恩格斯全集》中文第1版，第42卷，第238页，北京，人民出版社，1979年。

家。正因此，它能经得起任何的困难，无论是敌人的武装进攻，是饥饿或灾荒，它都能克服，最终获得胜利。

无产阶级国家是真正的人民当家作主的国家，但它仍需要不断的进行改革。列宁曾指出过，如果没有国家机关，那我们早就灭亡了，如果我们不进行系统地和顽强的斗争来改善国家机关，那我们也一定会灭亡。

社会主义同其它任何事物一样，也有一个从旧社会灭亡到新社会诞生的过程，不能设想一下子就建立起完美无缺的新社会，新的社会制度。无产阶级国家也是要在不断地改革过程中发展和前进的。

十月社会主义革命后，社会主义国家建立的初期，就暴露了国家机关尚存在的许多问题，官僚主义、特权思想、个人独裁等这样一大堆形形色色的渣滓仍然存在。对此，列宁指出，改善国家机关的问题是一个非常重要、非常迫切的问题。

但是，改革和推翻旧事物不同，改革只是一种改良的方式。无产阶级夺取政权后，改良已不是革命的阶级斗争的副产品，而是一种解决任务的主要手段。这里，列宁突破了马克思主义者的传统观点。按照过去马克思主义者的观点，无产阶级在夺取政权时，主要手段是阶级斗争和革命，改良只不过是革命和阶级斗争的副产品。列宁认为，无产阶级夺取政权后，要改变这种观点，不能继续无休止地进行"革命和阶级斗争"，而要把改良作为解决社会主义建设的最主要、最根本的手段。他甚至对什么是革命与改良做了如下定义式的论述。他说："革命……是最彻底、最根本地摧毁旧事物"，而改良则是"审慎地、缓慢地、逐渐地改造旧事物，力求尽可能少地加以破坏"。① 在俄文，改良和改革是同一语。

在国家机关的改革中，一项主要的任务就是反对官僚主义。列宁把官僚主义看成是社会主义国家机关的一大祸害。苏维埃国家建立不久，列宁就提醒全党要防止"使苏维埃代表变为'议会议员'，或变为官僚的小资产阶级趋势。"② 后来，在国内战争期间，由于实行"军事共产主义"，又在客观上助长了官僚主义的产生和发展。战争结束后，官僚主义这个祸害，就看得更清楚，更明确，更严重了。列宁注意到官僚主义不

---

① 《列宁选集》，第3版，第4卷，第611页，北京，人民出版社，1995年。
② 《列宁选集》，第2版，第3卷，第525页，北京，人民出版社，1972年。

仅在苏维埃中存在，而且在党的组织中也有这种坏现象。官僚主义可能毁掉无产阶级革命事业。因此，列宁对官僚主义深恶痛绝，提出提要同官僚主义进行坚决斗争，主张对官僚主义者实行严厉制裁。

列宁不仅提出了反对官僚主义的任务，而且还提出了反对官僚主义的具体措施。

列宁指出，反对官僚主义，必须提高人民的文化水平，使他们都能够直接参加国家的管理工作，只有全体居民都能够直接参加国家的管理工作。只有全体居民都参加管理工作时，才能彻底进行反对官僚主义的任务；必须精简国家机构，改变苏维埃国家机关臃肿，机构重叠，部门林立，人浮于事的现象；必须改变干部结构，使国家干部不仅是红色的革命家，同时又是懂得科学技术的管理人才，并且通过考试不断地选拔优秀人才进入国家机关。

第二，关于加强执政党建设建设问题。十月革命胜利后，俄国共产党成了执政党。这时的党应该起什么作用，怎样发挥作用？列宁批判了当时取消党的作用的一些错误倾向，强调党的领导作用是由无产阶级的历史使命和当时的情况决定的。无产阶级的使命是实现共产主义，而当时存在阶级斗争，这时不是削弱而是提要加强党的领导。没有党的领导，就不能实现无产阶级专政，就不能进行社会主义文明建设。

党的领导是怎样的领导？列宁认为，党的领导应该是集体领导，这是无产阶级政党领导的最高原则。他说："为了处理工农国家的事务，必须实行集体管理体制。"① 这就要求必须加强党内民主，要允许不同意见的争论，"任何对党总路线的分析或对党的实际经验的总结，对党的决议的执行情况的检查以及如何纠正错误的方法的探讨等等"，均可"直接交给党员讨论"。当然，贯彻集体领导原则必须同个人负责相结合，决不能把集体领导的机关变成空谈的场所，"在任何时候，在任何情况下，实行集体管理都必须严格规定对工作所负的个人责任。借口集体管理而无人负责，是最危险的祸害。"② 绝不允许借党内争论来反对党的纲领，目的是通过党内的民主生活达到全党的团结和统一。

---

① 《列宁全集》中文第 2 版，第 37 卷，第 41 页，北京，人民出版社，1986 年。
② 《列宁全集》中文第 2 版，第 37 卷，第 41—42 页，北京，人民出版社，1986 年。

列宁非常重视党员的质量，不以党员多少来炫耀自己，而要坚持党员质量。列宁说："徒有虚名的党员，就是白给我们也不要"，对于混入党内的投机分子，要坚决清洗出去，"只让有觉悟的真正忠于共产主义的人留在党内。"① 入党，只是工人、贫农和其他革命分子，而决不是投机分之。共产党不向党员许愿入党后会捞到什么好处，相反是要求他们担负比平常更艰苦更危险的工作。

为了做到这些，列宁认为，必须对各级党组织和党员干部进行严格监督。列宁即使在临终前也十分关心如何进一步改善党的监督制度的问题。1923 年 1 月，列宁在口授的《我们怎样改善工农检察院》一文中指出，工农检查院是为苏维埃一切机关而设的，它的活动应毫无例外地涉及一切国家机关，它是改善苏维埃国家机关的根据。因此，列宁把改组工农检查院同苏维埃国家的政策和战略等总计划联系起来。"在我的思想上，我就是这样把我们的工作、我们的政策、我们的策略等等的总计划同改组后的工农检查院的任务联系起来的。"② 列宁认为，只有彻底改革和完善这些机关，尽量缩减一切非绝对必要的东西，苏维埃政权才能坚持下去。作为第一个无产阶级专政的苏维埃政权能不能坚持到革命的胜利，是列宁晚年非常关心的一个问题。

改组工农检查院的计划中首要的一项就是工农检察院和中央监察委员会结合起来。这一方面可以提高工农检察院的威信，另一方面使中央委员会更紧密地联系群众，使它的工作更有条理。这种改革还有一个好处，就是在中央委员会里纯粹个人因素和偶然情况的影响会减少，从而分裂的危险也会减少。

4. 大力推行文化建设以加强社会主义精神文明建设。精神文化或精神文明同物质文明和政治文明本身就是相辅相成的。社会主义的物质文明建设在一定的意义上就是最大的政治。社会主义政治文明建设的某些方面，如民主政治的发展以及执政党建设等，同时也是社会主义精神文明建设的内容。在列宁看来，进行社会主义建设必须激起群众的革命热情，必须善于发扬群众的独创精神，只有依靠人民群众的革命积极性、

---

① 《列宁选集》，第 3 版，第 4 卷，第 51 页，北京，人民出版社，1995 年。
② 《列宁选集》，第 3 版，第 4 卷，第 797 页，北京，人民出版社，1995 年。

第三章　社会主义精神与社会主义文明的实践形式

历史主动性和生气勃勃的创造性来建设社会主义，社会主义才会有力量，才会必然胜利。要做到这些，就必须发展社会主义精神文化或精神文明建设。列宁关于文化革命和思想建设的理论就是精神文明建设的典范。

在社会主义改造和社会主义建设中，文化革命具有重要作用。旧俄国是一个经济落后、文化也非常落后的国家。到列宁逝世前夕，苏维埃国家的历史虽然已近七年，但是由于这一历史阶段激烈的政治斗争和军事斗争，党和国家不可能有效地进行文化建设，国家文化落后的面貌未从根本上得以改变。而加强文化等精神文明方面的建设，改变文化落后的面貌，对于苏维埃国家各项事业的发展意义不可低估。为了使党充分认识这个问题，列宁在留下的信件和文章中提出了一系列重要思想：

第一，为了建成社会主义，必须加强文化建设。当时的苏俄，处于战后恢复国民经济的阶段，或者说处于创造条件准备向社会主义过渡的阶段，远未建成社会主义社会文明状态。建成社会主义社会文明，是下一个阶段党和人民面临的伟大任务。可是，只有生产力水平提高，社会物质财富极大丰富，才有可能建成社会主义社会文明。只有社会主义民主政治得以不断发展，人民群众真正当家做主，他们的愿望和意志在国家政治生活中得以充分体现，出现政通人和、安定和稳定的政治局面，才有可能建成社会主义社会文明。只有苏维埃国家的国防力量日益增强，能够战胜帝国主义国家的侵略和颠覆，才有可能建成社会主义社会文明。然而，这一切都有赖于苏维埃国家文，建设的进展。也就是说，只有文化建设的发展，从而使社会整体文化水平得以提高，才能发展生产力，才能提高人民当家做主和管理国家的能力，才能增强国防力量，即才能建成社会主义社会文明。基于这种认识，列宁在有关文章中提出，此前党把工作重心放在政治斗争上，全力进行夺取政权和巩固政权的工作，现在必须由全党重视和努力，发动全体人民积极参与，在城市和农村来一个文化革命。只有加强了文化建设，促进了文化发展和社会整体文化水平的提高，苏俄的社会主义社会文明就可建成。当时，反对十月革命和反对苏维埃政权的孟什维克说，俄国生产力水平低，文化十分落后，不够条件实现社会主义，发动十月革命是错误的行为。列宁针对这种论调提出："我们的敌人曾不止一次地对我们说，我们在一个文化不够发达的国家里推行社会主义是冒失行为。但是他们错了，我们没有从理论……所规定的那一端开始,我们的政治和社会变革成了我们目前正面临的文化变革,文化革命的先导。"① 意思是说,按照社会主义理论的规定和要求,只有在文化比较发达的国家里才能进行无产阶级革命,从而开展社会主义建设并建成社会主义社会文明,俄国却走了一条特殊的道路,即先行展开政治变革和社会变革,由无产阶级掌握了政权,然后在这个政权的领导下进行文化革命和文化建设,进而建成社会主义社会文明。这个思想,强调了文化落后国家无产阶级掌握政权的可行性和掌握政权后加强文化建设对于建成社会主义社会文明的重大意义。

第二,在农民中进行文化工作,有利于合作社的建设。在革命前俄国的农村,已经产生了合作社组织。如1917年年初,俄国有合作社2.3万个,社员近700万人。这是一种以经商为主要业务的经济组织。十月革命胜利后,农村的合作社组织依然存在。由于合作社具有这样的作用和意义,又由于它具有一定程度的集体化的趋向,即社员将在合作社的交换活动中逐渐养成集体生活的意识和习惯,所以列宁逝世前夕提出,合作社的发展等于社会主义的发展,必须大力发展合作社。列宁提出,为了有利于合作社的建设和发展,必须在农民中进行文化工作。列宁为什么把对农民进行文化工作同合作社的建设联系起来?因为在他看来,合作社的建设和发展,需要农民人人增长见识,懂得合作社的好处,踊跃参加合作社。显然,要做到这一点,必须在农民中进行文化工作。而且列宁认识到,在合作社的活动中,必须进行账目计算,由此合作社的工作者必须能写会算,具有做文明商人的本领。显然,做到这一点,也需要对农民进行文化工作。

第三,通过文化建设提高机关工作者的文化素质,有利于改善党和国家机关的工作。苏俄历史进入新经济政策时期以后,党和国家机关中暴露出严重的官僚主义现象。当时的革命诗人马雅可夫斯基在一首政治题材的诗歌里,嘲笑了那些老是开会和不做实事的机关工作人员。列宁说,这首诗歌的内容从政治上看是绝对正确的。当时官僚主义的另一种表现是,在经济领域里,党和国家的机关工作者不会做生意,在同资本家、商人的竞赛中往往处于劣势,而且这些机关工作者不知道自己不会

---

① 《列宁全集》中文第2版,第43卷,第368页,北京,人民出版社,1987年。

做生意，不愿意学习并学会这一行。列宁在分析机关工作中的缺点和弊端时，往往从机关工作者的文化素质上找原因，认为文化水平低是产生官僚主义及其有关问题的重要原因之一。列宁在最后的文章《宁肯少些，但要好些》中写道，我们机关的情况，即使不令人厌恶，至少也非常可悲，它的缺点根源于过去，旧的文化尚未被消灭。这里指的就是机关工作者的文化水平和机关的整体文化素质很低。因此加强文化建设和培养人才十分重要，要认识到知识不足，应该从头学起。

如何加强文化建设？列宁对此提出了具体措施，这就是：第一，最重要的是大力发展教育事业，培养社会主义建设人才。列宁提出把教育提到首位，为社会主义训练群众。列宁指出，每个青年都必须懂得，只有受了现代教育，他们才能建设社会主义，如果不受这样的教育，共产主义仍不过是一种愿望而已。

发展教育，就必须在教育上大力投资，其它的经费可以削减，教育经费必须增加。在1923年教育经费比较困难的情况下，列宁提出，首先应当削减的不是教育人民委员部的开支，而是其它部门的开支，以便把缩减出来的款项，转着教育人民委员会的经费。

发展教育，就必须重视教师，依靠教师。要看到教师在社会主义建设中的作用，要把人民教师提高到从未有过的，在资产阶级社会没有也不可能有的崇高地位。提高教师的地位，除了提高他们的思想意识和文化素质以外，"最重要的是提高他们的物质生活条件"[①]。列宁在1923年提出，在当时粮食已经勉强够吃的年份，不要再舍不得增加教员的面包配给额了。

列宁在领导苏维埃俄国进行社会主义文明建设中，非常重视共产主义思想道德教育。十月革命胜利后不久，列宁就指出，在无产阶级专政时期，学校不仅应当成为一般共产主义原则的传播者，而且应当从思想上、组织上、教育上实现无产阶级对半无产阶级和非无产阶级劳动群众的影响，其目的在于培养能够最后实现共产主义的一代人。列宁高度评价莫斯科——喀山铁路分局工人参加的星期六义务劳动，认为它具有巨大的世界历史意义，认为它是推翻资产阶级更加困难、更加深刻、更加具

[①] 《列宁全集》中文第2版，第4卷，第358页，北京，人民出版社，1985年。

有决定意义的变革的开端。在当时社会主义条件下，虽然不能普遍地实行义务劳动，但它已出现了某种共产主义的东西，向共产主义迈出了第一步。

在对群众的思想教育中，列宁认为要把共产主义道德教育放在重要位置上。道德是上层建筑，是由一定的经济基础所决定的并为一定的经济基础服务的。共产主义道德的基本原则是无产阶级和劳动人民的利益，它是服从于无产阶级最根本的利益的。它的本质特征是集体主义和全心全意为人民服务的精神。这种道德是人类最进步、最高尚、最伟大的道德，因为它体现了无产阶级和人民的根本利益。列宁特别强调要对群众特别是青少年进行思想道德教育，鼓励人民要有共产主义的远大理想，树立社会主义和共产主义必胜的信念。特别是列宁的《青年团的任务》，不仅指明了青年团的任务，而且在半个多世纪的今天看来，可以说是建设社会主义精神文明的一个纲领性的文献。列宁还强调指出，社会主义新社会必须建立人与人之间的同志式关系。在实行新经济政策期间，列宁号召人民群众处处用共产主义影响抵制资本主义习气。进行共产主义的思想教育要建立起共产主义的道德，需要经过长期的、不懈的努力，"我们为此坚持，不懈地工作几年以至几十年……我们要努力把'大家为一人，一人为大家'和'各尽所能，按需分配'的准则渗透到群众的意识中去，渗透到他们的习惯中去，渗透到他们的生活常规中去。"①

总之，十月革命以后，列宁仍然继承和发扬了马克思和恩格斯的社会主义精神，在探索社会主义文明代替资本主义文明命运的问题上取得了可喜的成就，向人们昭示着社会主义精神的活力，也预示着社会主义文明代替资本主义文明是历史发展的必然趋势。但是，列宁这些好的探索，因为列宁的过早去世而没有能长期坚持下去。

二、斯大林的社会主义精神与建设社会主义文明的理论与实践

列宁去世后，斯大林作为共产党的领导人，基本上坚持了马克思列宁主义关于社会主义精神的基本原理。这就是，在政治上坚持无产阶级政党——共产党的执政地位，建立并巩固了以工人阶级为领导、以工农

---

① 《列宁全集》中文第 2 版，第 39 卷，第 100 页，北京，人民出版社，1986 年。

联盟为基础的苏维埃政权,对无产阶级和其他劳动人民实行广泛的民主,而对资产阶级和一切敌对势力实行专政,并依靠无产阶级专政来保卫社会主义制度;在经济上,建立了全民所有制和集体所有制这两种形式的生产资料社会主义公有制,使之在国民经济中占统治地位,并在此基础上实行按劳分配的原则,从而为消灭剥削、消除两极分化、逐步实现共同富裕奠定了基础;在思想上,坚持无产阶级世界观——马克思主义的指导地位。所有这些,都是社会主义精神的本质体现。

1. 捍卫社会主义精神原则。斯大林基本上坚持了马克思列宁主义的社会主义精神原则,同时领导苏联人民在建设社会主义文明的具体过程中实践了这一精神原则。他在一个人口众多幅员辽阔的国家中,在没有可借鉴的情况下领导了苏联人民进行社会主义文明建设。如卢森堡所说的,社会主义是一块"处女地",因此,在社会主义的实践过程中,发生错误也是难免的。不能因为缺乏经验犯了错误而因此就全盘否定他的成就,这是不正确的,同时也不能因为他是一个社会主义国家的领导人而不指出或批判他的错误也是不正确的。

斯大林捍卫社会主义精神,我们认为主要体现在对列宁一国能建成社会主义文明理论的发展上:

苏联一国可以建成社会主义文明是列宁晚年形成的重要思想。列宁在生前不仅论述过社会主义可能首先在一国胜利的问题,而且指出:社会主义文明能够在一国建成。十月革命胜利后,列宁鉴于俄国经济技术的落后,鉴于第一次世界大战仍在进行、欧洲各先进的资本主义国家中的危机正在深化,因此把俄国向社会主义过渡的主要希望寄托在欧洲先进国家的社会主义革命的胜利上。然而1920年底苏俄在取得了粉碎帝国主义武装干涉和国内反革命叛乱的战争胜利以后,列宁的看法就发生了变化。他认为,虽然我们对欧洲社会主义革命很快就会胜利的预言没有实现,但是我们得到了主要的东西,这就是"即使在全世界社会主义革命延迟爆发的情况下,无产阶级政权和苏维埃共和国也能存在下去"。[①]这表明,列宁已经认识到,在欧洲社会主义革命胜利之前,俄国革命不但可以在资本主义的密网中生存下来,而且可以去进行社会主义文明建

---

① 《列宁全集》中文第1版,第31卷,第372页,北京,人民出版社,1972年。

设。后来,托洛斯基等人从"不断"革命的理论出发,反对列宁这一论述,认为,只有在国际范围内即在无产阶级世界革命舞台上才能解决。列宁逝世后,他又多次宣扬这种论调。

斯大林对这个问题的认识经历了一个过程。1924年斯大林在他所写的《论列宁主义基础》一文中认为:"为了获得社会主义的最终胜利,为了组织社会主义生产,单靠一个国家的努力,特别是像俄国这样一个农民国家的努力就不够了,——为了达到这个目的,就必须有几个先进国家中无产者的共同努力。"① 但他很快又修正了这种认识。1924年下半年写的《俄国革命和俄国共产党人的策略》和1925年写的《俄共(布)第十四次代表会议的工作总结》、《问题和答复》,1926年写的《列宁主义的几个问题》等著作中阐述了列宁关于一国建成社会主义的思想,批判了托洛斯基、季诺维也夫等人的错误观点。

斯大林指出,认识社会主义的前途问题,对我们具有头等重大的意义。这是因为,明确前途问题,至关重要。第一,只有明确社会主义建设的前途,才能有明确的目标。没有明确的前途,就没有明确的目标。第二,没有明确的前途,没有建成社会主义的信心,工人群众就不能自觉参加社会主义建设,"没有建成社会主义的信心,就不能有建成社会主义的意志。"② 第三,削弱无产阶级建设社会主义的意志,就不能不引起我国经济中资本主义成分的增强。第四,削弱无产阶级战胜资本主义,建成社会主义的信心,除阻碍国内社会主义建设外,还势必延迟国际革命在世界各国的展开。斯大林还认为,苏联有两种矛盾。一种是国内的矛盾,即无产阶级和农民之间的矛盾。这个矛盾完全可以用一个国家的努力来克服,因而一国可以建设社会主义。另一种是外部的矛盾,即社会主义的苏联和其他一切资本主义国家之间的矛盾。这就是说,苏联受资本主义的包围,资本主义国家企图通过武装干涉和其他手段在苏联复辟资本主义。这个矛盾单靠苏联一国的力量解决不了,因此,一国建成不等于一国胜利。这个论断,在当时的历史条件下,既坚定了苏联人民建设社会主义文明的信心,又使人们对资本主义随时可能发动武装干涉保

---

① 《斯大林选集》,第1版,上卷,第435页,北京,人民出版社,1979年。
② 《斯大林全集》中文第1版,第8卷,第248页,北京,人民出版社,1955年。

持警惕。可见，斯大林对社会主义精神的捍卫是坚定的。

正是斯大林坚定地捍卫了社会主义精神，所以他在内部经济文化落后、外部受资本主义包围的困难环境中，进行了一国建设社会主义文明的伟大探索并取得了不可小视的成绩。

2. 对国家工业化的探索

列宁生前就说过，发展社会主义生产力，建设社会主义文明的物质基础必须发展重工业，认为这是消灭贫困的重要手段。斯大林进一步发展了列宁的这一思想。他说："社会主义不是要大家贫困，而是要消灭贫困"，说什么社会主义能够在贫困的基础上建成，"那就愚蠢了"，"这并不是什么社会主义，而是对社会主义的讽刺"。[①] 他认为，工业化的中心和工业化的基础就是重工业。社会主义工业化的方法与资本主义的工业化的方法是不同的。资本主义工业化通常是从轻工业开始，而苏联则必须从发展重工业开始。在斯大林看来，所以要优先发展重工业，一是因为只有优先发展重工业，才能从技术上改造整个国民经济，从经济上摆脱资本主义的控制，保障国家的独立自主性；二是因为能保障以新的技术装配农业，促进农业的发展，巩固工农联盟。三是因为能保证以先进武器装备军队，建立起强大的国防工业，保卫强大的社会主义政权。

斯大林还分析了发展工业化的必要性和可能性。因为社会主义工业的发展完全符合全社会的利益，而发展速度是关系生死存亡的问题。在他看来，有足够的供经济发展需要的丰富矿藏和农业资源，有受到人民拥护的苏维埃政权，有可以避免资本主义经济危机的计划经济，有共产党的正确领导，这是高速度发展重工业的可能。

社会主义国家怎样积累实现工业化所需要的资金呢？斯大林说，资本主义工业化的资金来源，英国是靠殖民地，德国是靠普法战争后法国的赔款。苏联不能采用这些方法，只能靠内部积累，如剥夺地主和资本家的财产；国营企业的收入；对内和对外贸易的收入；国家银行的利润。除此之外，尤其重要的是，要把工农业产品价格的"剪刀差"作为积累工业资金的重要手段，从农民那里获得的特别"贡税"。

---

① 《斯大林选集》，第 1 版，下卷，第 338—339 页，北京，人民出版社，1979 年。

3. 在农业集体化方面，引导农民走社会主义道路

社会主义的基本经济特征是生产资料公有制，这是社会主义区别于资本主义的重要特征。斯大林从苏维埃俄国农业与西方农业相区别的角度论述了小农经济走合作化道路的必要性。他认为，要使千百万小农和中农合作化，通过合作社吸收农民参加社会主义建设，把集体原则逐步应用于农业，从农产品供销然后到农产品的生产。通过这种方式，农民在国家的帮助和扶持下，走农业的社会主义道路。再加上他认为苏维埃政权和社会主义建设决不能长期地建立在两个不同的基础，即大规模的、联合的社会主义工业和分散的、落后的小商品农业经济上。分散落后的小农经济造成了农业发展缓慢和商品率较低，农业上的科学技术和农业机械无法利用，会导致整个国民经济的崩溃。解决的出路就在于全盘实现农业集体化，在农业中培植集体农庄和国营农场，使小农经济联合成为以技术和科学装备起来的集体大经济。从1928年到1933年，苏联开始了农业集体化运动，完成了对农业的社会主义改造，把广大农村引上了社会主义道路。

其实，在集体化的过程中，以劳动组合为基本组织形式的集体农庄制度，由于组织管理不善，农民的集体性也不高，农业生产一直徘徊不前。这一制度并没有促进农业生产的发展。

4. 开展文化革命，积极培养社会主义的人才

十月革命胜利以后，为了改造国民经济，进行社会主义建设，列宁曾提出了文化革命的任务。列宁逝世后，斯大林继续阐述了开展文化革命和积极培养社会主义建设人才的重要性，并做了大量工作。

文化革命是社会主义建设的一个重要方面，斯大林曾提出向愚昧、落后斗争，要提高人民群众的科学文化水平以适应社会主义建设的需要。在社会主义建设时期，"党的任务就是加紧为提高工人阶级和劳动农民阶层的文化而斗争"[①] 工人阶级和劳动农民的知识水平，在社会主义建设中是具有决定意义的问题。因此，在一个经济文化落后的国家中，无产阶级夺取政权后，要把文化革命任务提到日程上来。

在斯大林看来，社会主义制度的建立，提供了高速发展社会主义的

---

① 《斯大林全集》中文第1版，第10卷，第276页，北京，人民出版社，1955年。

可能性。为实现这种可能性,还必须用先进科学技术装备国民经济各部门。当时苏联还处在资本主义包围之中,这就更需要迅速改变科学技术落后状态。针对当时有些共产党员只重政治而鄙视技术现象,斯大林提出了"技术决定一切"的口号;针对当时有些干部以无知为光荣,把知识分子看作"异己"的现象,斯大林又提出"干部决定一切"的口号,他说:"人才、干部是世界上所有宝贵的资本中最宝贵最有决定意义的资本。应该了解:"在我们目前的条件下,'干部决定一切。'"① 斯大林非常重视技术干部的作用,把培养技术干部看作是全党最重要的任务。他提出要大量培养新的无产阶级自己的技术人才,要有大批大批的、成千上万的能够在各种知识部门中成为行家的新的布尔什维克干部。我们有了懂得马列主义,又懂得专业技术的干部,就完成了任务的十分之九。

另外,除了积极培养新的"工人阶级的知识分子"外,还要改造、利用旧的知识分子。随着社会主义改造的完成,知识分子也在分化,其中一部分人转变为劳动知识分子。对于那些暂时不愿按苏维埃方式思想,但能够与苏维埃国家合作,就不应该抛弃他们,并且应该给予他们较好的工作条件,使他们为苏维埃工作。

斯大林关于文化革命和培养社会主义建设人才的思想,被贯彻到社会主义建设中去,培养了大批的知识分子和技术人才,有力地推动了社会主义文明建设的发展。

总的来说,斯大林是在基本上坚持了马克思主义社会主义精神的原则下,从经济建设和文化建设上探索了一国建设社会主义的道路,为人类新文明的继续开辟提供了宝贵的经验。为什么斯大林的这些探索基本上体现了或者在他个人主观方面认为是体现了社会主义精神原则呢?这可以从以下几个方面加以分析:

第一,消灭私有制,建立社会主义的公有制,这本身是符合社会主义精神的。所以他掌权以后逐渐背离和抛弃了新经济政策,在城市消灭资产阶级,所有企业强制实行国有化;在农村消灭富农,强制实行集体农庄化;对外关系方面,强调建立和发展"独立"的国民经济,要消除对西方经济的依附性。通过这些政策的实行,建立起了社会主义的公

---

① 《斯大林选集》,第 1 版,下卷,第 373 页,北京,人民出版社,1979 年。

有制。

第二，强调优先发展重工业。斯大林认为社会主义建设必须从工业化开始，只有建立起强大的社会主义工业化基础，才能战胜资本主义经济。他指出苏维埃国家工业化的方法与资本主义国家工业化的方法根本不同。在资本主义国家，工业化通常都是从轻工业开始；在苏联则只能从发展重工业开始。在苏联发展重工业、实现工业化的资金不能靠掠夺别国，而只能靠内部积累。这种积累只能有两个渠道，第一个是工人阶级创造价值；第二个是农民。其中特别是农民应承担更多些。

第三，马克思和恩格斯设想的未来的社会主义经济是统一的计划经济。斯大林认为，指令性的计划经济是社会主义的本质特征。所谓指令性计划经济，一是指高度集中，主要计划由国家统一制定；二是指计划性要贯彻于各个经济活动领域和部门；三是指强制性，计划一经最高苏维埃批准即具有法令的性质。在这样理论的指导下，斯大林实行了农业集体化。

第四，排斥价值规律和市场的作用。斯大林之所以排斥价值规律和市场经济，从理论上讲是因为他认为资本主义的"根"藏在商品生产里，要锄掉资本主义的"根"，就必须消灭商品生产。他说："国家、国营工业不经过中介人直接成为农民的商品供应者，而农民不经过中介人直接成为工业、国家的粮食供应者，这有什么不好呢？"[①] 他把市场经济和计划经济绝对对立起来，从此这两者就成了区别资本主义和社会主义的根本标准，几乎成了一条公理，一直未被突破。

正是从这个意义上，我们应该肯定斯大林的成就，肯定斯大林是国际共产主义运动中第一位真正实际地领导过社会主义文明建设的领导人，是社会主义精神的践行者。因为马克思和恩格斯都没有亲身经历过社会主义，列宁经历的时间又太短，如果从实行新经济政策算起，真正时间不到三年。从1924年到1953年斯大林逝世，斯大林领导苏联人民进行社会主义建设整整30年，其中包括5年抗击希特勒的卫国战争。因此，说斯大林是世界上第一位实际地领导过社会主义建设的领导人，是符合实际的。"社会主义建设事业是史无前例的，是没有任何经验可以借鉴的。

[①] 《斯大林全集》中文第1版，第12卷，第43页，北京，人民出版社，1955年。

斯大林是荒漠中的探索者,他的指路明灯是马克思列宁主义,而不是遵循别的什么主义。当然这里有一个他对马克思列宁主义理解的问题。但从总体上和根本上看,斯大林是要开创一条通向社会主义的道路。"① 细节上去一一澄清是很难的,但就社会主义精神而言,斯大林是社会主义精神的执行者,而不能说斯大林是社会主义精神的背叛者。至于后来,斯大林是在遵循中、实践中犯了错误,但他不是马克思主义社会主义的敌人。

5. 对斯大林时期苏联社会主义文明建设的几点评价

(1) 取得的成就

苏联社会主义文明建设取得了伟大的成就,这是事实,不容否定。因列宁去世过早,苏联社会主义文明取得的成就又主要是在斯大林时代取得的,这也是事实。丘吉尔曾评价斯大林时说过这么一句话,当他接过俄国时,俄国只有木犁;而当他撒手人寰时,俄国已拥有核武器。这个评价是中肯的。

第一,经济文化比较落后的国家实现了社会主义工业化,使苏联成为一大强国。

斯大林对社会主义文明的重大贡献,主要在于努力探索落后国家建设社会主义的道路。晚年的马克思、恩格斯和列宁都对东方经济文化落后的国家走向社会主义道路问题进行过探索,而斯大林则在实践上取得了一定的成功,不管付出了多少沉重的代价,但他真正使落后的、农业占优势的俄国赶上西方列强。斯大林曾预言苏联将用十多年的时间走完西方一两百年实现工业化的历史进程,可以肯定地说,斯大林实现了自己的这个诺言。

在苏联共产党的领导下,苏联的社会主义工业化取得了重大成就,从1928年第一个五年计划开始到1940年,短短的12年内,苏联整个工业增长了5.5倍,年平均增长率高达16.9%为例。其中重工业增长了9倍,年平均增长速度为21.2%。苏联在短短的十几年时间内基本上实现了社会主义工业化。社会主义工业化的实现,增强了苏联的经济实力和国防力量,为以后取得反法西斯战争的胜利奠定了强大的基础。农业集

---

① 李士坤:"共产党宣言与社会主义实践",《北京大学学报》,2002年,第5期。

体化的运动的开展,完成了对农业的社会主义改造,把广大的农村引上了社会主义的道路。

第二次世界大战后,苏联在短短的时间里,经济的恢复和发展举世瞩目,苏联很快成为能与美国抗衡的世界强国。二战给苏联造成的损失是及其惨重的,但它仅用两年时间,工业生产就达到了战前水平,到1950年,其工业总产值比战前增长了73%,年平均增长率高达22%—23%,农业总产值也达到了战前水平。在短短的三、四年时间里,苏联就恢复了国民经济,而得到美国"马歇尔计划"扶持的英、法等资本主义国家战后经济恢复却花费了比这多几倍的时间。50年代初,苏联经济继续保持了高速增长,以工农业总产值来说,超过了英、法、德诸国,从原来的欧洲第四位、世界第五位一跃而成为欧洲第一位,在世界上也成为仅次于美国的第二经济大国。在经济飞速发展的同时,苏联的科技文化也取得了举世瞩目的成就。1949年9月,苏联第一颗原子弹爆炸成功,打破了美国的核垄断,此后又在人类历史上首先开创了宇航事业,同时在国内逐步消除文盲,大大提高了国民素质,这些都大大显示了社会主义的优越性。按照现代化的有关标准,苏联在经济水平,在国民文化素质,在科技水准上的三大飞跃,意味着苏联全面实现了现代化。资本主义世界二百年的历程,在苏联以二、三十年的时间就完成了。作为一个后发的现代化模式,苏联作出了巨大的贡献。

第二,打败了法西斯国家,拯救了苏维埃国家,拯救了人类文明。

社会主义精神最终体现的是人类文明的全面解放和发展,追求的是剥削消失、压迫无影、战争匿迹、民族和谐、自由平等,天下大同、世界一家的美好理想。可是,只要有资本主义的存在,社会主义精神所体现的这些价值就不可能完全实现。特别是1941年6月22日,德国法西斯背信弃义,不顾苏德签订的互不侵犯条约,集中优势兵力对苏联发动了闪电式的袭击,很快占领了苏联乌拉尔以西的全部领土,并向首都莫斯科逼进。这迫使苏联不得不停止和平建设,开始了伟大的反法西斯的卫国战争。卫国战争所以能取得胜利,除了国际的和其他方面的因素外,从苏联本身来讲,主要得益于这样两个条件:一是战苏联顺利地实施了优先发展重工业的三个五年计划,在1928—1940年的12年间,苏联工业以每年增长21%的速度发展,迅速建立起了相当完整的工业体系,为卫国战争准备了绝对必要的物质条件；二是政治上经济上高度集中的斯大林模式，在战争中发挥了重要的作用，它使苏联在卫国战争中，战时动员之快、规模之大，全党全国人民团结统一，一致对敌，几乎没有叛变卖国行为，为举世罕见。正是在这样的条件下，苏联人民在斯大林和苏共领导下赢得了伟大的卫国战争的胜利，为世界反法西斯斗争的彻底胜利做出了重大贡献，进而使社会主义越出一国范围成为震撼资本主义旧世界的强大世界体系。战争的胜负取决于战争的性质，取决于人心向背，但也是物质力量的较量。即使正义的战争，没有雄厚的物质基础也是难以胜任的。高度集中的计划经济，显然更能适应当时战争的需要。如果是斯大林在领导苏联快速实现工业化中起了巨大作用，那么它在战争中更显示了自己的威力。社会主义从来就不应理解为偏狭的意识形态宗派，更不是堂吉诃德式的志愿牺牲者。在这场法西斯挑起的战争面前，苏联社会主义是人类文明的顽强追随者和捍卫者，苏联社会主义力量（当然也包括其他社会主义国家的力量）在这场战争中所做出的牺牲，乃是社会主义精神对人类文明进步的贡献。资本主义利用它未尽的生命力，也为赢得这场战争付出了努力。但在这场性命悠关的大搏斗中，是社会主义力量救了它一命。当然，事情还远不至此，战后资本主义的繁荣，同样也离不开从社会主义获得的政策灵感。

第三，推动了世界社会主义运动，影响波及资本主义世界。

由于苏联社会主义的存在和作用，二战以后世界社会主义运动蓬勃兴起，缔造了一个能与资本主义阵营相抗衡的社会主义阵营。在东欧各国，以及东方的中国等社会主义国家，都选择了"以俄为师"，走苏联式的道路，效仿斯大林模式，在工业经济发展上都取得了骄人成就。捷克的工业规模曾在欧洲占据前列地位，东德在一段时间内其工业实力也并不比西德逊色。社会主义中国也发生了翻天覆地的变化，无论是农业还是工业都取得了令人瞩目的发展。这些，都与苏联社会主义成就的影响是分不开的。

鉴于红色政权对社会的管理和国有经济的吸引力，西方世界为摆脱当前危机，也都竞相加强政府对经济的干预，改善劳资关系，提高社会福利，这在一定程度上是苏联奇迹影响的结果。战后资本主义国家的繁荣应该是首推美国。造就美国战后繁荣的财富积累是始于战争，两次世界大战期间,都是美国经济增产率最高的年份,而尤其以二战为最,年增长率高达10%,远远超过非战期间。如果说大萧条和世界大战是埋葬自由资本主义经济时期的葬礼,那么这笔巨大的葬礼开支主要落入了美国商人的钱袋,而美国能够成为战时、战后的"独吃的大赢家",除了地缘和民族的原因外,乃是其资本主义体制框架发生了超越19世纪传统资本主义的重构,形成了足以承载新繁荣的体制基础,其先期成果便是罗斯福新政。有人据新政而称罗斯福为"粉红色的社会主义者"。罗斯福不是一个社会主义者,他自己也不承认;他自己也不承认自己是资本主义者,他只抽象地承认自己是"基督徒"。但他的政策灵感无疑来自对自由资本主义的衰落和当时受全世界关注的苏联式的"计划"原则的兴起和感悟。凯恩斯主义的流行也正是这一经济生活潮流的产儿。西方学者认为20世纪社会主义的"最悠久成效"之一是"救下资本主义一命",按他们的看法,这一表述,即包括战时,也包括平时:是苏联式"计划"原则给了资本主义改革以政策灵感。当西方世界在大萧条中苦苦挣扎而苏联工业化突飞猛进的时期,按社会主义方式定义的"计划"成为西方政界最时髦的名词。这种经济生活潮流不仅在北欧迅速普及,连在作为自由资本主义的经典国度的英国也成莫逆之势。尽管当时苏联式的"计划"实践也只不过是社会主义关于人类对自由经济生活的自觉支配、人是经济生活的主人这些原则的幼稚作业,甚至是笨拙想象中的模仿职业。但毕竟从此以后,人类对自由经济生活的宏观上的自觉把握总算破了题。对全国国民所得作统计分析,并据以管理经济事物,首开先例的是1925年的苏联和加拿大;而后到1939年增为9国,当时国际联盟则掌握26国的估算数字;二战结束后达39国,50年代则达93国。时至20年代晚期,这种统计分析和管理已如同一国的宪法、国旗那样不可或缺。战后资本主义的繁荣在体制上的构架即来自于这一政策灵感。著名"反共战士"布热津斯基在这件事情的背后,也看到了共产主义思想对整个世界的影响。他指出:"更为重要的是共产主义思想精髓的间接传播。在过去的40年中,依靠国家采取行动来对付经济和社会弊端的倾向四处流行……甚至在高度民主的社会中,认为国家采取行动是促进经济福利和社会正义的最佳途径的看法,也已成为人们的主要观点。""把国家当作救助社会的主要手段的做法间接地提高了苏联制度的地位,因为苏联制度是国家计划和国家指导的社会革新的最典型的样板。""斯大林打败希特勒更大大增加了这种魅力。""共产主义成为知识界议论的主要话题,并似乎代表了历史发展的吉兆。"① 像布热津斯基这样的资产阶级政论家,是决不愿看到共产主义在世界历史上的任何进展的,但他却描绘了历史的真实,即由于苏联社会主义的影响,共产主义已经不再是"幽灵",而成为当代议论的"主要话题",被人们视为"历史发展的吉兆"。

总之,无论列宁还是斯大林,这两位社会主义国家的领导人,他们高举了社会主义的旗帜,并领导苏联人民进行了社会主义文明建设的一系列的理论和实践探索,体现出了马克思主义社会主义价值原则。从总体上来看,这一时期,特别是斯大林时期,苏联在社会主义精神的指引下,取得的社会主义文明建设的成就是有目共睹的,为人类新文明的建设作出了巨大的贡献,也为人类新文明的发展开辟了一条通向理想道路的平台。

(2) 存在的问题不可忽视

无产阶级夺取政权从失败到成功的飞跃,社会主义从理论、运动到社会制度的飞跃,并在无产阶级政党领导下打败敌人侵略颠覆,建立社会主义的经济政治制度,进行初步的社会主义文明建设,是社会主义历史上的历史性的飞跃。这个飞跃的最主要的标志是列宁突破了马克思和恩格斯关于发达资本主义国家同时获得无产阶级革命胜利的理论,创立了俄国这样经济文化落后的国家由于帝国主义发展的不平衡,使世界帝国主义链条上出现了俄国等薄弱环节,可以首先获得无产阶级革命胜利的理论。在这一理论的指导下,在以列宁为首的布尔什维克党的领导下,取得了十月革命的伟大胜利,并成功地击败了十几个帝国主义国家的入侵,捍卫了苏维埃政权,开展了最初的社会主义文明建设,成功地推进了苏俄向社会主义的过渡。

俄国能先于西方发达国家实现社会主义革命的胜利,不仅是马克思和恩格斯所没有想到的,就是列宁事先也没有充分的思想准备。问题在

---

① 布热津斯基:《大失败——20世纪共产主义的兴亡》,第1版,第3—4页,北京,军事科学出版社。转引自靳辉明主编:《社会主义历史、理论与现实》,第1版,第327页,合肥,安徽人民出版社,2000年。

于，在跨越了资本主义的"卡夫丁峡谷"而迈入了社会主义阶段的苏联社会主义国家来说，最重要的就是首先搞清楚苏联社会主义所处的历史方位。列宁的新经济政策就是这方面的典范。当时的斯大林则犯了把特殊当作一般的错误，也就是把经济落后的俄国的社会主义，当作马克思在《哥达纲领批判》中概括的社会主义的一般。他在30年代就宣布基本上建成了马克思主义者所说的"共产主义第一阶段"。正是这种把特殊与一般的混同，出现了把马克思在《哥达纲领批判》中为了分析社会主义发展一般规律所作的纯粹社会主义的理论抽象，概括出纯而又纯的社会主义的僵硬定义，并企图把它搬到现实的社会主义中来。其结果，给苏联的社会主义文明建设带来了曲折和严重的后果，有些方面还严重违背了社会主义精神原则。

第一，在经济上的表现。从经济管理体制上看，由于经济管理权限高度集中于中央，地方和企业的自主权非常小，不利于调动它们的积极性。这主要表现在：其一，在这种体制下，由于实行高度集中的部门管理体制，地方的经济自主权非常小，缺乏发展经济的动力。部门管理体制的建立，使大批地方企业被划归中央管理，甚至连一些地方自产自销的企业也收归中央部门。到1936年，全国工业总产值中地方工业仅占10%，中央工业占90%，中央直接管理成千上万的企业，实际难以进行有效的管理。其二，在这种体制下，由于经济管理行政化，一切经济活动都按国家行政命令进行，国家用行政方法直接控制了微观经济活动，由此产生了一系列后果。由于国家计划机关对社会需要和社会实际拥有的资源及生产能力难以做出精确的预测，也由于经济中有许多不确定的经常变化的因素在起作用，因此中央决策难免出现失误，造成资源浪费。由于企业的权力太小，企业缺乏生产的积极性，完全处于简单完成上级下达的生产计划的地位，因而在生产中，往往只顾数量，不顾质量，只顾任务，不计成本，浪费惊人。同时，由于企业没有决策权，也没有主动性去适应市场变化并迅速作出反应，而是盯着上级机关，因而造成产品结构难以适应社会需要。由于国家通过行政命令无偿挑拨企业所需要的生产要素，使得企业安心地吃国家的大锅饭。企业内无利润动机，外无竞争压力，也就失去了改进技术、提高劳动生产率的动力，造成经济效益日益低下。

从优先发展重工业来看，优先发展重工业的工业化战略，国家把资源、资金优先分配给重工业，大量资金靠剥夺农民而来。斯大林按照推行农业全盘集体化，将即可以保证工业化的高速发展，又能使"农业一日千里的推进"这种思路，大搞集体农庄。其结果，只不过是促进了农村向国家交粮的定额的增长，对农业生产并没有带来大的发展，反而带来了千百万农民的苦难和死亡。在全盘集体化的过程中，数百万富农及其子女被剥夺被消灭。数千万中农贫农突然被迫交出农具牲畜以及分配给他们的土地。他们一下子失去了基本生产资料，失去了独立劳动者的地位，不再是原来意义上的农民。凡是对这种做法不满或抗拒者都遭到打击，许多人被当作富农分子或准富农分子受到迫害。在少数民族地区，这一问题更为严重。那里的集体化运动常常同强迫牧民居住，同下达难以承担的交售畜产品任务同时进行，这导致灾难性后果

第二，在政治上的表现。首先以党代政、高度集权。从理论上讲，列宁时期十分强调党政分开，党领导是实行总的政治领导；但在实践中，长期实行的是以党代政，许多行政决定，立法大事，都由党中央作出决定。斯大林集中了党政军一切大权，许多重大问题皆由斯大林及其周围圈子里的人说了算。其次是自上而下的干部委任制与终身制。从理论上讲，党和国家实行民主制，实行普遍、平等、直接、不记名的选举制度。但斯大林时代长期实行的是自上而下的干部委任制和终身制。其三是盛行人治，民主法治既不健全，又遭严重破坏。尽管宪法规定，人民享有广泛的民主权利，国家实行法治，然而在实践中却盛行人治。斯大林及其内务部成了国中之国、法上之法，终于酿成了1936年—1938年的大清洗，许多十月革命的卓越领导人、将领、学者、艺术家被杀害，十七大代表的近一半，十七大在中央委员的一半以上，都被从肉体上消灭了。公民自由受到限制，人与人之间关系极不正常。正如邓小平同志所说的："斯大林严重破坏社会主义法制，毛泽东同志说过，这样的事情在英、法、美这样的西方国家不可能发生。"①

第三，在文化上的表现。文化实行高度集中的管理体制，缺乏文化自由和学术民主。各种文化单位都由国家包下来，统一管理。文化上学

---

① 《邓小平文选》，第1版，第3卷，第292—293页，北京，人民出版社，1995年。

术上的是非，往往由党组织甚至党的领导人说了算。例如，联共（布）党史、政治经济学教科书等，都由斯大林审定。斯大林还多次组织学术批判，否定不同观点，迫害专家学者，助长个人崇拜，窒息学术创造和文化创新生机。

斯大林领导苏联进行社会主义文明建设的这些错误做法，决不是社会主义精神的体现，而是严重违背了马克思主义的社会主义精神，给社会主义造成了极其严重的影响和后果。但是我们不能因为斯大林的理论和实践有符合社会主义精神的许多地方而不看到他的严重错误，也不能因为斯大林的严重错误而忽视了他的理论和实践有符合社会主义精神的一面。

第三节　社会主义精神与毛泽东、邓小平、江泽民和胡锦涛的社会主义文明实践

恩格斯指出："每一时代的理论思维，从而我们时代的理论思维，都是一种历史的产物，它在不同的时代具有完全不同的形式，同时具有完全不同的内容。"[①] 这就告诉我们，要深刻理解毛泽东、邓小平、江泽民和胡锦涛的社会主义文明实践及其基本精神，首先必须认真考察他们的理论体系与社会主义精神的内在联系。

一、毛泽东的社会主义精神与中国社会主义文明建设

走社会主义道路，这是先进中国人在寻求救国救民真理的过程中作出的历史选择。中国共产党自成立时起就把社会主义和共产主义作为最高纲领和理想目标而孜孜以求。以毛泽东为代表的中国共产党人经过了28年的长期和艰苦的斗争，终于推翻了了帝国主义、封建主义和官僚资本主义，建立了一个具有新政治、新经济和新文化的新社会和新国家。建国以后，毛泽东作为一个伟大的马克思主义者，认真总结了列宁和斯大林探索社会主义文明建设的经验和教训，在半殖民地半封建社会的中国架起了通向社会主义文明的桥梁，勾勒出一幅中国式的社会主义蓝图，

---

① 《马克思恩格斯选集》，第 2 版，第 4 卷，第 284 页，北京，人民出版社，1995 年。

同时为中国创建社会主义的宏伟大厦提供了理论基础。毛泽东的社会主义精神是人类文明历史长河中无数思想家、政治家及进步人士追求未来美好社会思想的新境界,是中国共产党人集体智慧的结晶,对中国以及人类文明的历史都产生了深远的影响。

毛泽东一生疾恶如仇,痛恨社会存在的阶级剥削和贫富悬殊带来的种种不合理、不平等现实,坚贞不渝地探求使广大劳动人民摆脱经济剥削和政治压迫的最进步的社会文明模式。社会主义革命任务基本完成,标志着我国广大劳动人民开始在社会主义制度中生活。这时,社会上出现了关于中国社会发展前途的争论。毛泽东根据社会主义制度在我国建立后生产力突飞猛进发展的事实,以及社会制度与人的相互关系发生深刻变动的现实生活状况,曾明确地指出:只有社会主义能够救中国,社会主义是中国的唯一出路。这是一个历史结论,既是对过去中国先进人物探索和思考的一个主要问题的总结,又是对新形势下关系新中国前途和命运这个重大问题的有力回答,反映了中国社会发展的规律,也表达了以毛泽东为代表的一代共产党人坚持社会主义的决心。据研究表明,毛泽东大约在1920年正式选择了社会主义,从此一直坚持这个理想目标,为之奋斗不息、探求不止。即使在发生了"文革"这样全局性错误的时候,他也没有动摇过这个历史抉择。直到1974年,他在平生最后一篇文章即他会见丹麦相保罗·哈特林时,在谈到无产阶级专政理论问题中明确地说:"总而言之,中国属于社会主义。解放前跟资本主义差不多。现在还实行8级工资制,按劳分配,货币交换,这些跟旧社会没有多少差别。所不同的是所有制变更了。"[①] 这表达了他坚持社会主义的意志和感情。

毛泽东一生追求社会主义精神,因此他一生致力于社会的公正、公平,国家的繁荣、富强,人民的富裕、幸福和人的全面发展。在他个人看来,要实现这些目标,在经济领域就要必须坚持生产资料公有制,实现人民的共同富裕;在上层建筑领域就必须坚持人民民主,发展社会主义民主政治;在文化等精神文明领域必须搞好社会主义思想道德建设以及文化和科学技术建设。这些都体现了毛泽东对社会主义本质特征的看

---

① 《人民日报》,1975—02—22。

法。正是在这种精神引导下,毛泽东开始了他在中国进行社会主义文明建设的历程。

1. 在经济体制上,建立生产资料公有制以实现人民的共同富裕

在实行全部生产资料公有制的基础上组织生产,这是马克思和恩格斯设想的基于发达资本主义之上的社会主义社会的基本特征。毛泽东十分强调生产资料公有制对科学社会主义的本质意义,在他看来,没有生产资料公有制就谈不上真正意义的社会主义,没有生产资料公有制就没有人民的富裕生活,也就没有社会主义的文明。50年代末60年代初,他在读苏联《政治经济学》教科书时,反复讲到这一点,认为马克思研究资本主义经济,也主要是研究资本主义的生产资料所有制,研究生产资料的占有方式如何决定产品的分配。如果我们写社会主义政治经济学,也可以从所有制出发,先写生产资料私有制变革为生产资料公有制,把官僚资本主义私有制和民族资本主义私有制变为社会主义公有制,把地主土地私有制变为个体农民私有制,再变为社会主义集体所有制;把个体的手工业变为社会主义集体所有制。然后再写两种社会主义公有制的矛盾,以及这个矛盾发展的趋势和解决的办法,社会主义集体所有制如何过渡到社会主义全民所有制。在实践上,他也正是依据这种观点指导中国生产资料社会主义改造和社会主义建设的。

毛泽东坚持了这一基本原则,所以在民主革命胜利后没收了官僚资本,消灭了官僚资本主义私有制。接着通过土地改革消灭了封建地主阶级的土地所有制,通过农业合作化消灭了富农和小私有制,通过对资本主义工商业的社会主义改造消灭了民族资本主义所有制。在此基础上建立了全民所有制和集体所有制两种形式的公有制,并且努力地把集体所有制推进到全民所有制。这种把单一公有制作为社会主义改造的目标,用毛泽东的话来说,就是要使"资本主义绝种,小生产也绝种"。所以在经过社会主义改造后,以国营经济为领导的多种经济成分并存的局面突变为仅有两种公有制形式的单一经济结构。

与所有制相联系,毛泽东认为计划经济和按劳分配也是社会主义的本质特征,只要实现了社会主义公有制,按劳分配和国民经济有计划按比例发展就是自然而成的事了。他说,按劳分配像其它经济范畴一样,也是历史范畴,随着生产力的发展,物质产品的极大丰富,实现了共产

主义单一的公有制，按劳分配必然被按需分配所取代。就是到了共产主义社会，按需分配也是逐步实现的。起先是对主要物质实行按需分配，再对其它产品实行按需分配。至于社会主义的计划经济，更是与社会主义公有制经济联系在一起的。因为社会主义是公有制，所以计划经济必然是社会主义所固有的。和列宁、斯大林思想基本上一样，毛泽东把公有制和按劳分配与社会主义精神中的占有和公正联系在一起，体现了社会主义精神原则。

但是，在生产力落后且不平衡、小农经济如汪洋大海般的国家如何坚持和体现公有制，这是一个很大的难题。虽然毛泽东也注意了这个问题，并做了很多探索，如他对商品经济和价值规律的认识和思考，对社会主义社会矛盾问题的重新研究，对经济体制的改进进行了初步尝试，对社会主义社会不同发展阶段有了新的构想，甚至他还说过"我们消灭了资本主义，又搞资本主义"，但是他的强烈的超越现实的意识代替了他对现实的实事求是的探索。其结果，我们国家社会主义文明建设也出现了严重的偏差和迷失。这主要表现在一大二公、平均分配、政社合一、全面封闭的人民公社模式，以高指标、高速度、瞎指挥、浮夸风、"共产风"为主要特征的"大跃进"运动，甚至发生了阶级斗争严重扩大化的错误。虽然毛泽东在主观上认识他的这些做法完全是社会主义的（其实他的这些"左"的做法在某种意义上也确实体现出了一些社会主义精神），但是他的最大的失误就在于忽视了完全消灭私有制建立公有制的前提和基础，脱离了生产力发展水平的要求，搞纯而又纯的公有制。这样追求公有制，成为发生人民公社化以内的等重大失误的深沉思想理论来源，而这种观点显然是机械地搬用了科学社会主义有关原则和苏联的社会主义模式。

2. 在政治领域，发展社会主义民主政治，以实现人民当家做主

在上层建筑领域里，毛泽东的社会主义精神主要表现在对人民民主理论的阐述、坚持和实践上。毛泽东的一生是为了人民谋利益的一生，他把人民看成是社会历史活动的主体，"人民，只有人民，才是创造世界历史的动力"，是推动社会历史发展的最终决定力量。在价值观上，以毛泽东为代表的中国共产党人一贯强调一切以人民群众的利益为最高准绳或根本宗旨，把人民群众当家作主、自由平等和共同富裕作为自己为之

奋斗终身所追求的目标。毛泽东的人民民主理论体现在许多方面，而且主要的有以下几个方面：

第一，关于人民民主专政的理论。人民民主专政理论是毛泽东人民民主理论的重要方面，这一思想由来已久。1948年12月，毛泽东在《将革命进行到底》一文中，就首次提出了"人民民主专政"这一概念。1949年6月，他在《论人民民主专政》一文中，系统全面地阐述了人民民主专政的理论，认为，人民民主专政是对人民民主和对敌人实行专政的统一。"对人民内部的民主方面和对反动派的专政方面，互相结合起来，就是人民民主专政。"① 民主的权力只能由人民享有，绝不给予敌人；专政只适用敌人，不适用人民。民主与专政即相互区别，又相互联系、相互依存。"专政的目的是为了保卫全体人民进行和平劳动。"② 只有对少数敌对分子实行专政，才能维护劳动人民的根本利益，切实保障人民有效行使民主权利；同时，只有保证占人口绝大多数的劳动人民当家作主，才可能对少数敌对分子实行有效的专政。他还强调，没有民主，没有把群众发动起来，没有群众的监督，就不可能对反动分子和破坏分子实行有效的专政，也不可能对他们进行有效的改造。

第二，按照人民民主原则进行政权建设。在毛泽东看来，要真正地行使人民当家作主的权力，就必须按照人民民主原则进行政权建设，而建立、健全人民代表大会制度是行使人民当家作主的最有效的途径。毛泽东认为，人民代表大会制度的本质真正体现了人民当家作主，体现了一切权力属于人民。因为各级人民代表大会和各级人民政府由选举产生，并接受人民的监督。1953年，人民共和国举行了第一次全国范围的普选。在此基础上，召开了第一届全国人民代表大会第一次会议。毛泽东强调，人民代表大会的全体成员整体地代表着人民的意志和利益，每一个人民代表代表着本地区或本选区的群众的意志和利益，行使人民赋予的权力。同时，毛泽东还特别强调，人民代表必须接受人民群众的监督。

人民代表大会制度是按照民主集中制的原则建立起来的。毛泽东要求各级人民代表大会在实行充分民主的基础上，集中表达全国人民的共

---

① 《毛泽东选集》，第2版，第4卷，第1475、1476页，北京，人民出版社，1991年。
② 《毛泽东著作选读》（下册），第1版，第760页，北京，人民出版社，1986年。

同意志。只有按民主集中制原则建立起来的人民代表大会制度,"才既表现广泛的民主,使各级人民代表大会有高度的权力;又能集中处理国事,使各级政府能集中地处理被各级人民代表大会所委托的一切事务,并保障人民的一切必要的民主活动。"①

按照人民民主原则进行政权建设,还必须大力加强国家机关建设。毛泽东将全心全意为人民服务,密切联系群众,作为国家建设的宗旨,一再强调,一切国家机关必须依靠人民群众,国家机关工作人员必须为人民服务。建国后,毛泽东反复强调,社会主义的国家机关必须反对机构庞大,反对官僚主义,在一不死人、二不废事的情况下,党政机关必须进行精简,以充分发挥国家机关的效能。还要加强民主监督,保证政府在群众中的威信。要"让群众讲话,哪怕是骂自己的话,也要让人家讲",②让人家讲话,天不会塌下来,自己也不会垮台。不让人家讲话呢?那就难免有一天要垮台。

加强法制建设是确保人民民主的有效方法。毛泽东认为,民主政治离不开法制。他说,一个团体要有一个章程,宪法就是一个总章程,是根本大法。并反复强调,社会主义法制是社会主义民主的体现和保障,只有不断地完善以宪法为核心的各项法律制度,才能保证广大人民享有广泛地、真实的民主和自由权利。1954年6月,他作了《关于中华人民共和国宪法草案》的讲话,系统地阐述了我国的立法原则。一是从革命和建设的实际需要与现实可能出发,实事求是地立法。二是坚持"从群众中来,到群众中去"的群众路线。三要实行原则性和灵活性相结合的原则。毛泽东指出,我国的宪法原则基本上是两个:"民主原则和社会主义原则。我们的民主不是资产阶级的民主,而是人民的民主,这就是无产阶级领导的、以工农联盟为基础的人民民主专政。人民民主的原则贯串在我们整个宪法中。另一个是社会主义的原则。"③用宪法的形式,把人民民主和社会主义原则固定下来,使全国人民有一条明确的道路可走,可以提高全国人民的积极性。

---

① 《毛泽东选集》,第2版,第3卷,第1057页,北京,人民出版社,1991年。
② 《毛泽东著作选读》(下册)第1版,第861页,北京,人民出版社,1986年。
③ 《毛泽东著作选读》(下册),第1版,第708、709页,北京,人民出版社,1986年。

第三，实行共产党领导下的多党合作和政治协商制度。实行共产党领导下的多党合作和政治协商制度是毛泽东民主理论的一个重要方面，这也是毛泽东的一贯思想和主张。社会主义制度建立后，毛泽东指出，民主党派不仅要继续存在，而且要继续在国家政治生活中发挥重要作用。这是因为，社会主义制度确立后，作为执政党的共产党需要受到社会各阶级和阶层人民的支持和监督，其中就包括民主党派的支持和监督。新中国成立后，继续保留民主党派，吸收他们参政议政，有利于共产党的领导，有利于发扬社会主义民主。1956年，毛泽东在《论十大关系》中，就中国共产党与民主党派的关系，正式提出了"长期共存、互相监督"的方针。他指出："究竟是一个党好，还是几个党好？现在看来，恐怕是几个党好。不但过去如此，而且将来也可以如此，就是长期共存、互相监督。"[①] 随后党的八大报告第一次以党的文献形式确定了这个方针，使之成为加强和改善共产党与民主党派合作关系的指导性原则。

第四，没有民主集中制就不能建设社会主义。毛泽东把民主集中制看作是一个统一体内互相矛盾着的两个侧面，二者是互相依存的。进入社会主义时期以后，他再次强调了民主与集中的辩证关系，并强调要在党和国家的政治生活中坚持民主集中制。他指出，党内民主，就是党员有管理党的事务和发表意见的权利；党内集中，就是党员的意志和行动的一致。民主集中制就是在民主基础上的集中，在集中指导下的民主。一方面，集中离不开民主，民主是集中的基础和前提；另一方面，民主也离不开集中，离开集中讲民主就必然导致极端民主化。他还说，如果没有民主集中制，无产阶级专政就不可能巩固。如果民主集中制执行得不好，党是可以变质的，国家也是可以变质的，社会主义也是可以变质的；干部可以变质，个人也可以变质。只有正确实行民主集中制的原则，才能既保证人民享有广泛而实际的民主权利，又能保证国家权力的高度集中。

第五，反对脱离群众，脱离实际的官僚主义。毛泽东在领导中国革命和建设的过程中，对官僚主义十分痛恨，他认为官僚主义的实质就是脱离群众。1953年1月，他为中共中央起草的关于反对官僚主义、命令

---

① 《毛泽东著作选读》（下册），第1版，第733页，北京，人民出版社，1986年。

第三章 社会主义精神与社会主义文明的实践形式

主义和违法乱纪的指示中指出,不了解和不关心人民群众痛苦,不关心和不了解基层组织情况的官僚主义,不仅在目前,而且在很长一段时期内还将是一个大问题。要求各级干部不摆老爷架子,不摆官僚架子。把架子收起来,跟人民见面,跟下级见面。在1957年开展整风运动时,毛泽东又特别强调要密切联系群众。脱离群众,官僚主义,势必要挨打。

毛泽东认为,官僚主义是社会主义民主政治生活的大敌,它一方面直接侵犯了人民当家作主的权利,另一方面还严重损害了党在群众中的威信和地位。官僚主义还是经济建设中的绊脚石,进行经济建设的大敌,同时,它影响国家和社会的稳定。为了克服官僚主义,毛泽东认为,我们必须大力加强民主法制建设,提高广大人民群众直接管理国家的水平,要加强思想政治教育,改进领导者的工作方法,同时加强执政党的建设,反对党员、干部追逐名利、腐化变质和违法乱纪。

毛泽东关于社会主义民主的理论与实践,体现了马克思主义民主理论的光辉,是社会主义精神的闪光点,对于我们今天发展社会主义民主、建设社会主义政治文明,仍然具有十分重大的指导意义。但是,我们也不能不看到,毛泽东一生虽然也提出了在社会主义建设中要正确处理好政治与经济、政治与技术的关系,但是他在"左"的错误思想指导下,片面地夸大了政治对经济的作用,而忽视了经济的发展,结果政治挂帅变成了政治冲击经济、取代经济。他虽然反对官僚主义,但是又把某些官僚主义无限夸大,将其说成是党内存在着一个官僚主义阶层,甚至认为有一个资产阶级。毛泽东没有从计划经济体制所造成的高度集权的政治经济体制入手,来认识官僚主义僵化体制产生的根本原因;没有从加强社会主义民主法制建设的角度(虽然他也提出了加强民主法制建设,但在实践中远远未做到)来解决官僚主义问题,而认为是封建主义和资产阶级的思想影响导致了官僚主义,因此必须通过阶级斗争、思想斗争、思想教育以及大民主的方法来根治官僚腐败现象,认为以此人们就可以达到政治上的民主和平等。为了达到这一目的,毛泽东又借用了他自己所反对过的封建家长制和个人崇拜的权威,把大量的人民内部矛盾包括某些官僚主义当成是敌我矛盾来处理,从根本上放弃了他早已提出的正确区分两类不同性质矛盾的科学理论,导致了阶级斗争扩大化的严重错误。毛泽东在民主理论上的这些错误,很明显是和社会主义精神不相符合的。

3. 对社会主义精神文明建设的理论探讨及其实践。

和其他经典作家一样,毛泽东对社会主义精神文明建设的理论探讨和实践,也体现出了毛泽东一生对社会主义精神的追求。

毛泽东指出:"一定的文化(当作观念形态的文化)是一定社会的政治和经济的反映,又给予伟大影响和作用于一定社会的政治和经济。"① 这就是说,任何社会的文明都是一定的物质文明同精神文明的统一,两者之间存在着相互作用的关系。新中国成立前夕,毛泽东曾展望未来地说,中华人民共和国政府将领导全国人民克服一切困难,进行大规模的经济建设和文化建设,扫除旧中国所留下来的贫困和愚昧,逐步地改善人民的物质生活和提高人民的文化生活。这里,毛泽东把文化建设和经济建设一并提出来,这是其"两面抓"思想的初步体现。新中国成立后,他在 1957 年 2 月的最高国务会议上又指出,正确处理人民内部矛盾的目的,就是要团结各族人民"发展我们的经济,发展我们的文化"② 毛泽东诸如此类的"两面抓"的思想,是对马克思主义唯物辩证法的发展,是"两点论"在中国革命和建设实践中的体现。

精神文明的发展,意味着先进的科学文化技术在物质生产领域中的广泛应用,也意味着社会主义劳动者的思想道德觉悟和生产技能的提高。在一定意义上,这是现代化的过程,也是现代化的要求和体现。为了适应现代化建设的需要,毛泽东提出培育又红又专的社会主义新人。他指出,思想政治工作是经济工作和其他一切工作的生命线,是社会主义现代化建设的保证。离开它,现代化就会出现方向和道路问题。建国以后,中国共产党和政府开展了广泛的政治学习和思想改造运动。广大的工人和农民通过学习,增强了自己是新中国主人翁的责任感,青年学生普遍增强了爱国心,旧知识分子和公务人员在政治上开始改变对中国共产党和中国革命的看法。这是新中国精神文明建设的第一项成就。1957 年 2 月,针对当时由于思想政治工作减弱而导致青年学生思想混乱的状况,他在最高国务会议上指出:"不论是知识分子,还是青年学生,都应该努

---

① 《毛泽东选集》,第 2 版,第 2 卷,第 663 页,北京,人民出版社,1991 年。
② 《毛泽东选读》(下册),第 1 版,第 770 页,北京,人民出版社,1986 年。

力学习。除了学习专业之外，在思想上要有所进步，政治上也要有所进步……没有正确的政治观点，就等于没有灵魂。"并明确提出要培养德、智、体全面发展的"有社会主义觉悟的有文化的劳动者"① 从而从现代化战略上规定了思想道德教育工作发展的统一要求。

从1956年社会主义改造的完成到1966年十年间，社会主义精神文明取得了一些新的成就。主要表现在：第一，思想政治教育制度化的初步尝试。为了高速发展国民经济、解决因经济工作的失误而引起的思想混乱，中共中央开始着手加强政治教育工作。从1960年起先后颁布了《农业六十条》、《工业七十条》、《高教六十条》、《商业四十条》《手工业三十五条》等条例，都依据各自特点，在思想政治教育的方法、内容、途径等方面提出了具体的要求，并以明文细则规定下来。第二，1963年春开展的"向雷锋同志学习"的运动，使共产主义道德进一步普及和提高，引起全社会道德风尚的深刻变化。第三，教育和科研有了长足发展。提出了科学的教育方针、"又红又专"方针等。全国高等学校、中等学校等学生人数有了明显增加。科研队伍壮大，科学技术有了比较全面的发展。特别是两弹的实验成功，说明了我国的科学技术水平有了根本改观。第四，在文化领域里，毛泽东提出了"百花齐放、百家争鸣"的方针，主张学术自由。双百方针的贯彻执行，为艺术的繁荣和科学的进步提供了一个了良好的环境。

但是，由于历史的和主观上的各种原因，毛泽东的社会主义精神文明建设思想也存在着很多失误。这主要表现在：

毛泽东认为，我国的社会主义建设是在物质文明不发达、物质基础很薄弱的条件下开始进行的，不具备以物质手段作为刺激人们积极性的条件，因此，提倡艰苦奋斗、无私奉献的精神就成了调动人们积极性来推进社会文明前进的必要和有效的动力。毛泽东的这种认识有它的客观历史原因，确实有很多合理性的一面，以至于在发展社会主义市场经济的今天，我们仍然要提倡这种精神。但他后来过分强调精神文明的动力功能，力图用一种超经济的精神力量来解决当时经济工作中的问题，使精神文明建设逐渐离开了物质文明这个基础和经济建设这个中心。反映

---

① 《毛泽东选集》第5卷，第385页，北京，人民出版社，1977年。

到实践中，就表现为"大跃进"、"人民公社化"运动中的主观主义态度和急于求成的思想，表现为把搞经济建设、大力发展生产力的正确主张当做"唯生产力论"和"修正主义"来批判，而把"人有多大胆，地有多大产"之类的思想当做社会主义精神文明建设成果加以褒扬。这实际上不仅阻碍了物质文明建设，干扰了经济建设事业的发展，而且也导致了精神文明自身建设的落后与倒退，使社会文明的发展进程出现了大的波折。

从毛泽东的相关论述来看，尽管他也在很大程度上把精神文明建设作为一个战略任务来认识，但始终没有明确地把它作为社会主义的基本特征来概括，因而没有在本质特征这个层面上把精神文明建设和经济建设、政治建设统一起来，故他的三位一体文明系统建设的思想只是初步的，没有形成一个完整科学的理论体系，在实践中具有某种不稳定性和反复性。特别是后期，他一方面过分强调文化的阶级分析，把政治思想作为衡量文化优劣的几乎惟一的标准，使文化的观念与标准日益成了超时代的政治内容；另一方面，他坚持文化的"革命"功能，认为文化建设要以破为主，以破为立，不破不立，力图通过文化的"破"来推动政治民主化和经济现代化的进程，推动社会全面进步，并把它和"大鸣"、"大放"、群众运动的方式联系起来，忽视了文化自身的特点和规律性。这样不但没有使政治和经济按现代化的方向进行，而且在很大程度上打破了三者之间的系统平衡与和谐，使文化建设处于非常被动的地位，其积极作用没有得到充分的发挥。

由于毛泽东比较侧重于精神文明中思想道德建设对现代化建设的方向保证作用以及现代化建设对它的要求，因而对科技教育于现代化建设的重大作用以及现代化建设对科技教育提出的新的要求重视不足。而且，毛泽东在社会主义现代化建设事业的依靠力量问题上，认为工人、农民是"基本力量"，而知识分子的大多数还属于小资产阶级和资产阶级，是团结的对象，是可以争取的中间力量。因此，他更注重依靠工人、农民和他们在社会主义革命和建设中焕发出来的高昂热情，而忽视了依靠科学技术的关键作用，忽视了现代化建设对科技教育提出的更高要求。所以，在很长的一段时间内，我国的科学技术没有得到很大的发展，延误了我们的现代化进程。

总之，作为中国共产党的第一代领导人，毛泽东高扬了马克思主义的社会主义精神，并以此精神为价值追求来领导全国人民进行社会主义文明建设，使新中国在政治、经济、文化等各方面取得的成就有目共睹。虽然他有严重的失误，但是这些失误都不能抹掉他的社会主义精神的光彩。毛泽东的社会主义精神也将鼓舞后来者在社会主义文明建设的征途上继续迈进。

二、社会主义精神与邓小平的中国特色社会主义文明建设

在人类文明史上，社会主义在由理论变为现实的过程中，并不是像马克思和恩格斯所预言的那样，首先发生在先进发达的资本主义国家，而是发生在经济文化比较落后的国家，这就产生了本世纪社会主义实践的一系列问题。它要求共产党人既坚定不移地在坚持马克思主义社会主义精神的基础上推进社会主义文明事业，又不墨守成规，在实践上继续探索社会主义有效的实现形式。列宁逝世过早，没有来得及完全解决这个问题。但是列宁也已经认识到，社会主义在比较发达的资本主义国家是"开始困难，继续比较容易"，反之，在经济文化比较落后的国家，则"开始容易，继续比较困难"。[1] 如前所论，斯大林同反对在经济文化落后国家建设社会主义文明的错误倾向进行了斗争，坚持了社会主义精神原则，并且在实践中构造出第一个社会主义体制模式。这种体制和模式有其一定的历史必然性与合理性。但是，随着实践的发展，它的弊端日益突出，越来越阻碍社会主义国家进一步解放和发展社会生产力，发扬社会主义民主，健全社会主义法制，进一步提高人民群众的物质文化生活水平。以毛泽东为代表的中国共产党人在探索中国社会主义文明建设道路的过程中，既出现过严重的曲折与失误，也取得了巨大的成就与宝贵的经验。十一届三中全会以后，以邓小平为代表的中国共产党第二代领导集体，在创立建设中国特色社会主义的过程中，另辟蹊径，找到了在经济文化比较落后的国家如何认识社会主义和如何发展社会主义的问题，并成功的解决了这一历史性课题。这是邓小平对马克思主义的巨大贡献，是对社会主义精神的新认识，也是对人类文明发展的巨大贡献。

---

[1] 《列宁全集》中文第2版，第34卷，第343页，北京，人民出版社，1985年。

邓小平建设中国特色的社会主义所体现的社会主义精神，既继承了从马克思到毛泽东等经典作家的社会主义精神原则和价值取向，同时又在新的历史条件下围绕"什么是社会主义，怎样建设社会主义"的问题，对马克思主义社会主义理论进行了创造性的发展。这一既继承又具有独创性的成果主要集中体现在两个方面，一是他对社会主义本质的论述："社会主义的本质是解放生产力，发展生产力，消灭剥削，消除两极分化，最终达到共同富裕。"① 二是认为社会主义社会是全面发展的社会。

1. 解放生产力、发展生产力、实现人民的富裕是马克思主义的一个最基本的要求，是社会主义精神的最集中体现。

马克思主义最注重发展社会生产力。马克思主义的创造人马克思恩格斯，从他们第一部成熟的马克思主义著作《德意志意识形态》，直到他们的晚年，都始终非常明确地指出，生产力是"全部历史的基础"，"生产力的总和决定着社会状况"，② 深刻地阐明了生产力是人类生存和发展的基础，是人类社会一切经济形式、生产关系、社会制度变化演进的根源。"人们在发展其生产力时，即在生活时，也发展着一定的相互关系；这些关系的性质必然随着这些生产力的改变和发展而改变。"③ 这些关系之所以要改变，完全是适应生产力的需要，是为了保证人们已经获得的生产力成果不至于丧失，并保证它的继续发展。一部人类社会的历史，归根到底是一部同"生产力的发展相适应的，所以它们的历史同时也是发展着的、由每一个新的一代承受下来的生产力的历史"。④ 列宁也认为，"只有把社会关系归结于生产关系，把生产关系归结于生产力的水平，才能有可靠的根据把社会形态的发展看作自然历史过程。"⑤ 所以苏维埃政权建立后，列宁就提出了社会主义的根本任务是发展生产力，并且提出了社会主义要创造高于资本主义劳动生产率的根本性措施。以毛泽东为代表的中共第一代领导集体在50年代中期也积极探索一条适合中国国情、以实现人民富裕安康为目的的社会主义现代化的道路，可是由于种

---

① 《邓小平文选》，第1版，第3卷，第373页，北京，人民出版社，1993年。
② 《马克思恩格斯选集》，第2版，第1卷，第80页，北京，人民出版社，1995年。
③ 《马克思恩格斯选集》，第2版，第4卷，第536页，北京，人民出版社，1995年。
④ 《马克思恩格斯选集》，第2版，第1卷，第19页，北京，人民出版社，1995年。
⑤ 《列宁选集》，第3版，第1卷，第8—9页，北京，人民出版社，1995年。

第三章 社会主义精神与社会主义文明的实践形式

种复杂的原因,毛泽东本人也未尽自己的心愿。邓小平坚持并发展了马列主义经典作家的这些思想,把发展生产力看成是"马克思主义的基本原则",① 一再强调只有发展生产力才能体现出社会主义优于资本主义的特点,才能体现出对资本主义的超越性的特征。社会主义的根本任务是发展社会生产力。

但是,现实的社会主义国家大都是在经济文化比较落后的国家跨越了资本主义的"卡夫丁峡谷"而建立起来的。卡夫丁峡谷虽然可以跨越,但这种跨越毕竟是社会主义发展进程的一个巨大历史难题。东方经济比较落后的国家没经过资本主义的充分发展而直接走上社会主义道路,就必然面临生产力较不发达、经济文化较落后而又要在这样的基础上建设社会主义文明的历史高难度课题。现在,我国虽然已经进入了社会主义,但是还将处于并将长时间处于社会主义初级阶段。所以邓小指出:"我们奋斗了几十年,就是为了消灭贫困。"② "我们革命的目的就是解放生产力,发展生产力,离开了生产力的发展、国家的富强、人民生活的改善,革命就是空的。""社会主义现代化建设是我们当前最大的政治,因为它代表着人民的最大的利益、最根本的利益。""现代化建设的任务是多方面的,各个方面需要综合平衡,不能单打一。但是说到最后,还是要把经济建设当作中心。离开了经济建设这个中心,就有丧失物质基础的危险。"③ 这是因为,我国社会主义制度建立后的现实是:无论是劳动生产率,还是整体社会生产力,都比发达资本主义落后甚远。这种状况不能长久下去,否则,已经取得的社会主义革命的胜利成果就要丧失。"社会主义如果老是穷的,它就站不住。"④ 出路只有一条,就是在坚持社会主义道路的前提下,把发展生产力作为根本的首要任务。"贫穷不是社会主义,社会主义要消灭贫穷。不发展生产力,不提高人民的生活水平,不能说是符合社会主义要求的。"⑤ "不坚持社会主义,不改革开放,不发展经济,不改善人民生活,只能是死路一条。基本路线要管一百年,动摇

---

① 《邓小平文选》,第1版,第3卷,第116页,北京,人民出版社,1993年。
② 《邓小平文选》,第1版,第3卷,第109页,北京,人民出版社,1993年。
③ 《邓小平文选》,第2版,第2卷,第231、163、250页,北京,人民出版社,1994年。
④ 《邓小平文选》,第2版,第2卷,第191页,北京,人民出版社,1994年。
⑤ 《邓小平文选》,第1版,第3卷,第116页,北京,人民出版社,1993年。

不得。只有坚持这条路线，人民才会相信、拥护你。"① 此外，我们要建设社会主义的精神文明，我们要体现出比资本主义更多的社会优越性，我们要为共产主义奠定物质基础，都只有发展社会生产力。过去，我们只讲通过革命解放生产力，而没有讲通过改革发展生产力，应该把解放生产力和发展生产力两个讲全了。正是由于邓小平紧紧抓住了以发展社会生产力为中心这个核心，所以，他的市场经济体制的理论，他的所有制理论等都是作为发展社会生产力的手段提出的。

2. 消灭剥削、消除两极分化，最终达到共同富裕，实现完全意义上的社会公平与正义是社会主义精神的根本价值目标。

在邓小平看来，发展生产力是社会主义的基本目标，但它还不是最终目标或根本目标，实现共同富裕才是社会主义的最终价值目标。这是最能体现邓小平的社会主义精神的。这也是邓小平和马克思主义经典作家最为根本的相同之处。在邓小平看来，社会主义国家实行共同富裕的方针，就是说使全体人民都能享有通过诚实劳动和合法经营致富的权利。资本主义制度下的自由竞争，表面上给予每个人均等的发展机会，实际上始终是少数人依靠对大多数的剥削而发财致富，绝大多数人注定要处在贫困悬殊的贫困一极。因此，一极是财富的积累，一极是贫困的积累，成为资本积累的一般规律，发财致富始终只是少数人享有的权利。从这个角度看，资本主义制度下的富裕问题比之于社会主义制度下的富裕问题，关键在于与"富裕"这一词、这一事实相联系有无"共同"二字。资本主义统治的几百年，创造的物质财富相当丰富，却远未达到"共同"富裕。另外，就是"富裕"二字也与社会主义的"富裕"二字存在重大差别。富裕的合理性不同：资本主义的法律建立在私有制的基础之上，保护剥削；社会主义法律建立在公有制基础之上，反对剥削和一切不正当的生财之道，通过非法手段谋取暴利、侵吞公共财产、以权谋私等腐败行为都要受到法律的制裁。社会主义之所以优于资本主义，不能孤立地看财产的归属，也不在于资源配置的方式，而要看财产占有方式和资源配置方式的实际结果，是否有利于促进生产力的发展和消除两极分化，是否有利于实现共同富裕。共同富裕作为社会主义与资本主义的根本区

---

① 《邓小平文选》，第 1 版，第 3 卷，第 370—371 页，北京，人民出版社，1993 年。

别,是社会主义才能具有的优越性,资本主义是决不可能做到的。① 所以邓小平同志曾多次谈到过实现共同富裕就是社会主义的根本目标和基本特征。"我们坚持走社会主义道路,根本目标是实现共同富裕"。"社会主义的特点不是穷,而是富,但这种富是人民共同富裕。""社会主义最大的优越性就是共同富裕,这是体现社会主义本质的一个东西。""如果走资本主义道路,可以使中国百分之几的富裕起来,但是绝对解决不了百分之九十几的人生活富裕的问题。而坚持社会主义,实行按劳分配的原则,就不会产生贫富过大的差距"。"社会主义有两个非常重要的方面,一是公有制为主体,二是不搞两极分化。"② 消除两极分化,最终实现共同富裕,是社会主义与资本主义在价值目标上的根本区别,是社会主义精神的最本质的体现。

和其他经典作家不同,邓小平对社会主义本质的界定为什么没有提及公有制?这是一个不少人感到困惑的问题。邓小平之所以没有提及公有制,是经过了深思熟虑的。其一,在邓小平看来,社会主义就其本质而言,有两个要点,一是解放和发展生产力;二是共同富裕,而所有制相对于这两个要点而言,只不过是途径或手段。马克思为什么主张用公有制代替私有制?这是因为,在马克思看来,公有制更有利于解放和发展生产力,更有利于全体人民的富裕和幸福。斯大林和毛泽东等人也是这样认为。其二,邓小平一向务实,他只讲他看准的东西,他深知自己在中国的份量和影响,不愿意束缚后人的手脚。因为实践中的两种公有制形式效果均不理想。因此,在讲社会主义本质时,避开了公有制,留待后人探索,自己得出结论。另外,现实生活中大量存在的剥削现象和贫富差别不断扩大现象与邓小平的社会主义本质相符吗?应当看到,我国的社会主义在许多方面还不可避免地存在着它脱胎出来的那个旧社会的痕迹。同时,我国是在社会主义制度与资本主义制度并存的条件下从事社会主义建设的,而且资本主义在经济、政治、文化、军事和科技上均处于强势。社会主义要最终战胜资本主义,必须在许多方面赶上并超

---

① 许征帆等:《社会主义本质论》,第1版,第187页,济南,山东人民出版社,1999年。
② 《邓小平文选》,第1版,第3卷,第155、265、364、64、138页,北京,人民出版社,1993年。

过资本主义。我国从事的是追赶式现代化战略，这就必须打破常规，突破条条框框，要有一种博大的文化胸襟，宽广的政治胸怀，敢于并善于吸收和借鉴人类社会创造的一切文明成果。我们大胆地吸收和借鉴市场经济并把建立社会主义市场经济体制作为我国经济体制改革的目标模式，从而极大地促进了我国生产力的迅速发展，这已经是不争的事实。但同时也应看到，发展市场经济也有其消极效应。权衡利弊，发挥优势，我们应做的是至少要把弊端控制在社会所能承受的范围之内。邓小平把社会主义本质的实现视为一个动态的过程，看作一个经过长期奋斗逐步实现的过程。与实现共同富裕需要一个过程一样，消灭剥削，消除两极分化也需要一个发展过程。社会主义的最终目的是要消灭剥削，消除两极分化，这是根本原则，不可动摇，但这不是现阶段要做的事情，而是将来要达到的目标。至于在社会转型过程中，有些人钻改革的空子，用不正当手段甚至违法手段暴富，由此导致的贫富悬殊，则是另外一种性质的问题，这恰恰反映了我国的体制改革还不到位，市场经济体制还不完善，法制还不健全。我们应该进一步健全市场经济体制，加快法制国家建设步伐。此外，邓小平首先还是一位政治家、战略家，他在界定社会主义本质时是从现实需要出发的，而不是从纯学理的角度出发的。它强调社会主义本质的最主要方面，中国改革开放实践最需要的方面，并未包含社会主义本质的全部。所以，邓小平对社会主义本质的界定，只是反映了现阶段我们党对社会主义本质的认识，而且是迄今为止最管用、最符合中国实际的认识。随着时间的推移，随着社会主义现代化建设的全面展开，人们必将继续拓展和深化对社会主义本质的认识。江泽民同志在纪念中国共产党成立 80 周年的讲话中，通过对社会主义根本任务的界定，进一步丰富和扩展了邓小平的社会主义本质观。相信随着社会主义实践的不断深入，人们对社会主义本质的认识还将不断得到深化，这就是认识发展的辩证法。

3. 社会主义社会的全面发展

马克思主义认为，人类社会活动系统中的政治、经济、文化领域相互促进、彼此协调的发展规律，是社会全面进步、整体发展的理论基础。较之以往的社会而言，资本主义虽然也是人类走向自由和全面发展的一个必经阶段，但它自身固有的缺陷使它无法达到这一社会最高阶段，而且迈出这一步也是极其沉重的,曾为此付出高昂代价。实践证明:资本主义生产资料私有制下的工业文明带来的是双重性结果,一方面是物质财富的空前积累,一方面是精神世界的空前堕落;在物质不断增长的同时,人的价值却在不断贬低。所以,现实中的资本主义由于受到资本主义制度的历史局限性,它不可能实现社会文明的全面进步。"单向度的人"、"单向度的政治"、"单向度的思想和文化"等现象在资本主义社会中永远不可避免。正如邓小平同志所指出的:"资本主义无论如何不能摆脱百万富翁的超级利润,不能摆脱剥削和掠夺,不能摆脱经济危机,不能形成共同的理想和道德,不能避免各种极端严重的犯罪、堕落、绝望。"①

在邓小平看来,和资本主义相反,社会主义精神不仅仅表现在经济的方面,而且还表现在政治的、文化的方面。社会主义精神是一个具有多方面内容联系的有机整体。它包含或反映的内容既有人民群众在经济上的需要,又有在政治、文化上的需要。这些内容构成了一个有机的、不可分割的总体目标。经济发展和人民的富裕是最基本的方面。如果把发展生产力置于较次要的地位,甚至把发展生产力排除在社会主义的价值目标以外;或者相反,把社会主义价值目标仅仅限于发展生产力,认为经济可以决定并取代一切,而忽视政治建设和文化建设,都会给社会主义实践带来危害。

中国特色社会主义的价值目标所体现的社会主义精神不仅体现在要建立一个富裕的社会,而且体现在要建立一个文明的、公正的和全面进步的社会。

人民群众不仅具有物质需要,而且具有丰富的精神文化需要。人的全面发展必须以社会在物质和精神方面的全面进步为前提。邓小平同志在强调加强物质文明的同时,要求人们重视精神文明建设。"有一点要提醒大家,就是我们在建设有中国特色的社会主义社会时,一定要坚持发展物质文明和精神文明"。"过去很长一段时间,我们忽视了发展生产力,所以现在我们要特别注意建设物质文明。与此同时,还要建设社会主义的精神文明,最根本的是要使广大人民有共产主义的思想,有道德,有

---

① 《邓小平文选》,第 2 版,第 2 卷,第 167 页,北京,人民出版社,1994 年。

文化，守纪律。"① 如果精神文明上不去，就势必会影响物质文明的顺利、健康的发展，势必会给社会风气带来消极的后果，势必会导致社会和人的畸形发展。邓小平同志指出，搞不好物质文明建设不是有中国特色的社会主义，搞不好精神文明建设也不是有中国特色的社会主义，只有两个文明建设都搞好才是有中国特色的社会主义。社会主义精神文明建设最后要落到人的建设上，它的根本任务是培育有理想、有道德、有文化、有纪律的"四有"公民，提高全民族的教育科学文化素质和思想道德素质。坚持两个文明协调发展，目的是促进社会全面进步，这是社会主义社会发展的鲜明特点和社会主义优越性的重要体现。世界越来越多的人都赞赏邓小平的"综合发展观"和"社会全面进步论"。

社会公正与人民利益休戚相关，是人民群众殷殷希冀的目标。人民群众希望生活在一个公正的社会里。社会主义制度本质上反映了实现社会公正这一要求。"我们为社会主义奋斗，不但是因为社会主义有条件比资本主义更快地发展生产力，而且因为只有社会主义才能消除资本主义和其他剥削制度所必然产生的种种贪婪、腐败和不公正现象。在经济建设、物质文明建设取得一定成就的同时，要特别注意加强法制建设，惩治腐败，改善社会风气。"经济建设这一手我们搞得相当有成绩，形势喜人，这是我们国家的成功。但风气如果坏下去，经济搞成功又有什么意义？会在另一方面变质，反过来影响整个经济变质，发展下去会形成贪污、盗窃、贿赂横行的世界。"② 这些教导，都对我们敲响了警钟。

邓小平的社会主义精神，对建设中国特色社会主义文明的实践具有十分重大意义。

第一，社会主义是一个过程，社会主义的本质也有一个逐步实现的过程。邓小平就是从生产力与生产关系的互动中，在发展过程和最终结果统一中，来阐明社会主义本质及其逐步实现。在邓小平看来，这个逐步实现的过程是通过分三个阶段实现的三个阶段性的目标来表现的。每个目标都包含两个方面：一方面是生产力的逐步发展，另一方面是共同富裕的逐步实现。解放生产力、发展生产力，就是走向共同富裕的必要

---

① 《邓小平文选》，第1版，第3卷，第110、28页，北京，人民出版社，1993年。
② 《邓小平文选》，第1版，第3卷，第154页，北京，人民出版社，1993年。

手段。因此，我们应该通过改革解放和发展生产力，让一部分人和一部分地区先富裕起来，进而达到共同富裕，这是新的历史条件下社会主义的创举，在理论和实践上丰富和发展了马克思主义。

第二，社会主义就是要共同富裕，这是坚持社会主义性质和优越性的集中体现。邓小平指出："社会主义最大的优越性就是共同富裕，这是体现社会主义本质的一个东西"①"走社会主义道路，就是要逐步实现共同富裕"②"只有社会主义制度才能从根本上解决摆脱贫穷的问题"③ 如果两极分化或长期两极分化，那就体现不了社会主义的优越性。另外，共同富裕是合法富裕，富裕的前提是勤劳致富、合法致富。在共同富裕目标下，通过经济体制改革和分配政策改革调整，实行允许和鼓励一部分人、一部分地区通过诚实劳动、合法经营先富起来，保护合法收入，取缔非法所得，调节过高收入，保障低收入者的基本生活。还有，共同富裕是全国人民的共同富裕。邓小平指出："社会主义的目的就是要全国人民共同富裕，不是两极分化""社会主义财富属于人民，社会主义的致富是全民共同致富"④"社会主义的特点不是贫，而是富，但这种富是人民共同富裕"⑤。由此来看，邓小平共同富裕是指全中国人民的共同富裕，是反对两极分化的少数人富裕。

邓小平的共同富裕思想是对从马克思到毛泽东等经典作家的社会主义精神中共同富裕思想的继承和发展，是马克思主义共同富裕思想在中国发展的新阶段。它没有丢马克思和恩格斯，也没有丢列宁和毛泽东，它对发展社会主义市场经济仍然具有十分重大的指导作用。

第三，社会主义价值目标的实现是一个有机统一的整体，需要社会的综合协调、全面发展才能最终实现，也就是物质文明、精神文明和政治文明的协调发展的过程。社会主义是个综合性的价值目标，是以社会整体的发展为本位，包括经济、政治和思想文化等各个方面的彼此互动、协调的发展过程。社会主义的政治建设和思想文化建设的价值或积极意

---

① 《邓小平文选》，第 1 版，第 3 卷，第 364 页，北京，人民出版社，1993 年。
② 《邓小平文选》，第 1 版，第 3 卷，第 373 页，北京，人民出版社，1993 年。
③ 《邓小平文选》，第 1 版，第 3 卷，第 208 页，北京，人民出版社，1993 年。
④ 《邓小平文选》，第 1 版，第 3 卷，第 172 页，北京，人民出版社，1993 年。
⑤ 《邓小平文选》，第 1 版，第 3 卷，第 265 页，北京，人民出版社，1993 年。

义不仅体现在能满足人民群众对政治民主生活和文化精神生活的需求，而且还直接体现在对经济建设的促进上。搞经济建设需要一个稳定的政治环境，没有安定的政治环境，什么事情也干不成。文化建设有利于提高民族素质，也能推进社会主义市场经济和民主政治的发展。正如邓小平指出："没有这种精神文明，没有共产主义思想，没有共产主义道德，怎么能建设社会主义？"①

最后，社会主义价值目标是社会主义社会价值观念体系的核心内容，也是社会主义理想信念的主要内容，是建设中国特色社会主义文明实践的强大精神动力。社会主义价值目标是人民群众切身利益或根本利益的直接体现。"我们过去几十年艰苦奋斗，就是靠用坚定的信念把人民团结起来，为人民自己的利益而奋斗。没有这样的信念，就没有凝聚力。没有这样的信念，就没有一切。"② 必须看到，实现社会主义价值目标要经历一个艰难曲折和漫长的过程。在社会主义初级阶段，为了发展生产力，必然要利用一切有利于发展生产力的生产组织形式，要允许多种经济成分的存在，不可避免地会存在一些剥削现象。而且，由于社会体制正处于转轨时期，各种政策法规还不健全，腐败现象依然存在。不能因为这些与社会主义根本价值目标相悖的丑恶现象而动摇我们的社会主义信念，不能模糊甚至放弃社会主义的价值目标。

三、社会主义精神与江泽民的中国特色社会主义文明实践

十三届四中全会以来，以江泽民同志为主要代表的中国共产党人，在建设中国特色社会主义的伟大实践中，加深了对什么是社会主义、怎样建设社会主义和建设什么样的党、怎样建设党的认识，积累了治党治国治军的宝贵经验，集中全党智慧，创立了"三个代表"重要思想。"'三个代表'重要思想是对马克思列宁主义、毛泽东思想和邓小平理论的继承和发展，是加强和改进党的建设、推进我国社会主义自我完善和发展的强大理论武器，是我们党必须长期坚持的指导思想。"③ 在某种意

---

① 《邓小平文选》，第 2 版，第 2 卷，第 367 页，北京，人民出版社，1994 年。
② 《邓小平文选》，第 1 版，第 3 卷，第 190 页，北京，人民出版社，1993 年。
③ 《中国特色社会主义理论体系学习读本》，第 1 版，第 24 页，北京，中共中央党校出版社，2008 年。

义上，江泽民同志对中国特色社会主义道路的继续探索，在理论上就表征为继续探讨马克思主义的社会主义精神原则与中国问题的关系。探讨两者之间的关系，并不是以历史唯物主义的观点教条地去评判中国现实，而是以历史唯物主义的方法或者历史唯物主义开辟的发展道路去解决中国发展问题，从而探索一条体现社会主义精神要求的中国特色的社会主义文明道路。

1. 三大文明的协调发展是社会主义的最根本的价值理念或价值原则。

社会全面协调发展理论是江泽民协调发展思想的主要内容，也是他的社会主义精神的最主要体现。在他看来，协调发展首先就是"三大文明"的协调发展，就是强调社会主义社会在物质文明建设、政治文明建设、精神文明建设，在经济、政治、文化等方面构成完整社会形态的各个方面的全面进步和协调发展观。在1997年十五大报告中，江泽民正式提出了社会主义初级阶段的基本纲领。基本纲领从经济、政治、文化三个方面展开，包括社会主义初级阶段的中国特色社会主义经济、政治和文化，以及怎样建设这样的经济、政治和文化等。他在党的十六大报告中指出，"全面建设小康社会，开创中国特色社会主义事业新局面，就是要在中国共产党的坚强领导下，发展社会主义市场经济、社会主义民主政治和社会主义先进文化，不断促进社会主义物质文明、政治文明、精神文明的协调发展，推进中华民族的伟大复兴。"① 三大文明协调发展思想是"三个代表"重要思想的有机内容，深化了对社会主义的特征和内涵的理论认识，为促进社会全面发展和进步提供了深层次的理论基础。

第一，物质文明是基础。在我国改革开放和社会主义现代化建设的新的历史阶段，江泽民同志为核心的中国共产党第三代领导集体继承和发展马克思主义，尤其是邓小平理论关于生产力问题的基本思想，继续强调解放和发展生产力是社会主义的本质要求，"社会主义的根本任务是发展生产力。"②"进一步解放和发展生产力，是建设有中国特色社会主义的根本出发点"，"'以阶级斗争为纲'所以是错误的，归根到底是因为社

---

① 《江泽民文选》，第1版，第3卷，第574页，北京，人民出版社，2006年。
② 《江泽民文选》，第1版，第2卷，第253页，北京，人民出版社，2006年。

会主义改造基本完成以后，我国社会的主要矛盾已经不是阶级矛盾，而是人民日益增长的物质文化需要同落后的社会生产之间的矛盾。要解决这个矛盾，最根本的是必须集中力量发展社会生产力。"① 他一再强调，我国还处在社会主义并将长期处于社会主义初级阶段，主要矛盾仍然是人民日益增长的物质文化需要同落后的社会生产力之间的矛盾；经济建设是党和国家的中心；到21世纪中叶基本实现现代化，是既定目标；大力发展社会生产力，不断增强综合国力，是社会主义的根本任务，也是解决国内国际问题最主要的条件。他认为，"如果生产力不发展，社会主义制度的巩固和国家的长治久安就会遇到极大的困难，社会主义优越性就会丧失最根本的经济根源。"② 而"只有经济大大发展了，全国的经济实力和综合国力大大增强了，人民生活才能不断改善，国家才能长治久安，我们的腰杆子才能更硬，我们在国际上说话才能更有分量，我们的朋友才能更多。"③

如何发展生产力，江泽民还提出了进一步解放和发展生产力的主要战略举措，其中包括：第一，系统地提出建设中国特色社会主义经济的基本政策，即，坚持和完善社会主义公有制为主体、多种所有制经济共同发展的基本经济制度，强调必须毫不动摇地巩固和发展公有制经济，必须毫不动摇地鼓励、支持和引导非公有制经济的发展，探索多样化的公有制的实现形式。根据我国社会主义基本经济制度、社会主义初级阶段的国情和社会主义市场经济体制等的要求，建立和完善按劳分配与按生产要素分配相结合的，坚持效率优先、兼顾公平原则的，以先富带后富，逐步实现共同富裕的分配制度。第二，坚持稳定压倒一切的方针，正确处理改革、发展、稳定的关系，要把改革的力度、发展的速度和社会可承受的程度统一起来，把不断改善人民生活作为处理改革、发展、稳定关系的重要结合点，在社会稳定中推进改革和发展，通过改革和发展促进社会稳定。第三，确立社会主义市场经济体制的改革目标。党的十四届三中全会通过的《关于建立社会主义市场经济体制若干问题的决

---

① 《江泽民文选》，第1版，第1卷，第351页，北京，人民出版社，2006年。
② 《江泽民文选》，第1版，第2卷，第253页，北京，人民出版社，2006年。
③ 《江泽民文选》，第1版，第1卷，第307页，北京，人民出版社，2006年。

定》，提出了社会主义市场经济体制的基本框架，优化资源配置，推动经济发展。

第二，政治文明是保证。在江泽民看来，社会主义政治文明的核心是人民当家作主，包括人民当家作主的政治制度、政治体制、政治思想文化等内容。政治文明的发展受一定的经济文化发展的制约和影响，同时又反作用于一定的物质文明和精神文明。它不仅是促进先进生产力发展的有利杠杆，而且决定着先进文化的前进方向。党的十三届四中全会之后，特别是党的十四大以后，以江泽民为核心的党的第三代中央领导集体坚持解放思想、实事求是、与时俱进、开拓创新，立足于领导人民深入推进改革开放，建立和发展社会主义市场经济的新的历史实际，进一步丰富和发展了邓小平的社会主义民主法制理论。他指出："在中国共产党的领导下，实行人民民主，充分保障人民当家作主的民主权利，是我国政权建设和政治体制改革的根本出发点和归宿。"① 在十五大报告中，他指出："建设有中国特色社会主义的政治，就是在中国共产党领导下，在人民当家作主的基础上，依法治国，发展社会主义民主政治。"② 进入21世纪后，江泽民和第三代领导集体正式提出了"政治文明"的概念和"建设社会主义政治文明"的命题。

2001年1月10日，在全国宣传部长会议的讲话中，江泽民第一次提到"政治文明"问题。他指出："法治属于政治建设，属于政治文明。德治属于思想建设，属于精神文明。"2002年5月31日，他在中央党校发表的重要讲话中提出："发展社会主义民主政治，建设社会主义政治文明，是社会主义现代化建设的重要目标。"这是中央领导人第一次正式提出和使用"社会主义政治文明"的概念和命题。2002年7月6日，江泽民在考察中国社会科学院的讲话中，又明确指出："建设有中国特色社会主义，应是我国经济、政治、文化全面发展的进程，是我国物质文明、政治文明、精神文明全面建设的历程。"在2002年11月召开的党的十六大上，江泽民进一步提出，"发展社会主义民主政治，建设社会主义政治

---

① 《江泽民论有中国特色社会主义（专题摘编）》，第1版，第17页，北京，人民出版社，2006年。

② 《江泽民文选》，第1版，第2卷，第17页，北京，人民出版社，2006年。

文明,是全面建设小康社会的重要目标",并强调全面建设小康社会要"不断促进社会主义物质文明、政治文明和精神文明的协调发展。"

社会主义政治文明的提出,是对经济文化相对落后国家建设社会主义民主政治的进一步探索,是对社会主义现代化全面发展理论认识的进一步深化,是对社会主义本质认识的进一步丰富。

第三,精神文明或文化建设是动力。江泽民为核心的第三代领导集体,坚持和发展了马克思主义关于文化概念的认识,多次论及文化概念和文化建设问题。他在1991年7月庆祝中国共产党成立70周年大会上的讲话中,就第一次全面阐述了建设中国特色社会主义的经济、政治和文化的基本要求和基本方针,对"有中国特色社会主义的文化"的基本内涵和基本要求作了明确论述。在1997年9月的十五大报告中,江泽民进一步阐明了建设有中国特色社会主义经济、政治、文化的基本目标和基本政策,提出了党在社会主义初级阶段的基本纲领,对建设有中国特色社会主义文化的基本内涵和基本政策进行了深刻阐述。在纪念中国共产党成立80周年大会上的讲话中,他更进一步指出:"我们党要始终代表中国先进文化的前进方向,就是党的理论、路线、纲领、方针、政策和各项工作,必须努力体现发展面向现代化、面向世界、面向未来的,民族的科学的大众的社会主义文化的要求,促进全民族思想道德素质和科学文化素质的不断提高,为我国经济发展和社会进步提供精神动力和智力支持。"[①] 他还明确指出,在当代中国,发展先进文化,就是发展中国特色社会主义文化,就是建设社会主义精神文明。在他的表述中,"中国特色社会主义文化"与"先进文化"、"社会主义精神文明",在精神实质上是一致的。

江泽民的中国特色社会主义文化基本内涵,是以马克思主义列宁主义、毛泽东思想和邓小平理论为指导的文化,是服从和服务于党在社会主义初级阶段的基本路线,为改革开放和现代化建设提供精神动力和智力支持的文化,是继承和发扬中华民族优秀文化传统,具有中国气派和中国风格的文化,是博采世界各国文化之长,吸收世界优秀文化成果的文化,是面向大众、服务人民,为广大人民群众所喜闻乐见的文化。其

---

① 《江泽民文选》,第1版,第3卷,第276页,北京,人民出版社,2006年。

鲜明特征就是民族性、科学性、大众性、时代性、开放性和创新性，其战略地位是提升综合国力的重要途径，是坚持党的先进性的根本体现，是促进人的全面发展的必备条件。它充分体现了社会主义精神对社会全面发展和进步的内在要求。

2. 促进人的全面发展是社会主义精神的内在要求

人的解放和人的全面发展的价值理想以人类社会的历史发展为基础，因而是一个现实的而非虚幻的历史性的实现过程。"在人的历史活动中，人作为'历史的经常性前提'，总是'历史的经常的产物和结果'，即人的历史活动总是决定于在他们以前已经存在，不是由他们创立而是由先前的人们所创立的历史条件。'历史条件'构成人的'历史活动'的'前提'，因此，人们的历史活动就不是随心所欲的，人们的价值理想就不是虚无缥缈的。历史的发展为人的发展提供了条件，人的发展实现于历史的发展进程之中。同时，人作为'历史的经常的产物和结果'，又获得了创造历史的现实条件和现实力量，从而凭借这种现实条件和现实力量改变自己的生活世界，把发展自己的理想变成自身发展的现实。"① 就是说，人的外在发展和内在发展是相辅相成、相互促进的，不可偏废或忽视任何一方。正因为如此，马克思和恩格斯在《共产党宣言》中指出："代替那存在阶级和阶级对立的资产阶级旧社会的，将是这样一个联合体，在那里，每一个人的自由发展是一切人的自由发展的条件。"② 江泽民同志依据马克思主义关于人的全面发展的思想，多次强调指出："我们建设有中国特色社会主义的各项事业，我们进行的一切工作，既要着眼于人民现实的物质文化生活需要，同时又要着眼于促进人民素质的提高，也就是要努力促进人的全面发展。这是马克思主义关于建设社会主义新社会的本质要求。我们要在发展社会主义物质文明和精神文明的基础上，不断推进人的全面发展。""推进人的全面发展，同推进经济、文化发展和改善人民物质文化生活，是互为前提和基础的。人越全面发展，社会的物质文化财富就会创造得越多，人民的生活就越能得到改善，而物质

---

① 孙正聿等：《马克思主义基础理论研究》（下），第1版，第890页，北京，北京师范大学出版社，2011年。

② 《马克思恩格斯选集》，第2版，第1卷，第294页，北京，人民出版社，1995年。

文化条件越充分，又越能推进人的全面发展。社会生产力和经济文化的水平是逐步提高、永无止境的历史过程，这两个历史过程应相互结合、相互促进地向前发展。"① 在江泽民看来，促进人的全面发展，同推进经济、政治、文化的发展是辩证统一的。社会主义物质文明建设为人的全面发展奠定了物质基础。但是，只有物质生活上的满足而没有日益增多的政治和文化层次的满足，人同样得不到发展。因为，马克思的关于人的全面发展学说所蕴涵的"解放的旨趣"提示人们，人类的当代使命，决不仅仅是使人的"独立性"奠基于对"物的依赖性"，而是必须使人从对"物的依赖性"中解放出来，把"物"的独立性真正地变成"人"的独立性即人自身的全面发展。把资本或"物"的独立个性变为人的独立性和个性，这既是作为真正的人道主义者的马克思所追求的价值理想，也是超越了抽象的人道主义的马克思主义所揭示的人类解放和人的全面发展的现实道路。建设中国特色社会主义文明的实践，必须把马克思主义关于未来社会的"以每个人的全面而自由的发展为基本原则的社会形式"的价值追求，使它开始转化为中国特色社会主义发展的应有目标和基本原则，这标志着中国共产党在"什么是社会主义"的认识上的深化，成为党在新时期科学回答并实践怎样建设中国特色社会主义的指导思想。

3. 把生态文明建设作为社会主义文明的重要组成部分。

作为中国共产党第三代领导集体的核心，江泽民十分重视生态文明建设，开始他是把它作为人的全面发展的组成部分提出来的。江泽民虽然没有提出"生态文明"这个概念，但是实际上他的环境保护思想已经把生态文明作为建设中国特色社会主义文明的重要组成部分，这是对马克思主义文明理论的重大创新和重要实践。从历史看，西方资本主义国家进行现代化建设的目的是追求更大的利润和剩余价值，"从资本主义本质出发，西方发达国家走过了一条'先污染后治理'的环境保护道路，不仅牺牲了本国人民的利益，而且通过对发展中国家资源与环境的掠夺，导致全球环境的恶化。即使到了传统环境问题已不突出的今天，为了少数利益集团的利益，美国政府仍然采取拒不签署《生物多样性公约》、拒不执行《京都议定书》等对人类社会极不负责的行动，受到包括美国人

---

① 《江泽民文选》，第 1 版，第 3 卷，第 295 页，北京，人民出版社，2006 年。

民在内的全世界人民的强烈谴责。"① 我国进行的社会主义建设,是在代表最广大人民根本利益的中国共产党领导下的社会主义现代化建设,这就要求我们绝不能等经济发展了以后再来解决环境问题,而是必须在工业化、城市化快速发展的过程中防治环境污染、保护生态环境,开创一条"生产发展、生活富裕和生态良好的文明发展道路",从根本上摆脱"先污染后治理"、"先破坏后恢复"的道路。为此,江泽民明确指出:"要促进人和自然的协调与和谐,使人们在优美的生态环境中工作和生活。坚持实施可持续发展战略,正确处理经济发展同人口、资源、环境的关系,改善生态环境和美化生活环境,改善公共设施和社会福利设施。努力开创生产发展、生活富裕和生态良好的文明发展道路。"② 总地说来,江泽民的人与自然协调的生态思想大体包括以下几个方面:

第一,促进人和自然的协调与和谐、开创文明发展道路是先进生产力发展的迫切需要。江泽民指出,保护环境的实质就是保护生产力。因为,首先,人和自然的协调与和谐能为人创造更大的发展空间。人是生产力中最具有决定性的力量。环境改善了,人民群众的积极性和创造力能够得到更好的发挥,对于推动生产力的发展将产生积极影响。其次,保护环境能促进科学技术的进步。从全球范围来看,出于节约资源、保护环境的需要,循环经济、绿色经济正在成为世界经济发展的重要方向,促进循环经济、绿色经济发展的环境技术已被列入世界先进技术的范畴,成为世界各国争相角逐的对象。其三,人和自然的协调也是生产力发展水平的重要标志。生产力是人类征服自然、改造自然的实际能力。人类在向自然界索取的时候,不能超越自然所能承受的限度,不能违反自然规律。因此,在发展生产力的过程中,必须促进人和自然的协调与和谐,将社会生产力与自然生产力相协调,将经济再生产与自然再生产相协调,实现在生态环境良性循环和自然持续供应前提下的生产力持续发展,只有这样,才能称得上是生产力的高度发达。

第二,以环境保护为核心的生态文明观代表着先进文化的前进方向。

---

① 解振华:《开创人与自然相协调的发展道路》,新华网,2001—10—22。
② 江泽民:《在庆祝中国共产党成立 80 周年大会上的讲话》,《人民日报》,2001—07—02。

江泽民同志曾经指出，环境意识和环境质量如何，是衡量一个国家和民族文明程度的一个重要标志。生态文明观是人类社会经过几千年的农业文明和工业文明之后，在深刻认识人与自然关系的基础上形成的崭新的科学的文明观，既是对古代"天人合一"自然观的继承与发展，也是对天人对立自然观的反思与醒悟，是可持续发展战略的道德伦理基础，代表着先进文化的前进方向。把生态文明观有机地融入精神文明建设，有利于加强社会主义思想道德建设。随着生态文明的普及，在进一步提高劳动者精神文化素质的同时，也必将促进先进生产力的发展。

第三，创造一个优美的生态环境，并在这个环境中工作和生活符合最广大人民的根本利益。加强对环保工作的领导，维护人民群众的环境权益，使人们在优美的生态环境中工作和生活，是实践党的根本宗旨、维护最广大人民根本利益的重要措施。

四、科学发展观：社会主义精神的深刻体现

以胡锦涛为总书记的党中央以邓小平理论和"三个代表"重要思想为指导，从新世纪新阶段党和国家事业发展全局出发，在正确把握世界发展趋势、认真总结我国发展经验、深入分析我国发展阶段性特征的基础上，提出了"科学发展观"重大战略思想。中共十七大报告对科学发展观的内涵和要求作了进一步的概括："科学发展观，第一要义是发展，核心是以人为本，基本要求是全面协调可持续，根本方法是统筹兼顾。"①十七届五中全会关于制定"十二五"规划的《建议》，要求以科学发展观为主题，并指出："坚持发展是硬道理的本质要求，就是坚持科学发展，更加注重以人为本，更加注重全面协调可持续发展，更加注重统筹兼顾，更加注重保障和改善民生，促进社会公平正义。"② 今天，我们不仅要从一般性的发展视角认识到科学发展观是立足于社会主义初级阶段基本国情，总结我国发展实践，借鉴国外发展经验，适应新的发展要求提出来的发展观，而且要站在马克思主义关于发展的世界观和方法论的高度，

---

① 中国共产党第十七次全国代表大会文件汇编，第 1 版，第 14 页，北京，人民出版社，2007 年。

② 中国共产党第十七届中央委员会第五次全体会议文件汇编，第 1 版，第 4—5 页，北京，人民出版社，2009 年。

站在世界宏观文明的高度,认识到科学发展观的世界价值就在于它深刻地体现了社会主义精神原则或社会主义价值理念。

1. 科学发展观更加注重发展的社会公正性,实现效率和公平的有机结合,防止两极分化,使改革成果能为全体人民和广大的基层群众所拥有。

现代化在不同的国家与民族有不同的实现方式。第二次世界大战后,除少数发展中国家走上新兴工业化的道路以外,大多数发展中国家在摆脱了殖民统治独立后,仍然面临着发展民族经济、进行社会改革的艰巨任务。特别是从20世纪60年代开始,一些发展中国家通过单纯的经济增长方式加快了经济增长速度。就第三世界整体说来,也达到了发展机构所设定的国民生产总值年增5%的指标。然而仅有经济增长并没有改善第三世界国家千百万人的生活状况,甚至经济增长还带来了种种意想不到的不良结局和灾难性后果。这使人们对发展中国家以经济增长为目标的社会发展观开始了怀疑和反思。

然而,理论反思和阐述是一回事,在实践中能否很好地实现则又理当别论。很多第三世界国家由于缺乏相应的社会制度,特别在理论指导上缺乏全面性,在实践上又往往是顾此及彼,所以最终没有能够很好地解决这个问题。很多发展中国家,在追求经济发展的过程中,曾经盲目地效仿西方发达资本主义国家的现代化模式,也就是把私有化作为衡量改革成功与否的标准,其理由是:一是搞市场经济必须明确产权,而明确产权必须实行私有化;二是只有私有化才能提高经济效率。这种理论指导下的改革,其结果必然造成严重的社会两极分化。在拉美(古巴除外),在东欧中亚地区广大发展中国家的内部,收入分配的两极分化现象已经十分严重,且有进一步加剧之势。伴随着西方全球化的进程,一些发展中国家腐败成风,某些权势阶层不择手段,聚敛财富,成为第三世界中暴富起来的新贵。中国的科学发展观在注重社会的公正性,实现效率公平的有机结合,防止社会的两极分化,使改革成果为普通人民和广大的基本群众所享有,在一定意义上为发展中国家提供了一个很好的模式。这是因为,追求公平或平等是人类最普适的价值,科学发展观所要解决的一个最主要的问题也正是社会的公平或公正问题。正如拉尔夫·米利班德指出的,社会主义的平等观相对于资本主义的价值所在:"平等主义不是指完全的平等,那是一种误解,它指的是从根本上减少各个方面的不平等——收入、财富和生存机会,而这些方面的不平等正是资本主义社会生活的内在本质。"① 科学发展观不仅为中国人民,而且为世界人民,尤其是为广大第三世界人民树立了榜样,使他们看到:发展中国家搞现代化建设,一方面可以加快科技和生产力的发展,可以加快增强综合国力;另一方面可以加快改善人民生活,最终达到共同富裕,可以避免资本主义的两极分化和其他种种弊端,从而增强社会主义对他们的吸引力。

2. 科学发展观更加注重发展的全面性,超越只注重经济发展模式的道路,追求经济、政治、文化、社会文明的全面发展,对发展中国家的发展具有重要的示范意义

作为后发的现代化国家,发展中国家的发展,一般都是把经济发展、经济增长的指标作为社会发展的唯一标准,要求单纯用人均国民收入作为衡量发展的标准,而往往忽视政治、文化和社会层面的发展,因此,这些国家随之提出了基本需要的发展战略,并要求改变单纯用人均国民收入来衡量发展的标准,发展必须在社会建设和政府改革等方面都取得进展。事实上,虽然这些发展中国家意识到了发展的全面性,但是,由于没有科学的理论指导或者指导理论不能始终如一的坚持下去,全面发展问题始终得不到根本解决。作为已经有了系统的科学理论并且能够在实践中把这一科学理论坚定不移地执行下去的中国共产党,突出了发展的全面性要求,因而它将为发展中国家规定和指引着发展是一个包括社会各方面因素的系统的、综合的进步过程,而不是个别指数百分比的增长的方向。在发展经济的同时,要努力促进经济建设、政治建设、文化建设和社会建设的全面进步,而实现这个目标的路径,就必须要有一个指导发展的科学的世界观和方法论。在中国,在以公有制为主体和以最广大人民的生存与发展为第一目标条件下,在政策与战略策略上更容易和实施以人为出发点的思想。"问题在于以往缺少正确的认识及与此相关的配套政策和法令。一旦明确了指导思想并注意采取有效措施后,很快

---

① 拉尔夫·米利班德:《新的选择》,中央编译局:《全球化时代的资本主义》,第 1 版,第 9 页,北京:中央编译出版社,2003 年。

就会在实践上产生积极效果。"① 所以，人们发现，科学发展观提出后，中国在注重社会的全面协调可持续发展方面是处在当今世界前列甚至在行动上是超前的。

3. 科学发展观更加注重发展的可持续性，更好地处理人和自然、资源、生态环境之间的关系，对发展中国家的发展具有警示意义

发展中国家搞现代化，往往都是粗放型经济增长方式没有从根本上改变，城乡经济社会发展与资源环境的矛盾日益突出。很多发展中国家现在环境急剧恶化。全世界每年死于空气污染的 270 万人中的 90% 在第三世界，另外每年还有 2500 万人因农药中毒，500 万人死于污水引起的疾病，相当多城市中的幼儿都患有对大脑有破坏作用的铅浓缩症。② 二战后被美国推到高峰的西方消费资本主义发展模式，不仅建立在极其不公正的世界经济秩序之上，而且以对有限资源的无节制消耗和对生态的严重破坏为代价。这种发展模式也被推广到广大的发展中国家，并带来了严重后果。这是因为，资本的本质就在于无限的自我增殖，经济全球化使资本主义生产方式遍布全球，而地球再也无法承受如此众多的国家和人口同时采用资本主义的生产方式。中国的科学发展观坚持以科学的世界观和方法论指导生态文明建设，坚持以人为本，实现全面、协调、可持续发展，将为发展中国家实现对传统工业文明的超越，选择一条与发达资本主义国家不同的资源组合方式，更好的处理人和自然、资源、生态环境之间的关系，建立一个低度消耗资源的节约型国民经济体系，降低资源消耗，杜绝资源的浪费，提高资源的利用率，具有十分重大的意义。

4. 科学发展观把"以人为本"作为核心，体现了人本关怀和文明进步的新思想和新观点

从整个世界社会主义运动的历史看，科学发展观突出地强调"以人为本"，实质上也是对社会主义国家曾被一度扭曲过的社会主义价值原则的纠正。高放教授在研究中说，本来，1871 年诞生的作为第一个工人阶

---

① 韦定广：《世界历史语境中的人类解放主题》，第 1 版，第 446 页，北京，人民出版社，2004 年。

② 韦定广：《世界历史语境中的人类解放主题》，第 1 版，第 302—303 页，北京，人民出版社，2004 年。

级国家政权的巴黎公社已经在实践中体现了"以人为本"的重要原则,其一,主要官员由人民普选产生并且随时可以罢免;其二,官员的工资不得超过熟练工人。恩格斯曾经指出:这是"防止国家和国家机关内社会公仆变为社会主人"的"两个可靠的办法。"① 可是后来苏联完全背离了巴黎公社的这两大原则,实行各级党政干部等级授职的任命制和高薪特权制。苏联模式社会主义表面上有民主选举,如选举苏维埃代表、党代表等,实际上从上到下严密控制选举,当选者大多是上级领导精心挑选的意中人,所以当选人大多衷心感激并且坚决服从党的领导人。各级党政领导人大代表都是从上而下层层任命,所以只是仰承、投靠上级,不对下级和人民负责,并且形成特殊利益集团。实际上从20世纪30年代起,苏联共产党就自我培植了一个党、政、军高薪特权官僚集团,仅从工资待遇来看,最高工资与最低工资在20世纪20年代中期大约相差十倍,到30年代中期扩大到三十多倍,50年代中期又增至五十多倍,80年代初期猛增到一百多倍,因此,苏共实际上搞的是"以官为本"。虽然赫鲁晓夫执政时还高喊过"一切为了人,为了人的幸福"。但这种口头上标榜"以人为本",实际上实行"以官为本"的过度集权社会主义、官僚特权社会主义,难以进行治本的自我改革,拖延到1991年,终于被广大人民完全识破,并且被广大人民抛弃了。新中国成立特别是进入社会主义初级阶段以后,中国也在人的问题上犯过严重错误,主要表现为,忽视基本人性、人的需要,只要是与"人"有关的问题而一概视之为资产阶级的东西加以批判,甚至连我们党所一再强调的革命的人道主义都被抛在了一边,结果犯下了使人民内部矛盾上升为敌我矛盾的严重错误。这理所当然地引起了广大人民群众的强烈不满。针对这种严重违背"以人为本"的错误,邓小平同志20世纪90年代初,创造性地提出了社会主义本质论,实际上已从价值目标上把人的全面发展问题放在了重要位置上,因而在科学社会主义理论发展史上具有划时代的意义。江泽民同志更是明确提出,促进人的全面发展,"是马克思主义关于建设社会主义新社会的本质要求。"② 这是对科学社会主义理论的一个重大贡献。进入新

---

① 《马克思恩格斯选集》,第2版,第3卷,第995页,北京,人民出版社,1995年。
② 《江泽民文选》,第1版,第3卷,第294页,北京,人民出版社,2006年。

世纪新阶段，胡锦涛同志所阐述的科学发展观，更加直接、鲜明地提出"以人为本"的口号，要求我们党按照立党为公、执政为民的要求，真正地去尊重人、体贴人、爱护人、关心人、帮助人，努力促进人的全面发展。这就标志着中国共产党把马克思主义关于未来社会"以每个人的全面而自由的发展为基本原则的社会形式"的价值追求已经开始转化为中国特色社会主义发展的应有目标和基本原则。这都体现了中国共产党"执政为民"的本质，因而有着重大意义。

科学发展观的核心或价值标准是以人为本，是人性化的发展，谋求的不是非人化，而是高度的人性化。人的发展是社会全面进步的根本标准，一个社会进行的经济建设、政治建设、文化建设和社会建设的实质，只有上升到人的发展的高度，才有其根本性意义。把人的发展作为社会发展的主要目的，把人类创造的全部都用于发展人类本身，就是马克思所说的"人类全部力量的全面发展成为目的本身。在这里，人不是在某一规定性再生产自己，而是再生产出他的全面性。"① 发展是为了人，是为全体人民。不仅是为今人，也是为了后人。科学发展观不是物本主义发展观。根据以人为本的理念，发展应当是整体的、综合的、全面的发展，包括经济、社会、文化各方面的发展和人自身的发展等。因为人的本质和需要是多方面的，不能把人归结为经济人。发展应以经济建设为中心，因为经济是前提和基础，但上层建筑对人类发展也有十分重要的作用。正如恩格斯所指出的："根据唯物史观，历史过程中的决定性因素归根到底是现实生活的生产和再生产。无论马克思或我都从来没有肯定过比这更多的东西。如果有人在这里加以歪曲，说经济因素是唯一决定性的因素，那么他就是把这个命题变成毫无内容的、抽象的、荒诞无稽的空话。经济状况是基础，但是对历史斗争的进程发生影响并且在许多情况下主要是决定着这一斗争的形式的，还有上层建筑的各种因素。"② 科学发展观不是唯经济主义发展观，是以人为本的发展观，其中心是发展的主题——人。科学发展观对社会主义价值理论的这一新发展，体现了

---

① 《马克思恩格斯全集》，第1版，第46卷（上册），第486页，北京，人民出版社，1979年。
② 《马克思恩格斯选集》，第2版，第4卷，第695—696页，北京，人民出版社，1995年。

人本关怀和文明进步的新思想和新观点。它表明，人的进步，才是人类文明的进步；人的发展，才是人类社会最根本的发展。这对于其他社会主义国家和将来走上社会主义道路的其他国家，尤其是不发达国家，都有可供借鉴之处。

根据以人为本理念，在经济发展中应当自觉构建和谐社会。协调和构建和谐社会的主要手段，不仅要协调人与自然的关系，还要协调城乡关系、区域关系、经济社会发展的关系，协调本国与外国的关系，等等。总之，不断自觉协调人与人的关系。发展与协调是人类应有的两项基本任务。协调有助于发展，发展有利于协调。发展中会自发出现各种矛盾，又需要新的协调。发展有极限，发展有矛盾，发展有风险，发展蕴涵着危机。放弃协调，发展便会走上歧路甚至绝路。科学发展观不是自发发展观。

总之，坚持以人为本，坚持全面发展、协调发展和可持续发展，这是不断解决人类发展中基本矛盾，在发展中避免、克服生存与发展的冲突、人的异化的重要手段。这便是科学发展观的发展之思留给人类文明的一个深刻意义，也是它给我们的一个深刻启示。

作为马克思列宁主义的继承者和发展者，从毛泽东到邓小平、江泽民和胡锦涛，他们所追求的社会主义的价值目标都是完全一致的，这就是要消灭剥削，消除两极分化，最终达到共同富裕。在他们看来，社会主义与资本主义不同的特点就是共同富裕，不搞两极分化。消灭剥削，消除两极分化，最终达到共同富裕，只有社会主义才能做到。消灭剥削，消除两极分化，最终达到共同富裕，在形式上的表现就必须要做到公正、民主、富裕、和谐以及人的自由而全面的发展。只有这种精神才能体现对资本主义文明的超越性特征。只不过在对这种价值目标的追求和奋斗的过程中，他们在不同的历史时期，随着情况的变化，其认识不尽一致。虽然毛泽东也犯了严重错误，甚至有的错误还严重背离了社会主义精神原则，但是他的这种错误毕竟是一个马克思主义者在追求理想的过程中所犯的错误，并不是主观上的错误。这种错误不能掩盖他作为一个为伟大的马克思主义者所具有的光辉。邓小平、江泽民和胡锦涛，他们的伟大贡献就在于既坚持了马克思主义，同时又在新情况下发展了马克思主义，把马克思主义推向了一个新的阶段——当代中国马克思主义阶段。

五、社会主义精神：社会主义市场经济的呼唤

社会主义在经济文化比较落后的国家取得胜利后，怎样进行社会主义文明建设，这是马克思主义经典作家从来没有解决的一个问题。列宁在十月社会主义革命胜利后，实行了新经济政策，开创了在经济文化比较落后的国家如何建设社会主义文明的先例。可是，列宁这些好的政策由于斯大林的极左思想而中止了。以毛泽东为代表的中国共产党人也积极地探索一条适合中国特色社会主义的文明建设之路，并取得了一定的成效和经验，但是这些好的经验也随着后来的"左"的思潮而流产了。十一届三中全会以后，邓小平在改革开放的伟大实践中突破了把计划经济和市场经济对立起来的传统观点，在中国建立了社会主义市场经济体制。实践证明，这是一条行之有效的强国富民之路，是一条走向富强、民主、文明与和谐的社会主义文明之路。

但是，我们也应该看到，市场经济虽然不与特定的社会制度相联系，但这支"无形的手"也有它的弊端。如果对市场取向的趋利性缺乏全面正确的认识，就会导致某种盲目性和局限性，使唯利主义倾向呈盛行之势。不能不看到，中国在改革开放后建设社会主义市场经济过程中同样遇到了当前资本主义所面临的种种问题，从某种意义上说，我们现在所面临的问题就是资本主义生产方式扩张的结果，特别是在全球化浪潮中这种影响和反应存在着加剧的趋势。

具体地说，从我国现阶段的情况来看，新旧体制的交替尚未完成，市场发育尚未成熟，社会分配不公正问题比较突出，有关法律、法规和管理一时难以健全。这种情况，容易导致一些人在突破重义轻利的传统观念、把功利价值摆到重要位置的同时，走向另一极端，轻而信奉西方资产阶级的某种功利主义观点，在价值选择上陷入唯利主义的误区。这种功利主义把功利作为唯一的价值选择，否认和排斥一切精神价值，特别是社会主义精神价值。作为一种极端的功利主义，唯利主义主要以利欲的恶性膨胀和对物质财富的狂热追逐为特征。市场经济，当然要讲功利，但是，一旦把功利放在了不恰当的位置上，就会造成价值判断失误，社会行为失范。

1. 市场经济条件下社会行为失范

在当前社会主义市场经济条件下，社会行为失范主要表现在以下几个方面：

第一，在道义和功利的关系问题上，惟利是图，见利忘义，把获取金钱作为唯一目标。市场经济中，唯利主义者，个个都是典型的拜金主义者。他们把市场经济当成单纯的赚钱经济、发财经济，以是否值钱、值多少钱作为衡量一切事物的价值标准，认为只要能赚到钱，怎么干都不为过，其行为既不受道德良心的内在约束，也不顾法纪规章的外在强制，达到了利令智昏的地步。为了得到钱财，有些人弄虚作假、坑蒙拐骗、欺行霸市、贪污盗窃、索贿受贿乃至抢劫杀人，一些曾经绝迹的现象，在不少地方死灰复燃。有些人一旦拥有了大量金钱，便大肆挥霍，纵情享乐，沉溺于灯红酒绿而不能自拔，并以此显示自己的价值。拜金主义的蔓延，使某些文化行业也受到了影响，危害人们身心健康的文化垃圾被大量地制造出来，以至有的人提出了"我们正在是什么"的问题，并发出"拯救精神"的呼吁。

第二，在整体和个体的关系方面，损公肥私，以权谋私，把个人利益至上奉为人生信条。唯利主义的另一种重要表现，是个人利益至上，把个体价值、个人利益突出和强调到高于一切的程度，从而导致极端个人主义。极端个人主义是一种剥削阶级的腐朽观念，它不能和个人利益混为一谈，其实质是利己主义，其核心是将个人利益摆在集体利益之上，使个人同社会对立起来。现在某些人只注重个人利益，甚至为了获得一己之私利，不惜牺牲国家和人民的共同利益。如一些人偷税漏税、滥用自然资源、出售国家机密等，都直接损害了国家和人民之公利。在公私问题上，一些国家公职人员，却对群众的疾苦漠不关心，醉心于功名利禄，以权谋私，假公济私，化公为私，干出坑害国家和人民的事情，导致腐败现象蔓延。这些人实际上把自身利益作为特殊利益来追求和维护，把人民授予的权力变为与民争利的工具。

第三，在人与人关系方面，损人利己，恶性竞争，使自身利益和他人利益尖锐对立。唯利主义将个人利益视为最高利益，主要表现为以自我为中心，将他人利益置之度外，甚至瓦解人们之间的正常关系，造成损人利己、尔虞我诈的状况。在人际关系方面，只讲交易，不顾情谊；

只讲计较，不求友好；只顾赚钱，不重仁义。在唯利主义观念支配之下，善良诚实、谦让守信、助人为乐、见义勇为等美德受到冷落和嘲讽。

第四，在长远利益和眼前利益关系方面，急功近利，竭泽而渔，为了一时的发展不惜牺牲长远利益。唯利主义将功利作为唯一的价值取向，表现为热衷于谋取眼前利益，以急功近利的态度对待有关事物，导致诸多不正常的市场行为，如产品质量低劣，粗制滥造；工程质量低劣，事故频发。也导致某些不合理的政府行为，表现在某些领导者只重立竿见影的近期效应，忽视中期和长期效应等。对眼前利益的追求，还表现在对自然资源的肆意开发和过度利用，从而导致滥采、滥伐、滥垦、滥牧现象普遍存在，大片森林被砍划，水土严重流失，生物的多样性遭到破坏。这些短期行为极大地影响了对自然资源的永续利用，影响了国民经济乃至整个社会的长远发展。

我国社会主义市场经济中存在的这些大量现象，决不是社会主义制度本身的产物，也决不是社会主义精神本身的价值体现。这是因为在社会主义现代化建设的过程中，由于我们向社会主义市场经济体制转变必然会引起社会生活的许多重大变动，而体制、法律、政策、管理的完善需要一个较长的过程；由于社会主义在世界范围内出现严重曲折，而发达资本主义国家经济、科技占优势的压力和西方意识形态的渗透将长期存在；由于封建社会、半封建半殖民地社会遗留的腐朽思想和小生产习惯势力仍有相当影响；由于我们的科技教育文化比较落后，地区经济文化发展很不平衡，社会主义精神文明建设、中国特色社会主义文化建设的任务必然是长期的和艰巨的。这些都决定了我们在社会主义市场经济中不可避免地会出现这些现象。这些现象的出现，再次向我们敲响了警钟：只有大力弘扬社会主义精神，才能克服市场经济中的这些弊端。

2. 重振社会主义精神的路径依赖

中国是社会主义国家，中国有五千年的文化。中国的社会主义建设，形成了社会主义精神，也继承了我国的优秀文化传统。在继承传统的基础上，我们需要倡导一种有别于当代资本主义的中国特色的社会主义精神。这种社会主义精神，来源于马克思主义等经典作家，同时又在新的历史条件下使马克思主义经典作家的社会主义精神得到新发展。邓小平同志在改革开放初期所倡导的爱国、理想、富裕、创业等许多观念，就是这种中国特色的社会主义精神的重要组成部分。今天市场经济对社会主义精神的呼唤，就是这种建立在马克思主义社会主义精神之上的并且富有时代特色的社会主义精神。这种社会主义精神的内涵应该是：

第一，义和利的统一。义利并举本来是早期儒教的一个基本精神，后人曲解，"重义轻利"，成为传统文化影响最深的几个观点之一。其实，义者，利也，义利在客观上是统一的。我们搞社会主义市场经济，如果只讲义，不讲利，社会就不能发展，义也成为一句空话。传统的理论认为，公有制企业，不以赢利为目的，而是为人民服务。于是"大锅饭"、"太平饭"盛行。这实际上是把企业扭曲为一个福利机构，从而束缚了生产力的发展。资本主义追求利润，这是经济规律所驱动的。马克思曾说过，在文化状态中，每个人都是商人，而社会则是商业社会。恩格斯也说过，商业是一种合法的欺诈。一切关系都用商业术语，经济概念来表现。于是拜金主义发展起来了。连马克思时代的论证资本主义精神的马克思·韦伯也主张要反对损人利己的物欲主义，认为这是人类精神僵化的表现，是束缚西方精神的"铁笼"。我们建立社会主义市场经济体制，按经济规律办事，当然要提倡利，这是普遍原则。但是我们不能认同西方的资本主义精神，所谓"当今社会金钱是无坚不摧的武器，商人是无战不胜的军队"等等，我们不能接受。我们提倡中国特色的社会主义精神，应该主张义利统一。义，首先是社会主义、共产主义。邓小平同志曾倡导让大公无私的共产主义精神在新的历史时期发扬光大，又说革命是在物质利益的基础上产生的，如果只讲牺牲精神，不讲物质利益，那就是唯心论。也可以说，义利统一，就是精神文明和物质文明的结合。

第二，富裕与奉献的统一。贫穷不是社会主义，一部分人先富裕起来，进而达到共同富裕，这是中国特色社会主义文明建设的追求和目标。应当倡导勤劳致富，合法致富。同时要倡导奉献精神，先富帮后富，走共同富裕的道路。富裕起来要照章纳税，关心社会公益事业。"存天理、灭人欲"的封建主义道德观应当否定，以个人物欲为基础的资产阶级道德观也不宜提倡。如果光讲奉献，不讲富裕，这是传统社会主义的价值观；光讲富裕，为富不仁，则是资产阶级的价值观。总之，要树立一种正确的富裕观、财富观。

第三，服务与竞争的统一。我们一贯倡导为人民服务，这是完全正确的。在我们的社会里，人人都是服务对象，人人又为他人服务。社会对人的关心、社会的安宁和人们之间关系的和谐，同处于不同岗位的人们的服务态度、服务质量是分不开的。也就是说，提倡服务，是由我们的社会性质决定的。同时，也要考虑，市场经济是竞争经济，这是市场经济的根本特征。列宁曾说过，竞争在相当广阔的范围内培植进取心、毅力和大胆开创精神。所以，我们也要改变原来把竞争和资本主义私有制完全联系在一起的看法，应当提倡竞争，应该用有情的服务参与无情的竞争。通过竞争来达到更好地为人民服务的目的。我们要用法制来克服竞争中的以权谋私、贪污受贿、权钱交易以及其它各种欺诈现象等。

第四，处理好团结与竞争的关系。竞争与团结的统一，对一个国家和一个民族至关重要。新中国成立之初，百废待兴，讲团结是对的；现在搞市场经济，就应当提倡竞争。我们的社会主义市场经济，在这个问题上，需要正确处理好中央与地方两个积极性，掌握好国家、企业和个人三者的利益分配。中央建立宏观调控机制，逐步解决中央和地方，发达地区和不发达地区，先富和后富等问题。除了行政的、法律的、经济的手段以外，还应当提倡文化的道德的手段，实现心理平衡，达到团结与竞争的统一。中国传统文化，强调"和谐"，"和为贵"，"全国一盘棋"，"顾全大局"等等，应该继续提倡，而传统文化中缺少的竞争意识，则应在同西方经济文化交往中，吸收其有益成分，为我所用。

第五，自强与自律的统一。我们不仅面临着市场经济的挑战，而且还面临着国际政治经济的新挑战。在这种情况下，我们只能靠中国人民的自强不息精神，参与竞争，敢于拼搏，去争取胜利。我们要具备世界意识，胸怀世界，放眼未来，实现我们的战略目标。同时我们应该大力提倡自律，奉公守法，遵守社会道德准则。

六、防范风险应对危机

有人说，利用资本主义，建设社会主义，就必须实事求是地承认，现代社会主义社会内部也有资本主义的存在与发展，我们目前所处的世界历史时代，实际就是社会主义与资本主义相结合的新时代。[①] 资本主义

---

① 王占阳：论社会主义与资本主义相结合的四种形式，人民网（理论），2007年6月21日。

既有历史进步性，又有历史反动性。资本主义往往在伴随它的历史进步性的同时，它的历史反对性也就暴露无遗。所以，在利用资本主义建设中国特色社会主义文明的实践中，就必须高度防止资本主义给我们带来的风险和危机。

1. 防止在经济全球化过程中，资本主义对中国特色社会主义造成的经济风险和金融危机

2008年，由美国引发的全球金融风暴，本质上就是美国模式自由市场经济治理思想的严重危机，"是资本主义一种特殊制度形式的产物，也是资本主义的新自由主义形式作用的结果。"① 从根本上说，这场金融风暴，就是资本主义基本矛盾的产物。

进入新世纪新阶段的中国特色社会主义建设，被卷进了这场特大的金融风暴，原因何在？这是因为，"中国进入改革开放时代，正与发达资本主义国家随着新技术革命和经济全球化进入高涨阶段的长周期相适应。此时中国经济建设为适应社会主义初级阶段的要求，实行了允许私有制经济和市场经济的发展政策，使资本主义因素得以在社会主义条件和框架下，大量生长起来，形成了有中国特色的社会主义市场经济模式。"② 同时，中国加速对外开放，逐渐主动地融入经济全球化的潮流。这一方面为中国经济的迅速发展创造了条件，另一方面，使中国经济逐步卷入资本主义发达国家主导的市场经济的轨道，受到资本主义市场经济矛盾的影响越来越大。

在社会主义初级阶段，中国一方面允许用市场经济和私有制经济发展来推动社会生产力的发展；另一方面，更要防范更深地陷入资本主义社会经济规律作用消极后果的泥淖。中国要自主地掌握对外开放的广度和深度，摆脱资本主义世界经济周期的陷阱，其根本之道就是必须高举中国特色社会主义旗帜，坚持走中国特色社会主义道路，坚决反对新自由主义的模式，反对金融自由化和贸易自由化。"在所有制上，必须坚持公有制为主体和多种所有制经济共同发展；在改革方向上，坚持在国家

---

① ［美］大卫·科慈：新自由主义之果——金融危机笼罩美国，李潇潇译，中国社会科学院报，2008年10月16日。

② 刘国光："中国为什么会被卷入本轮经济危机"，《浙江经济》，2009年，第9期。

宏观计划导向下，实行市场取向的改革；在分配制度上，坚持按劳分配为主，同时更加重视社会公平。在经济安全问题上，对待外资和私营经济，如果只讲平等准入，不讲经济安全，甚至不惜以牺牲国家利益为代价来发展私营经济和引进外资企业，就会导致国有资产的大量流失和国有经济的萎缩。中国特色社会主义特别应该防范的是，公有制的主体地位绝对不能只停留在口头上和文件上，而没有落实在行动上。"① 如果那样，所谓巩固和完善社会主义经济制度，或者完善社会主义初级阶段基本经济制度，防范经济风险和金融危机就变成了一句空话。这是非常危险的。

总之，中国特色社会主义必须用社会主义的基本原则反对资本主义的私有化、市场化、自由化等，把资本主义社会经济规律的作用限制在一定范围内和限制在一定程度上。只有这样，中国特色社会主义才能在资本主义世界的周期性经济危机中永葆活力。

2. 防止市场经济条件下发生的严重的贫富分化

两极分化是马克思在《资本论》中阐述资本主义积累的一般规律所制约着的一种社会现象，即一极是财富的积累，一极是贫困的积累。应当看到，中国特色社会主义在处理和资本主义的关系时，一个重要的方面就是利用资本主义、建设社会主义。利用资本主义建设社会主义，不仅是指利用了资本主义的科学技术、管理经验，更为重要的是利用了资本主义的某些制度和体制等。特别是市场经济，虽然不能简单地说它是资本主义所特有的东西，但成熟的市场经济是资本主义在几百年的发展过程中形成的制度成果，则是毫无疑义的。马克思批判资本主义，就是批判资本主义市场经济给工人阶级带来的贫穷和灾难。

改革开放以来，在强调经济效率、鼓励竞争，促进生产力发展、增加社会财富方面，市场经济确实发挥了巨大的作用。但是，过分强调用经济效率调动竞争、鼓励进取，却带来了双重的社会效应：效率的提高和不平等的加剧。在公平的竞争中，虽然人们在利用市场机制、价值规律的机会方面是均等的，竞争的结果却是不平等的。从整个社会发展和社会管理的角度来考察问题，这种后果一开始只是表现为收入和经济状

---

① 刘国光："中国为什么会被卷入本轮经济危机"，《浙江经济》，2009年，第9期。

况上的差别,继而表现为贫富程度的加深,最后则表现为严重的两极分化。换言之,今天用市场经济鼓励人们对利益和财富的追求,这和以资本个体占有为价值本位的资本主义社会是有共同之处的。

什么是社会主义精神?如前所论,社会主义精神应该是以社会的整体发展作为自己的价值本位。这是相对于以资本的个体占有为本质特征的资本主义来讲的。它是在对资本主义给人类文明带来的贫富差别和不和谐现象的批判中以及对资本主义的扬弃中,并以理论、运动和制度形态所体现出来的对资本主义的超越、对理想社会的探索和对人类文明的追求。社会主义精神就是追求和谐,而最能体现社会主义精神对和谐追求的先决条件就是共同富裕。在当代中国,如果始终存在着基于社会权力、社会资源的占有和分配所形成的社会地位以及富裕程度之间的不平等,那么,社会各阶层之间的贫富两极分化和不协调现象也就始终存在着。社会各阶层之间的贫富两极分化和不协调是引发各种社会矛盾和社会冲突的社会基础,和今天构建和谐社会是极不相符的。因此,建设中国特色社会主义文明,中国共产党及其领导的人民就要牢记中国特色社会主义的本质属性和价值目标是实现共同富裕,维护社会公平,实现社会和谐。

应该看到,目前收入分配领域存在着不小的问题,如城乡之间、地区之间、行业之间的收入差距仍在扩大,一些行业收入水平过高,分配秩序还没有完全理顺等。根据2009年权威机关公布的数据,现在我国贫富悬殊的距离由改革开放初期的4.5:1扩大到12.66:1。城乡居民收入从1998年的2.52:1扩大到2008年的3.31:1。中西部收入差距也不断扩大。虽然我国的收入差距拉大问题是在居民收入普遍得到提高的前提下出现的,但收入差距持续扩大,就会给社会的长期稳定和经济的持续发展带来隐患。因此,中国共产党及其领导的中国人民坚持走中国特色社会主义道路,在理论上就要坚决反对"新自由主义"的完全自由的市场模式,防止市场经济条件下的严重的两极分化,坚决维护社会公平与正义;在实践上,应采取积极措施,制定有效政策,遏制和逐步缩小收入差距。中央政策要从防止两极分化,变为解决两极分化。这是中国特色社会主义坚持社会主义改革方向和道路的基本依据,也是中国共产党执政合法性的最基本的依据。如果两极分化继续严重,就意味着社会主义的失败，而只有共同富裕，才是社会主义改革的目的，才是社会主义的题中之意。我们不能走西方资本主义的老路，两极分化不是社会主义。主张两极分化，是严重违背社会主义的价值原则和价值理念，绝不符合中国国情。

第四章　社会主义精神的价值引导与人类文明的新定位

在 21 世纪之初，人类文明的走向问题又重新成为人们的热门话题，说是"重新"，是因为这个问题在 20 世纪曾因斯宾格勒（O. SPENGLER）和汤因比（A. J. TOYNBEE）等人的工作和努力而一度引起过不小的热潮。时间过去了半个多世纪，旧话重提，却是从当代人类生存和发展的迫切问题而引发出来的，所以带有"终极关怀"的意味，不过，和当年比起来，学理性已相当淡化。如果说，当年的思想家和文明论家的探讨，纯历史哲学的元问题占主要方面的话，那么，今天，人们对人类文明问题的探求重要的是放在实践操作的层面上，即如何解决当今人类所面临的全球性的文明困境问题。今天，经济全球化已是一个不争的事实，它的历史进程、现实状态和发展趋势，都和人类文明的历史命运如影随形，有着非常紧密地联系，以至人们认为我们实际上已进入了一个"新全球化时代"。"经济全球化"是资本主义生产方式在全球扩张的结果，但是又是人类文明不可逾越的阶段，使整个人类文明的生存空间得以极大拓展；"经济全球化"既使人类文明的生存空间大大拓展，引起人类文明发展规律的重大变化，同时又使资本主义文明固有的矛盾逐步深化，并为新的文明转型开辟了广阔的空间。应该承认，各国文明的多样性是人类社会的基本特征，是人类文明进步的动力；应该承认资本主义文明（包括物质文明、政治文明、精神文明和社会文明等）有一定的历史进步性，但是，资本主义文明绝不是人类文明的"终结"。在经济全球化的历史进程中，用什么样的精神才能克服人类文明所面临的困境？是资本主义精神还是社会主义精神。这两种精神究竟哪一种才是最科学、最经得起实践和时代考验的，这不能不是所有关心人类文明命运的人最值得深思的一个重大问题。

第一节 文明要以社会进步为天平

人类文明与社会进步紧紧联在一起,文明是社会进步的产物和标志,文明也推动着社会向前发展。

马克思曾指出,进步这个概念绝不能在通常的抽象意义上去理解,应赋予它以具体的历史的含义。社会进步的概念,作为对社会演化和发展状况的概括和评价,总是通过社会不同领域、不同方面的发展水平具体体现出来的。

一、社会进步观概观

如果将文明的视镜往后拉,我们可以看出,人类社会在其发展的过程中,进步的观念曾经经历了一个曲折发展的过程,并先后出现了几种进步观。

1. 基督教神学进步观

中世纪是欧洲两千多年社会史中最黑暗的历史时期,跨越千年。由于当时占统治地位的是基督教神学,因此这个时期的社会进步观无不打上神学的烙印。

基督教神学进步观的典型代表人物是托马斯·阿奎那和奥古斯丁。托马斯·阿奎那被公认是中世纪基督教神学最大的代表人物。他的学说被奉为教会的权威,享有至高无上的地位,影响十分久远。

托马斯·阿奎那社会基本观的核心就是上帝主宰一切。因此,他主张尘世生活依附于天堂的精神生活,政治依附于宗教,国家依附于教会,皇权依附于教权。他的全部神学说都是为了维护封建统治的旧秩序。托马斯·阿奎那吸收了亚里斯多德的社会进步思想,但对它进行了神学的改造,使之变成教会统治和欺压人的理论工具。

在社会起源问题上,托马斯·阿奎那接受了柏拉图和亚里斯多德的社会起源理论,认为,社会与国家起源于人类的本性和共同利益;在法律和道德的关系上,他认为,法律可以规定人们的道德规范,法律是行为的准则,是支配宇宙秩序和社会控制的工具,属于理性范畴。但阿奎那又认为，人法的实施是通过人们恐惧惩罚的心理实现的，人法只能控制人的外在行为，而神法则可以判断和驾驭人的"意志的内心活动"。所以，人们的行为动机是否符合道德只能由神法来支配，而遵守法律就是遵守道德。

托马斯·阿奎那注意到了世俗的幸福。他认为，尘世间的幸福生活表现在两个方面：一是它必须引导人们将来在天堂中享受幸福生活，这是幸福的最主要的标志；二是它必须保证人们取得自己的利益。为了防止出现破坏人们幸福的因素，统治者必须注意：第一，要选拔德才兼备者作君主的接班人；第二，要奖惩分明，实行严格的法治；第三，要发展军备，防止外敌入侵；第四，要关心社会发展，提高社会福利。他认为，只要做到这几点，就可以实现社会幸福。阿奎那的所谓"幸福"带有神学意味，他所谓的社会生活最高目的也只是实现享受上帝的快乐，但在中世纪神学一统天下的历史时期，以阿奎那的特定身份，在神学说教的前提下能对社会发展作出这样的观点实属不易。

奥古斯丁也有过在神学前提上的社会进步观。他的社会进步观主要基于这样一个信念：每一个社会事实上都是一种价值共同体，理想的国家是上帝创造的国家。在这个国家中，一切都与教会教义相一致，所有的人都要遵守上帝制定的自然秩序。奴隶要高兴地服侍主人，主人心安理得地奴役仆人。这样，社会就能实现公道，消灭一切暴力和罪恶。很显然，奥古斯丁的社会进步观在政治上完全反映了罗马奴隶主的利益，是奴隶主的统治工具。奥古斯丁的社会进步观尽管充满神学精神，为基督教进行辩护，但他又提出过把人类社会划分为婴儿期、儿童期、青年期、成年期、壮年期、拯救期、终结期等7个不同历史时期的观点，其线性进展的思想不仅影响到整个中世纪，而且影响到了整个西方社会发展思想。

2. 近代理性主义进步观

真正确立社会进步观的是近代以来的思想产物。

从18世纪末末期开始一致整个19世纪，进步观念在西方历史哲学中起着决定性的作用。18世纪的启蒙思想家大多数都对历史进步抱着极为乐观的信仰。他们高举"理性"的旗帜，把"理性"作为裁决一切的唯一权威。他们崇拜理性，以"理性"取代"神性"。理性主义思维方法成为主宰学术研究的基本方法。牛顿力学是理性主义科学研究的最高成果，是科学研究的典范。实证科学的形象是科学的唯一形象。为此，启蒙时代及其后的思想家们所追求的目标是把实证科学的方法用于社会领域。孔多塞所著的《人类理智进步的历史概观》一书就是这方面的代表。他认为，个人具有从简单的感觉一直发展到复杂观念的能力，整个人类理性的发展也同个人一样，"人类理智的进步服从于个人认识能力的发展中可以观察到的相同的一般规律。"① 按照这一规律，人类理性不仅在过去的历史上表现为不断的进步，而且只要人类存在，这种进步还将无限地继续下去。孔多塞说："自然科学可信性的唯一基础是这样一种思想，即决定宇宙万物的普遍法则是必然的和不变的，不管人们是否认识它们。为什么这个原则对于人类才智和道德力量的发展不如对自然界的其它进程有效呢？难道这是应该的吗？"② 理性主义者根据理性原则，把自然科学的研究方法用于研究社会问题，得出如下重要思想：

第一，社会的发展就是理性的进步。孔德把社会的发展、理性的进步、知识的进化等同起来。他认为，在社会发展的不同阶段上，一定社会居于主导地位的认识水平或类型决定了社会发展的类型，社会结构的变化取决于人们认识事物的水平和方式。这也就是说，社会形态的发展取决于知识类型的变化。在他看来，人类的理性发展经历了神学的、形而上学的和科学的或实证的三个阶段。因此，人类社会的发展也相应地经历了三个阶段。由于社会的发展是理性的进步，所以人们首先要做的必须摧毁阻碍科学发展和人类进步的迷信和偏见。启蒙思想家的任务就是要"穷追一切偏见，直至教士、学派、政府和传统协作允许它们避难并保护它们生存的藏身洞。"③ 其次，把社会的发展归结为理性的进步就意味着人类社会是单线进化的。这种进化和发展的典型形态和最高成就是欧洲的工业文明。在理性主义发展观的支持者看来，任何社会都要经过若干的发展阶段，从原始社会开始逐步走向或接近于欧洲的工业文明。

---

① 孔多塞：《人类理智进步的历史概观》，伦敦，1955 年英译本，第 4 页。转引自赵家祥、丰子义《马克思东方社会理论的历史考察和当代意义》，第 1 版，第 86 页，北京，高等教育出版社，2002 年。
② 孔多塞：《人类理性进步的历史概观》，第 1 版，第 345 页，法兰克福，1963 年。
③ 孔多塞：《人类理性进步的历史概观》，第 1 版，第 275 页，法兰克福，1963 年。

科学家的任务就是要阐述人类社会的这一宏观发展现象，也就是要发现人类社会的不断发展经历了哪些必要环节，发现人类如何从类人猿走向工业文明。

第二，把社会看作一个有机体，用生物有机体理论等来说明社会，揭示社会发展的动力问题。孔德认为，社会不是个人之间契约的产物，而是靠某种"总精神"来维系的有机整体。斯宾塞认为，社会是作为有机系统而不断进化和发展的，是一种物质的自然进化。社会的进化和生物有机体的进化一样，都是为了适应新的环境而引起的整体的功能分化和结构分化。由此而分化出的各个相异部分相互依赖、相互协调，并引起社会的整合和发展。

第三，把社会的发展归结为理性的进步就意味着人类社会是单线进化的。这种进化和发展的典型形态和最高成就是欧洲的工业文明。在理性主义发展观的支持者看来，任何社会都要经过若干的发展阶段，从原始社会开始逐步走向或接近于欧洲的工业文明。科学家的任务就是要阐述人类社会的这一宏观发展现象，也就是要发现人类社会的不断发展经历了哪些必要环节，发现人类如何从类人猿走向工业文明。理性主义的单线发展论在实践上是与欧洲中心主义密切相关，是西方殖民主义的理论基础。美国社会学家罗伯逊十分公正地指出，"种族中心主义认为，一切人类社会都沿着单线发展，走向尽善尽美的西方文明，这一信念提供了一种使殖民者的政治和经济利益合法化的意识形态。"[①]

第四，在对未来的看法上，他们强调科学技术在社会中的重要地位。理性主义突出强调知识的地位和作用的思想在现代的未来学的思想家那里进一步表现出来。卡恩认为，人类社会正处在工业社会向后工业社会过渡的时期，目前占统治地位的一些全球问题可以通过科学技术的发展来解决。

崇拜理性，倡导以理性的方法来解决社会生活问题的文化传统极大地推动了西方工业文明的发展。但是，当人们把理性的方法作为解决社会生活问题的唯一方法，把理性的尺度作为社会进步的唯一尺度，那么这必然会碰到一些难以克服的困难。这是因为，用自然科学方法研究社

---

① ［美］罗伯逊：《社会学》（下册），第 1 版，第 810 页，北京，商务印书馆，1991 年。

会现象把对社会的研究推进到一个崭新的水平,它为社会科学的发展提供了重要的方法。但是,社会现象毕竟不同于自然现象,用实证科学的方法研究社会现象会使人们把注意力集中于可观察和可检验的现象上,而许多富有意义和价值的主观世界往往会因为缺乏可观察和可检验的特性而被排除在科学研究的大门之外。

它所造成的直接后果是真理与价值的二元分裂。作为理性主义发展观的必然产物的单线论和社会未来的"至善论"在两次世界大战之后受到越来越多的人的指责,即使某些沿着理性主义传统探讨发展问题的思想家也对狭隘的单线发展论持怀疑和否定态度。单线论的理性主义进步观的产生与发展是与他们对进步本身的错误理解分不开的。他们把进步仅仅理解为经济和科学技术的发展,而不包括人类自身价值的提高。在他们看来,科学技术的发展必须依赖于理性的发展,因而社会的发展实际上被归因于某种精神的力量。特别是,用生物有机体与人类社会相类比而获得的社会有机体理论去说明社会进步具有很大的理论困难:一是生物有机体的运动和社会运动分别属于两种不同的运动形式。把两种不同的运动形式等同起来,用一种运动形式来解释另一种运动形式即使在自然科学内部也是不常见的。正如不能用物理运动的规律来全面说明化学运动一样,我们也不能用自然现象来全面解释社会现象。以生物进化规律来说明社会发展的社会达尔文主义是一种还原论。二是,即使人们用生物进化规律来说明社会现象,但它仅可以较为圆满地说明社会的均衡,却难以说明社会的发展。三是,用生物有机体的进化来说明社会的发展必然陷入单线论。由于进化理论无法解释社会发展的现实动力,无法说明社会从一个阶段发展到另一个阶段的内在根据,他们只能求助于"文化传播",通过文化传播,处于较原始阶段的社会便发展到较高水平的阶段。

对于他们来说,西方是现代文明的代表,社会的发展就是要把西方文明传播到全世界,即用西方文化改造世界文化。这就根本忽视了文化发展多样性的特性。四是,用生物有机体理论也无法说明由社会交往而产生的社会进化问题。事实也充分证明,启蒙学派要求建立理性的国家、理性的社会,要求彻底铲除一切与永恒理性相矛盾的东西,已经被法国大革命所建立的"理性王国"所粉碎。这个资产阶级的理想化的王国,不管它比以往旧制度如何合理，但决不是绝对合乎理性的。"同启蒙学者的华美诺言比起来，由'理性的胜利'建立起来的社会制度和政治制度竟是一幅令人极度失望的讽刺画。"① 这种失望情绪不能不影响到人们对社会进步的看法。在资产阶级建立起自己的统治之后，特别是在资本主义制度的内部矛盾日益暴露和尖锐化，出现深刻的社会危机之后，原有的社会进步观念越来越遭到人们的怀疑和反对。

3. 马克思主义进步观

著名学者赵家祥、丰子义教授说，"与对历史上的怀疑主义、悲观主义相反，马克思始终对历史的发展与人类的前途充满了希望和信心。但是，马克思的乐观主义绝不是一种盲目信仰和善良追求，而是以对历史的发展规律的深刻理解为基础的。马克思在历史进步观上的重要变革，首要的一点就在于正确地解决了历史进步的标准问题。"② 马克思的历史进步的标准，就是社会全面发展标准，或者说是文明全面进步标准。

马克思说，社会进步可以有多种标准，但从根本上来说，社会进步的标准不应当到人的精神领域如理性、知识等等中去找，而应当到决定整个社会生活的物质基础即经济领域中去寻找。由于生产力是社会发展的基础和最终决定力量，"各种经济时代的区别，不在于生产什么，而在于怎样生产，用什么劳动资料生产。"③ 他还说："手推磨产生的是封建主为首的社会，蒸汽磨产生的是工业资本家为首的社会。"④ 恩格斯在《家庭、私有制和国家的起源》这部文献中，根据摩尔根的资料，也以生产力为标准，把人类史前史的发展阶段划分为蒙昧时代、野蛮时代、文明时代。可见，何等水平的劳动，用何种劳动资料、作用于何种劳动对象，这是衡量社会发展的尺度。离开了这一尺度，不仅不能评价社会的发展水平，也不能确切地划分开社会发展的不同历史阶段。看一个民族、看一个国家的社会发展水平，主要是看其生产力发展的状况。在这里，马克思和恩格斯把社会生产力看作是社会发展的"指示器"，是划分不同历

---

① 《马克思恩格斯选集》，第2版，第3卷，第723页，北京，人民出版社，1995年。
② 赵家祥、丰子义：《马克思东方社会理论的历史考察和当代意义》，第1版，第87—88页，北京，高等教育出版社，2002年。
③ 《马克思恩格斯全集》，第2版，第44卷，第210页，北京，人民出版社，2001年。
④ 《马克思恩格斯选集》，第2版，第1卷，第142页，北京，人民出版社，1995年。

史阶段的依据。

马克思还认为,社会进步不仅仅是生产力的发展,而且应该是社会的全面发展,或者说是文明的全面进步,特别是要最后落实到人的自由全面的发展、人是社会进步的最高目的这一点上。这是因为,社会进步作为追求着自由的人对社会整体的进化与创新所作的肯定性判断,与人追求价值理想的特征密不可分。社会进步所立足的实然状态与天然世界的自在状态不同,它不仅只是作为一个客观现实的事实与事件而存在着,而且也是作为一个效用世界、意义世界与价值世界而存在着;这一实然状态既包含着客观世界的内在本质与运动规律,又包含着主体属性与属人的应然本质,体现着与人内在相关的价值评价色彩。也就是说,马克思主义进步观把社会进步与人的活动、人的自由、人的解放紧密联系起来,把社会进步的持久源泉归结为人的活动的展开,把社会进步的一般状态规定为人的自由的获得,把社会进步的理想目标限定为人的自由全面发展的实现,由此就突出了社会进步问题上的主体性与属人性。正因为如此,"马克思终身批判的对象就是束缚生产力发展的私有制以及其他不合理的社会关系与社会制度,终身追求的目标就是消除社会对抗、能够实现社会和谐发展的共产主义。因为在这样的'联合体'内,不仅消除了劳动者与劳动条件的分离,而且消除了阶级对立,使每个人的自由发展成为一切人的自由发展的条件。也正因为社会进步必须进行综合衡量,所以马克思在谈到当时的印度社会时,认为它没有什么进步可言。"① 因为"从遥远的古代直到19世纪最初10年,无论印度过去在政治上变化多么大,它的社会状况却始终没有改变";② "印度社会根本没有历史"。③ 这种无"历史"的社会毋宁说是一种"野蛮的"、"未开化的"社会,而没有资格称之为"文明"的社会。因此,马克思所讲的社会进步是社会全面发展式的进步。

马克思主义社会全面进步观的提出,实现了社会理想论发展史上的一场革命。它既批判了把资本主义文明当作人类发展"至善"的资产阶

---

① 赵家祥、丰子义:《马克思东方社会理论的历史考察和当代意义》,第1版,第88页,北京,高等教育出版社,2002年。
② 《马克思恩格斯选集》,第2版,第1卷,第763页,北京,人民出版社,1995年。
③ 《马克思恩格斯选集》,第2版,第1卷,第767页,北京,人民出版社,1995年。

级观点,又指出留恋那种"原始的丰富"的浪漫主义观点,"是可笑的",① 没有超出与资产阶级观点的对立。无疑,马克思主义的社会全面进步观,是科学的社会理想论。如果说,社会全面进步一直以来都是社会主义运动的旗帜,那么,在马克思主义赋予了这一精神和理想以科学含义后,我们更应让这面旗帜高高飘扬,让它的社会主义精神继续发扬光大。

马克思的社会进步观还表现在它是一种辩证的进步观,它是一种从历史发展的前进性和曲折性的统一中来理解社会进步的。这涉及到马克思的社会进步观是否是直线进步观。"在这个问题上,马克思从来没有把进步理解为一帆风顺的直线上升运动,而是承认在总的人类前进运动中有时也包含着停滞、倒退、甚至循环发展的因素。"② 以 1848 年革命为例,马克思分析道,1789 年法国大革命之中,立宪派的统治之后是吉伦特派的统治,吉伦特派的统治之后是雅各宾派的统治,革命是沿着上升路线进行的。但是,1848 年革命的情形正好相反,它是沿着下降路线发展的:"二月革命的最后堡垒还没有拆除,第一个革命政权还没有建立,革命就已经这样开起倒车来了。"③ 甚至在封建专制下的德国,资产阶级在这次革命中也没有起到进步作用,二月革命的硝烟未散,它就爬到了与封建势力相勾结的立场上。所以,西欧在 1848 年革命时期的历史发展很难说是直线进步的。马克思还承认历史发展包含着倒退、迂回曲折的同时,也承认历史发展长期停滞的现象是常有的,像亚细亚社会的发展就是典型的例证,至于某些国家、民族在社会发展过程中经济、政治、文化等方面的非均衡性甚至巨大反差,更是屡见不鲜。

马克思辩证的社会进步观,对于我们认识社会主义文明的历史进程有着巨大意义。任何社会制度从生成到成熟都不是一步到位的。在经济文化比较落后的国家率先创建的社会主义制度,更需要通过一系列相互衔接的发展阶段,以实现自我更新和自我完善。社会主义制度取代资本主义制度,或社会主义文明取代资本主义文明,毕竟是"高层次的社会

---

① 《马克思恩格斯全集》,第 2 版,第 30 卷,第 112 页,北京,人民出版社,1998 年。
② 赵家祥、丰子义:《马克思东方社会理论的历史考察和当代意义》,第 1 版,第 89 页,北京,高等教育出版社,2002 年。
③ 《马克思恩格斯全集》,第 1 版,第 8 卷,第 145—146 页,北京,人民出版社,1961 年。

制度的更迭、高难度的历史课题，更迭期中两者的并存竞争、联系制约、借鉴扬弃的关系，不能不格外错综复杂、微妙。而社会主义制度自身的自我充实、自我提高、自我更新、自我完善，又不能不经历若干既各具特色又内在联系的、依次递升的初级阶段，又不能不时时、事事、处处表现出万事开头难和人们力求知难而进的情况；表现出社会制度的低级阶段往往远比高级阶段复杂，以及面对这种复杂情况，为了因势利导而不得不开拓多种渠道、采取多种形式、运用多种方法、实行多种过渡的情况。"①

二、文明是社会进步的综合尺度

马克思的社会进步观是社会全面进步的进步观，而社会进步又是多方面的，是一个包括经济、政治、文化、社会和生态等各方面的有机体，所以衡量社会进步的标准也是一个包括经济、政治、文化、社会和生态等各方面的有机整体。根据历史唯物主义的基本原理，我们今天应把文明的内在结构划分为物质文明、政治文明、精神文明、社会文明和生态文明等"五维"结构和"五维"视角，因此，衡量社会进步的尺度就是看社会的物质文明、政治文明、精神文明、社会文明和生态文明的进步和开化程度。② 文明的五维结构体系使我们能进一步明确以文明为尺度衡量社会全面发展或全面进步的整体性含义。这是符合社会主义精神要义的。

文明之所以能成为衡量社会发展或社会进步的综合尺度，首先，是因为文明所包含的内容与社会发展和社会进步所反映的状况是一致的。社会是在一定的物质生产活动基础上形成的具有经济、政治、文化、思想、法律、道德等多方面因素组合而成的统一体，因此，我们考察社会的进步就应该全面地考察，不能只抓住某一方面，既要看社会生产力的发展，又要看生产关系适应生产力发展的状况；既要看所构成的社会的经济基础，又要看与经济基础相适应的政治法律、道德、艺术等政治现

---

① 许征帆：《时代风云变幻中的马克思主义》，第1版，第497页，北京，中国人民大学出版社，1996年。

② 现在人们提出，社会文明系统包括物质文明、政治文明、精神文明、社会文明和生态文明等，本论著就是以此为参照系的。

象和社会意识形态所构成的社会上层建筑，还要看这个社会的社会面貌和生态环境。我们说社会主义优越于资本主义，如果从生产关系方面看是十分明显的，而从经济发展的现实水平看，那就会发生困惑，只有从文明的视角即从物质文明、政治文明、精神文明、社会文明和生态文明这一整体视角，才能说明社会主义文明是优越于资本主义文明的社会制度。

其次，文明之所以是衡量社会发展或社会进步的综合尺度，是因为文明是一定时代积极因素的积累和进步因素的综合。一定的社会的文明总是一定社会发展阶段上的社会本质特征的反映。资本主义社会的文明，即从资本主义社会的物质文明、政治文明、精神文明、社会文明和生态文明等方面反映了资本主义社会这个特定历史阶段所具有的积极和进步因素的总汇，体现了资本主义文明最一般的本质特征。社会主义社会的文明，是社会主义这一特定历史时代和历史特征所具有的本质特征的反映，它不包括遗留于社会主义社会现实中的封建主义、资本主义那种落后、消极、腐朽的东西。

第三，文明之所以是衡量社会发展或社会进步的综合尺度，是因为文明是一个历史范畴。由于生产力发展水平不同，不同历史时期生产关系的性质及其完善程度不同，还由于同一社会发展过程中经济基础和上层建筑的成熟程度不同，文明所包含的具体内容和特征也是不同的。以文明即物质文明、政治文明、精神文明、社会文明和生态文明的整体作为衡量社会全面发展和全面进步的综合尺度，完全适用于人类社会发展的各个历史阶段。它是具有现实内容，各个社会又完全可以通用的衡量和检验的尺度。

第四，文明之所以是衡量社会发展或社会进步的综合尺度，是因为只有强调以文明为尺度，把物质文明、政治文明、精神文明、社会文明和政治文明和生态文明等有机结合起来，才能真正推动社会稳定、健康的发展。西方资本主义国家虽然看似经济发展上去了，但是西方国家社会矛盾重重，社会危机四伏，其根本原因就是社会物质文明、政治文明、精神文明、社会文明和生态文明没有得到整体的协调和统一的发展。所以，以文明作为社会进步的尺度，也就意味着社会进步并不是指某一个方面的进步,而是指社会的整体性进步。① 强调这一点,对于我们考察经济全球化过程中社会主义精神和人类文明走向之间的规律性关系有着十分重大的意义。

三、文明全面进步是社会主义运动的一面旗帜

社会主义运动的兴起,把人类历史上关于社会理想状态的设计和追求推进到了一个新的阶段。

从思想史的角度看,近现代意义上的社会主义运动的兴起,它不只是表现为对一种政治经济制度的反抗,而同时也是一种文明和文化形式的反抗,它显示出了社会主义者试图超越社会既定秩序、创造人类新文明的努力。作为这种反抗和超越的思想资源的,就是关于社会全面进步、全面发展的价值理想。从"乌托邦"、"太阳城"到"实业制度"、"和谐社会"的种种社会蓝图设计,都无不把社会的和谐、协调、全面发展写在自己的旗帜上。

应该指出的是,在马克思主义产生以前的全部社会主义思想家,他们的社会蓝图设计都是超历史的道德理想的产物,因而尽管其为社会发展提供了重要的价值资源,但是他们对资本主义文明的批判是非历史的,他们设计的理想社会也始终停留于"应该"的彼岸,而无法走向现实世界。"空想社会主义者左眼注视着无产阶级的苦难,深表同情;右眼却老瞧着资产阶级、甚至帝王权贵,盼望他们大发善心,援助'无力自救'的劳苦大众。他们的可贵之处,就在于较早地摆脱了把资本主义把资本主义制度理想化、绝对化的思想束缚,积极面对资本主义向何处去这一时代课题。他们的不足之处在于对资本主义向何处去这一时代课题的解决,对资本主义旧制度被社会主义新制度取代的过程的描述,不是建立在对社会发展规律正确认识的基础上,而是建立在主观愿望和主观臆断的基础上。空想社会主义之所以是空想,之所以没能正确回答资本主义向何处去的时代课题,正是因为它诉之抽象的理性和正义,所以无力跨越唯心史观的障碍而进入真理的殿堂。"② 后人之把这些思想家的社会理

---

① 参阅张华金:《文明与社会进步》,第1版,第9页,上海,上海社会科学院出版社,1998年。
② 许征帆:《时代风云变幻中的马克思主义》,第1版,第101页,北京,中国人民大学出版社,1996年。

想论称为"空想社会主义",也正是出于对他们这些超历史性质的批评。

马克思主义的诞生,使社会主义从空想变成了科学。马克思主义的社会主义以"科学社会主义"行名,并不是说科学社会主义是关于社会历史的"客观的"、"科学的"哲学(如第二国际时期考茨基们所理解的那样),而是说马克思主义的社会主义的价值理想得到了科学地论证。"马克思从不讳言社会主义所具有的理想性、价值性和超越性意义,对社会全面进步的追求是他的理论和实践活动的重要组成部分。但是马克思并不把确保文明全面进步的社会主义社会视为某个超历史的道德理想的实现,而是看成为历史发展的一个具体阶段,它是工业资本主义充分发展的结果。"① 简言之,马克思主义的社会理想取得了唯物主义历史观的本体基础,理想论、价值观与历史观之间是内在统一的。

第二节 文明的缺憾:"经济全球化"进程中资本主义文明的困境

第二次世界大战以后,经济全球化在新科技革命的推动下进入了一个新的历史阶段,资本主义文明发展规律出现了一些新的变化,"资本主义文明发展的第一个特殊的规律性现象,是它能够在不断的自我'革命'中更新进化。这种规律性现象的出现,根源于社会化的生产方式所具有的革命性、变动性品格。这是前资本主义文明根本不具备的。"② 资本主义在经过历史的重灾之后,在生产力、生产关系和上层建筑等方面进行了调整,不断地进行"革命"、"扬弃",以增强获取物质文明和精神文明成果的物质技术基础,改善推动文明发展的制度条件和运作机制。资本主义文明出现的另一个独特的规律性现象,"就是科学技术这种'文明中间的精致的东西'铸造出强大的'加速器',促进现代文明'加速度'地向前发展"③。所有这些,都有利于战后资本主义的稳定和发展。但无论是科学技术的发展,还是资本主义的调整和改良,都是在资本主义制

---

① 万斌、郁建兴:"论社会全面进步",《浙江大学学报》(人文社会科学版),1995年,第6期。
② 周安伯:"经济全球化与资本主义文明的历史命运",《哲学研究》,2002年,第1期。
③ 周安伯:"经济全球化与资本主义文明的历史命运",《哲学研究》,2002年,第1期。

度本身范围内进行的，它们不能从根本上克服资本主义的基本矛盾和历史的局限性，而且随着全球化的发展，资本主义的文明矛盾得以不断地拓展和深化。

在当代经济全球化的历史进程中，资本主义文明矛盾的拓展和深化主要表现在以下：

一、资本主义由单一性矛盾和危机向综合性矛盾和危机发展

列宁曾指出："危机，——有各种各样的危机，最常见的是经济危机，但不是只有经济危机——又大大集中与垄断趋势。"① 在今天，当代资本主义有了巨大的发展，危机也有了令人注目的新发展，特别是经济危机之外的其它"各种各样的危机"，其中，社会危机、政治危机、思想和文化方面的病态和危机、意识形态危机（有些是表面化的，有些是潜在的），尤其值得注意。

经济危机。二战以后，资本主义周期性经济危机虽然没有使资本主义崩溃，但是当代资本主义国家的不稳定因素无疑都是来自于经济领域，经济危机仍是毁灭资本主义自身的最根本危机。二战后到70年代初，西方国家在凯恩斯主义的影响之下，国家对经济实行了全面的干预，这在一定程度上减少了经济危机的破坏作用，但同时又积累和加深了资本主义经济所固有的各种矛盾。因为国家干预绝非是医治资本主义的灵丹妙药，它只是为私有经济服务的手段，其职能是协调私人资本间的关系，是私人资本的过剩产品等"过剩物"由社会集体来承担，以避免集中起来造成灾难。为了吸收过剩产品，政府常用国家资本来维持自己的庞大的高度浪费的开支，而这些开支归根到底要靠私人资本来承担，因而大大提高了私营企业的成本，于是物价上涨。在此情况下，私人资本的投资热情降低，投资萎缩必然造成经济衰退。这样，物价上涨和经济衰退同时出现，此即所谓"滞胀症"。它是战后国家资本主义强制干预经济，妄图消除生产过剩从而消除危机，而实际上又消除不了的结果。这一切都表明，战后资本主义世界的种种新现象并没有从根本上改变马克思所分析揭示的经济危机的根源——资本主义生产方式的矛盾。只要资本主

---

① 《列宁选集》，第3版，第2卷，第596页，北京，人民出版社，1995年。

义制度存在一天,经济危机就不可避免。①

社会危机。资本主义的基本矛盾必然造成经济危机和资本主义的困境,而资本主义的经济危机又必然会引发各种各样的社会问题。进入90年代以来,资本主义的社会危机不仅没有减轻,反而又形成了日益加剧的趋势。资本主义的社会危机重要表现在失业、社会贫富差距的过大、民族矛盾激化、社会秩序混乱和犯罪活动增多等。

政治危机。全球化的发展对于西方民主来说不仅仅意味着一种机会,从某种意义上来说更多的是一种挑战。首先,全球化的发展进一步促进了当代资本主义社会结构的复杂化,这就更增强了直接民主与间接民主之间的内在矛盾。所谓直接民主,指的是统治者和被统治者的身份重合,公民作为国家的主人直接管理自己的事务,而不通过中介和代表。间接民主,是指公民通过由自己的同意所选出的代表来负责制定法律和管理公共事务,常被人们称为代议制民主。全球化之所以加剧直接民主和间接民主的冲突,其原因在于:一方面,这给了建构全球民主以绝好的机会,无论从技术上(因特网的普及使大规模投票成为可能)还是从制度上(民主的原则在全球获得了最广泛的认同,并且国际公民社会的政治框架已经在欧盟内部基本实现)都具备了有利条件;另一方面,跨国事务的增多导致政府和各种专门的国际组织职能迅速膨胀,社会管理的专门化日益排除普通人民对政治的参与,在一个全球化日益提高的世界里,人民直接参与政治决策的机会越来越少,也越来越不重要。其次,全球化所带来的一系列变化正在削弱而不是强化自由主义的基础,从而导致西方民主的危机。当代资本主义的民主体制几乎全都是自由民主,这由两部分组成:自由所关注的是这种政体应以个人的自由和权利为中心,

---

① 2007年美国爆发次贷危机,并逐步发展成为全面的金融危机,西方国家的金融体系遭到前所未有的破坏,世界各地的实体经济也受到了不同程度的冲击。当资本主义遇到它固有的、无法调节的危机时,资本主义国家的民众便向往社会主义,希望从马克思所指出的未来社会中寻找到新的生活。国外学者一致认为:一、当前的金融危机是一场马克思式的危机,即肯定了马克思对资本主义周期性经济危机的预测是正确的;二、当前的金融危机是一场资本主义制度所固有的危机,即肯定了马克思对资本主义生产社会化和生产资料私人占有的矛盾的分析是正确的。三、当前的经济危机的根源在于利润率的长期下降,即肯定了马克思对资本主义经济批判是正确的。国外学者用马克思主义理论分析当前的金融危机,从而正确认识到了危机的根源,这不仅表明了马克思主义是科学的,而且说明这些国外学者是坚持马克思主义的,是肯定马克思主义的。

对国家的权力应加以限制；而民主则关注国家权力的归属。二者结合起来，自由民主意味着国家的权力来自人民，但应受到限制。自由民主互相强化使得政府的权利受到限制的时候，个人的权利也会得到保障。这种政体必须建立在自由、平等两大原则之上。这就要求：政府必须是有限政府；民主必须是多元民主；自由民主必须是直接民主和间接民主结合得非常好的政府；自由民主的经济前提是运行良好的自由市场经济；自由民主要求有政治意识和文化形态的认同。但是，全球化时代的到来，并没有给自由主义的发展以经济的促进，反而扩大了自由与民主之间的内在矛盾，加剧了二者结合的不稳定性。原因在于自由民主的宪政制度在基本政治价值上具有普遍性，而具体的民主结构又有着历史演化的差异，就是说，权力的具体配置和运行机制是不一样的。这就存在着普遍性和个体的差异。结果，在社会政治层面上，实现法律上的平等或许还有一般的可能，但要实现经济平等诉求则是不可能的，而全球化带来的经济迅猛增长和社会联系的扩大，不仅不会起到平抑社会不平等的作用，反而会激化这种不平等，更严重的是会使这种不平等机制化、合法化。这样以来，似乎在表面上对自由民主的发展没有害处，实际上却损害了民主的社会基础。第三，社会多元化的趋势导致政治认同的下降。由于全球化的范围和广度都是空前的、彻底的，原来在资本主义社会中没有正面冲突的政治、文化或种族的群体便不可避免地正面交锋，这种冲突在没有建立新的机制将其控制在一定限度之前，是非常有破坏力的，但靠政府的力量甚至不能应付。第四，全球化导致政治参与程度的下降。资本主义的间接民主容易造成精英政治是人所共知的弊端，但这不是西方各国公民政治参与下降的惟一原因。个人与社会的隔膜增加和各种小群体的发展是重要原因，由于政府的职能日益受到各种制约，个人与政治决策的距离越来越远，这不仅是对政治决策过程本身而言，甚至政治决策的结果也与个人相对疏远了。这种政治参与不断下降的趋势直接影响了政府的权威和社会的稳定，造成了西方民主的危机。[①]

思想和文化方面的危机。当代资本主义生产力的高度发展和精神文

[①] 参见李景治等著：《资本主义基本矛盾的演变》，第1版，第167页，北京，中国人民大学出版社，2000年。

化方面发生了严重的错位。当西方刚刚进入工业文明,生产力获得巨大发展时,一些西方的学者就敏锐地预感到人们在追求巨大的物质享受的同时,对文化带来了负面影响,并导致了自我的丧失,人丧失了主体性和创造性。到了20世纪时,资本主义文化的堕落更为显著。法兰克福学派人物认为,在资本主义时代,科学技术的发展取代了传统的政治恐怖手段而成为一种新型的统治和控制形式。它操纵了社会的政治、经济、文化和各个方面而成为集权主义者。他们认为,随着社会进步,工业文明的后果没有成就人的自由和解放,相反人与文化日益被物质操纵。马尔库塞在《单向度的人》一书中集中探讨了当代资本主义社会中文化堕落的现象。他认为,当代资本主义社会出现的文化的一体化是通过消除高级文化中敌对的、异己的越轨的因素(高级文化借此构成现实的另一种向度),来克服文化同社会现实之间的对抗。按照马尔库塞的观点,当代资本主义把文化变成了社会凝聚力的工具,或者说文化变成了商品,每天都在管理和出卖,文化丧失了自身独立的价值和原初意义。

丹尼尔·贝尔是分析资本主义精神和文化危机的一个著名学者。这位美国的文化学家,在《资本主义及其文化矛盾》一书中指出,现代资本主义发展的结果,使文化日益脱离社会的经济、政治领域,成为一种有独立特征与发展规律的领域,这一领域,与强调理性的经济领域和依重制度化的政治领域不同,它充诉着非理性主义和各种杂乱、多变、难以辨认来由的随意性的行为,"那些人吸毒、放纵、换妻、公开搞同性恋、或者把猥亵当作政治风格,或偏爱'非常事件'和淫秽电影,这些在目前都很难与社会学'标准变异'原则相吻合。"[1] 对文化的考察,使贝尔发现在现代资本主义发展中,"社会结构(技术—经济体系)同文化之间有着明显的断裂。前者受制于一种由效益、功能理性和生产组织(它强调秩序,把人当作对象)之类术语表达的经济原则。后者则趋于糜费和混杂,深受反理性和反智情绪影响,这种主宰性情绪将自我视为文化评价的试金石,并把自我感受当作是衡量经验的美学尺度。"[2]

---

[1] 转引自房宁:《现代资本主义发展引论》,第1版,第246页,北京,首都师范大学出版社,1995年。
[2] 房宁:《现代资本主义发展引论》,第1版,第246页,北京,首都师范大学出版社,1995年。

二、由民族——国家范围的矛盾转化为全球性的矛盾

全球化的推进，使资本主义的文明越出了民族和国家的地域限制，推向了全世界，同时，也把资本主义一国范围内部的矛盾"升格"为全世界的矛盾，因此，资本主义的基本矛盾具有了全球性。我们可以看到，这一全球性的矛盾，主要是表现在以下几个方面：第一，经济全球化过程加剧了世界范围内的贫富两极分化。贫富两极分化是资本剥削关系发展的必然产物，经济全球化把一国资本主义政治经济发展的不平衡扩展到世界范围，把一国资本主义发展中的两极分化也扩展到世界范围，并加剧了不同国家、不同群体的贫富差距。1950 年富国与穷国的人均总产值相差 23 倍。1980 年扩大到 39 倍，1994 年则到 62 倍。联合国《人类发展报告》也承认："迄今为止的全球化是不平衡的，它加深了穷国和富国、穷人和富人的鸿沟。"① 虽然发达国家国内阶级矛盾暂时缓解，但发达国家与发展中国家之间的矛盾却大大激化。资本和劳动、剥削和被剥削的矛盾已超越发达国家国界扩展到世界不同国家和地区，当今世界经济秩序在很大程度上表现为明显的剥削与被剥削的关系。第二，向世界强制推行强权政治的"民主文明"与争取世界实现真正民主化的矛盾和斗争。在经济全球化的过程中，经济利益的冲突决定了政治利益的冲突，因为，首先，资本的扩张必将导致政治的扩张。由少数经济和政治大国挑起、操纵或发起的名为捍卫"人权"或"道义"的国际争端、侵略战争闹得全球不得安宁，美国的"世界新秩序"的原则和目标，最主要的目的就是要捍卫它的"领袖"和"灯塔"的地位。许多发展中国家为了维护本国或本民族的利益，对少数主张政治霸权主义者发出了"不"的抗议。其次，经济全球化对国家主权原则产生了冲击。民族国家原有的稳固地位受到了挑战：跨国活动和跨国主体的急剧增加，超越了国家传统意义上的主权和边界。一些西方学者以资本无祖国为前提，推导出国家无主权的结论，鼓吹"国家主权过时论"、"国家主权消失论"。这种观点为少数发达国家干涉别国内政、肆意践踏别国主权提供了辩护。第三，大搞"文化霸权主义"与坚持不同文化和文明取长补短的矛盾和斗争。

---

① 人民日报 2000 年 5 月 30 日。

在全球化的过程中，西方国家企图把自己的意识形态或政治价值观念强加给发展中国家，进行文化扩张与侵略。这种文化扩张主义约有两种表现形式：一是来自西方国家的纵向文化扩张。西方国家经历了长期大发展过程，经济上取得了世界范围内的优势，其基本的经济体制和规范在世界范围内得到了传播，它积累了经济、科技、资本、规范等方面的后发优势。长期以来，西方国家的文化价值凭借这种优势向全世界渗透和传播，成为西方国家对外战略中一个可以利用的因素。二是来自非西方世界的横向文化扩张，某些非西方国家和民族，为了在区域范围内扩张自己的势力，也把"文化"作为一个可以利用的因素，企图通过扩展文化范围，将已经在领土上属于不同国家的同一民族用文化统一起来，制造分裂和冲突。这种来自非西方世界的横向文化扩张，目的则在于扩张本国本民族在区域范围内的经济、政治利益，它给区域的稳定带来了很大的影响，甚至成为区域冲突的一个主因。西方国家试图把自己的意识形态和政治价值观念强加给发展中国家，进行文化扩张和侵略，并在人权等问题上搞双重标准，必然遭到广大发展中国家人民的反对。

三、资本主义基本矛盾还带来了一系列的全球性问题，导致了人类"生态文明"危机

资本主义在全球的扩展和资本主义固有矛盾的全球化，还引起并加深了各种更为广泛复杂的矛盾和危机，其中最为突出的是生态问题和资源问题。受无限膨胀的物质欲望的驱使，资本家总是要不择手段不惜代价地扩大生产、追逐利润，并把科学技术的资本主义使用方式和消费主义的生活方式，扩张到全世界范围，甚至大量消耗广大发展中国家的自然资源，抢占和挤压发展中国家的生存和发展空间，由此造成的自然资源掠夺性开发、生态平衡破坏、各种类型的环境污染等严重的全球问题，已经直接和间接地威胁着发展中国家的人民乃至整个人类的生存和发展，就连一度被认为是取之不尽、用之不竭的水和空气也变得非常紧张了。西方学者阿·托夫勒说："可以毫不夸张地说，从来没有任何一个文明，能创造出这种手段，不仅能够摧毁一个城市，而且可以毁灭整个地球。"①

---

① 【美】阿·托夫勒：《第三次浪潮》，第1版，第128页，北京，新华出版社，1996年。

著名的生态社会主义者佩佰认为,资本主义追求利润最大化的内在逻辑造成社会不公和生态失衡,只有消除资本主义,解决社会公正问题,才能解决全球生态危机问题。①

总之,经济全球化所引起的人类文明生存空间的极大拓展,无疑具有历史的进步性,但是,资本主义的基本矛盾也随着全球化进程的展开而日益扩展到全世界,导致人类文明陷入了困境。造成这种现象的原因不是别的,就是资本主义生产资料的私有制和生产社会化之间的矛盾所引起的社会整体的分离。这说明,资本主义文明决不是人类文明的终端。以研究世界体系理论著称的伊曼纽尔·华勒斯坦在评价资本主义文明时说得好:"资本主义文明已到达了它生命的秋天。正如我们所知道的那样,秋天是个美好的季节,至少在资本主义文明诞生的地区是如此。经过了春暖花开的春天和绿叶葱葱的夏天以后,我们到了秋天这个收获季节。我们知道秋天有很多欢乐,我们也知道这时必须准备应付冬天,即周期的结束,也就是一个历史体系的末期。"② 华勒斯坦的这句话是对资本主义文明前景再好不过的描绘和说明了。

第三节 社会主义精神与文明的全面进步

进步观念既是对社会进步的客观事实的理性认同,又是在批判现状的前提下对社会进步的理想目标的价值追求。作为一种社会发展与历史过程的"大观念",进步观念涵盖了人类历史从过去经现在向美好未来的一维推进,它体现了现实与理想的彼此映照。

在人类追求实现社会进步的历史过程中,进步观念曾先后采取了三种基本的嬗变形式,即近代理性主义进步观、现代西方社会危机论与马克思主义社会主义进步观。马克思主义社会主义进步观就是社会主义精神的全面体现。它以其对资本主义的极端不合理现象的批判的否定精神,以其对占有与公正、民主与平等、富裕与和谐以及人的全面而自由的发

---

① 转引自段忠桥主编:《当代国外社会思潮》,第1版,第259页,北京,中国人民大学出版社,2001年。

② 【美】伊曼纽尔·华勒斯坦:《历史资本主义》,第1版,第91页,北京,社会科学文献出版社,1999年。

展为内涵的追求,总之,它以其以社会整体为本位、注重社会全面协调、关注人类解放的高度,从而在文明不断发展与完善的道路上获得了强大的生机与活力。在经济全球化时代人类文明面临困境的今天,社会主义精神所体现的对文明的全面进步,在理论上仍具有科学的真理性,在实践上仍具有强烈的指导性。

一、经济全球化进程中人类文明发展的客观规律

社会主义精神之所以具有创造和推动当代全球化过程中人类文明进步的重要价值,归根到底是由于它是符合人类文明发展规律的历史进步。在当代全球化进程中,资本主义较之以往的资本主义在生产力和生产关系,经济基础和上层建筑方面都有了很大的变化,资本主义市场经济在全球迅速发展的过程,也就是资本主义的生产方式、交换方式和生活方式得以深刻变革的过程,同时也是资产阶级得以提升自身的文明素质,在客观上推动社会文明进步的过程。然而,由于资本主义市场经济所内含的资本私人占有和生产社会化之间无法调和的矛盾,由于为了榨取更多剩余价值这一资产阶级组织市场经济的狭隘目的性,资本主义市场经济的发展不可避免地导致了全球社会利益分化、社会关系物化、传统道德退化、人的本性异化、社会矛盾剧化等接踵而至的严重社会问题,从而使资本主义现代的文明进程仍然是一种伴随着掠夺、欺凌、盗窃、杀戮,浸透着血与泪的进化过程。在当代经济全球化进程中,人类文明的历史进程虽然面临着发展的巨大机遇,但资本主义矛盾的拓展和深化,表明资本主义文明无法超越其阶级局限性和历史狭隘性。资产阶级在创造着社会文明的同时又在相当程度上阻碍着社会文明进程。这种自相矛盾和二律背反现象,正是资本主义制度必将被更高层次、更加合理的社会主义制度所取代,资本主义社会文明必将被更高层次、更为进步的社会主义社会文明所取代的历史性的合乎逻辑的证明。马克思主义的科学社会主义学说超越空想社会主义学说的本质之处正在这里。马克思和恩格斯发现了唯物史观和剩余价值学说,才真正地把社会主义文明取代资本主义文明的历史进程置于科学的实践的基础之上。唯物史观破解了"历史之谜",揭示了人类社会的客观规律,这就是生产关系一定要适应生产力、上层建筑一定要适应经济基础的规律。剩余价值学说揭开了资

本主义生产的全部秘密,从而找到了埋葬资本主义制度、建立社会主义制度的物质力量。这就为社会主义精神的诞生和发展提供了不可抗拒的科学依据。科学社会主义的理论与实践表明,社会主义精神不是人们观念形态的产物,而是社会发展到一定阶段的必然结果;社会主义社会文明的历史必然性,在于它是一个建立在社会化大生产基础之上的公平、合理和有利于人的全面发展的社会;可见,"建立共产主义实质上具有经济的性质"①,这种具有经济必然性的共产主义,正是建立在由资本主义生产关系与生产力的矛盾所造成的现实条件之上的。这也就意味着,共产主义的特征就"不是要废除一般的所有制,而是要废除资产阶级的所有制"②。与此同时,就必须"以古代类型的所有制最高形式即共产主义所有制来代替资本主义所有制"③。所以,社会主义精神是符合社会发展规律的产物,在本质上代表了人类社会文明发展方向,因而它内在地充满着无限生命力。中国特色社会主义精神在全球化进程中的伟大实践,使这种符合人类社会文明方向与趋势的现代文明进程得到了更加科学化和合理性的论证和阐释。

二、占有和公正与文明的全面进步

在当代资本主义社会里,尽管生产力获得了巨大的发展,但由于资本主义所有制关系的作用,在分配领域里显然存在着极大的不合理性:一边是资产阶级财富的不断积累,一边是无产阶级和其他劳动人民贫困化的不断积累。由于资产阶级处于生产与分配过程中的主导地位,剥削和统治无产阶级和其他劳动人民,而无产阶级和其他劳动人民则处于被剥削、受统治的地位,因而就出现了这样一种荒谬的现象:一边是生产资料和产品过剩,一边是没有工作和没有生活资料的工人过剩。这些现象随着全球化进程的发展而日趋明显。就以失业率来看,1973年西方各国失业率都在5%以上,80年代,通货膨胀受到抑制,但失业率仍然保持较高水平。90年代,失业现象进一步发展。据国际劳工组织统计,1996

---

① 《马克思恩格斯选集》,第2版,第1卷,第122页,北京,人民出版社,1995年。
② 《马克思恩格斯全集》中文第2版,第4卷,第480页,北京,人民出版社,1998年。
③ 《马克思恩格斯全集》中文第1版,第19卷,第443—444页,北京,人民出版社,1963年。

年各国的失业率分别为：美国5.4%、英国为7.6%、法国为12.4%、德国为10.3%、意大利为12.2%、日本为3.3%。据1999年统计，美国的失业率虽为近年来最低水平，但仍达4.2%、日本为4.9%，加拿大为7.8%，欧盟15国的平均失业率高达10.1%。从贫富差距来看，几十年来，西方发达国家生活在贫困线以下的人口一直保持在15%—20%。1997年占欧洲人口17%的5700万欧洲人生活在贫困家庭。英国报刊说，英国现在是西方最不平等的国家，其贫富差距和尼日利亚一样大。德国约有85万人无家可归，法国约有30万人住在纸版箱里。贫困会培育一种与"富豪文化"成鲜明对照的"贫困文化"。美国富人社会圈所形成的"富豪文化"的特点是趾高气扬、崇尚豪华，而贫困人口是自卑自贱，愚昧无知，道德堕落。这一切都表明，当代资本主义的生产方式起来反对交换方式，资产阶级已经没有能力继续管理自己的生产力了；它也表明，资产阶级"已成为多余的阶级；它的全部社会职能现在由雇佣的职员来执行了"①。既然如此，就应当"建立一个全新的社会组织，在这个新的社会组织里，工业生产将不是由相互竞争的厂主来领导，而是由整个社会按照确定的计划和社会全体成员的需要来领导"②。也就是说，只有用社会主义生产过程中人与人之间的关系来代替资本主义生产过程中人与人的关系，才能根本改变资本主义社会固有的弊端，才能极大地解放社会生产力，从而才能从根本上实现人与人关系的真正革命。

在经济全球化历史进程中，这种对社会财富占有与公正之间的不合理状况，不仅在资本主义本国范围内存在，而且在国际范围内也大量存在。发达的资本主义国家凭借其在经济全球化中的主导地位，向第三世界转嫁社会矛盾、经济危机和社会风险。当代资本主义的发展不仅依赖于发展中国家的廉价原料，而且离不开发展中国家的廉价劳动力、廉价市场和廉价商品。这种不平等交换造成了贫富的两极分化，占世界人口的17%的24个工业化国家拥有世界生产总值的79%，而占世界人口83%的发展中国家仅占世界生产总值的21%。发展中国家外债总额高达2万亿多美元。有13亿人生活在世界上最贫穷的国家，每天人均收入不足

---

① 《马克思恩格斯全集》中文第1版，第19卷，第247页，北京，人民出版社，1963年。
② 《马克思恩格斯全集》中文第1版，第4卷，第364页，北京，人民出版社，1958年。

1美元。8亿人忍受着饥饿，8000万人完全不能享受医疗服务，超过2亿多的人不能上学。尤其值得注意的是，当代资本主义发达国家凭借其在金融和资本跨国流动中的垄断地位，向发展中国家输出和转嫁危机，给这些国家的经济带来严重损失。造成这种现象的原因，主要就在于发达资本主义国家为了获得超额国际剩余价值而对不发达和第三世界国家的剥削。

解决这种社会矛盾的办法，就是在全球范围内废除资本主义所有制的同时，"生产者阶级把生产和分配的领导权从迄今为止掌握这种领导权但现在已经不能领导的那个阶级手中夺过来，而这就是社会主义革命"①。更具体地说，只有在全球范围内废除资本主义的不合理的分配制，代之以社会主义的分配制，才能根本改变资本主义社会内劳者不获、获者不劳，无产阶级贫困、资产阶级富有这一历史不合理的状况。只有在全世界范围废除资本主义的分配制，才能实现全球财富的合理分配。

但是，应该看到，在中国这样的社会主义国家现有的状态下，生产资料社会主义公有制的形式，并不只有单一的全民所有制。由于社会历史条件和经济文化发展程度的不同，所有制形式在不同国家或同一国家的不同发展阶段，其表现形式可以是不同的，就我国的情况而言，公有制经济不仅包括国有经济和集体经济，还包括混合所有制经济中的国有成分和集体成分。公有制的主体地位主要体现在：公有资产在社会总资产中占优势；国有经济控制国民经济命脉，对经济发展起主导作用。国有经济起主导作用，主要体现在控制力上。由于多种所有制并存，因此，目前我国收入分配领域存在着不小的问题，如城乡之间、地区之间、行业之间的收入差距仍在扩大，一些行业收入水平过高，分配秩序还没有完全理顺等。但是，这一问题已经引起中央的高度关注。中央的政策已经开始从防止两极分化，变为解决两极分化。中国特色社会主义的本质属性是共同富裕，不是两极分化。这和资本主义有着本质的区别。

在资本主义社会里，也存在着国家所有的企业，而且国有企业在某些资本主义国家还有一定程度的发展。但是，资本主义的国有经济与社

---

① 《马克思恩格斯全集》中文第1版，第34卷，第163—164页，北京，人民出版社，1972年。

会主义国家的国有经济在本质上是完全不同的，它在总体上由在经济中占统治地位的大资产阶级所有。在这种国有的企业里，人们在生产资料的占有关系上并不是平等的，这种企业内部也不可能实行按劳分配，人剥削人的现象仍然大量存在。

三、民主和平等与文明的全面进步

民主政治是衡量人的解放和平等程度的重要尺度。人类社会最终将走向的社会民主，不仅是人类彻底解放与平等的要求，而且也是人类社会历史辨证发展的必然。民主在其自身发展过程中将以社会民主为其最高形态。和资本主义民主相比，无产阶级完全有可能把由少数人享有的民主变成大多数人享有的民主——社会主义民主政治，一种新型的、最高的国家形态民主。历史的发展规律决定了国家形态的民主的消亡和社会民主的最终实现需要经历一个过程，在这一过程中，社会主义民主政治将起着重要的推动作用。所以社会主义民主是代表了未来社会民主的正确方向，是人类历史上最高类型的民主，是人类获得彻底解放和完全平等的最理想的平台。

全球化进程中的民主与平等，不仅要体现一国范围，而且还要体现在对国际关系民主的要求上。所谓国际关系民主化，就是在主权问题上要实现国际关系的民主化，使国家不论大小、强弱都要在权利平等的基础上参与和解决共同关心的国际问题，它意味着参与解决问题、参与作出决定、参与检查决定的执行等。全球化进程中的国际合作确有不少涉及到国家主权问题，使传统的国家主权内容发生了一定程度的改变，原来完全是一国所独有的权力，却日益成为国际社会共同拥有的权力，这些问题的解决都需要国家间的合作，但这种合作是独立主权国家之间在平等协商、互利互惠、自主自愿的基础上进行的。但是，西方发达的资本主义国家极力宣扬"主权过时论"和"新干涉主义"。为其推行霸权主义，干涉别国内政制造舆论。只要这些理论的存在，国际关系民主化就不可能实现。

民主与平等是人类社会的永恒追求，是衡量人类文明进步的"天梯"。社会主义民主之所以是民主的，最根本的原因是社会主义民主是建立在生产资料公有制基础之上的，它是代表全体劳动人民的民主和代表全人类解放的民主。资本主义民主政治，本来就具有虚幻化性质，在全球化浪潮的冲击下，它的"合法性"更是受到动摇。那么，有没有民主政治模式的另一种选择呢？按照马克思主义经典作家的理解，答案是肯定的，这就是社会主义民主。社会主义是在对资本主义的经济、政治批判中所形成的。这种政治批判，当然包括对资本主义民主的批判。社会主义民主最大的优越性就在于它吸取了资本主义民主中的合理性的精华，同时批判了资本主义民主中的虚假性的糟粕，把社会的权力真正还给人民，真正确保人民当家作主。这就从理论前提、逻辑出发点与民主的实践方式上，将社会主义民主置于文明历史的高处。马克思恩格斯认为："工人革命的第一步就是使无产阶级上升为统治阶级，争得民主。"[1] 列宁在指出资本主义民主的虚伪性之后指出："只有通过无产阶级专政，才能达到真正的平等和民主，达到实际生活中的而不是写在纸上的平等和民主，经济现实中的而不是政治空谈中的平等和民主。"[2] 在对国际范围民主和平等的追求上，实践已经表明，社会主义民主在国际民主的建设上，始终认为，在国家消失之前，不论国家大小、强弱、贫富等，都是一律平等的。要想实现国际关系的民主化，实现发展中国家所追求的不论国家大小、强弱、贫富在政治、经济上一律平等的目标，就必须积极推进国际政治新秩序的建立，改变不合理的国际政治旧秩序。在当今国际政治的舞台上，以中国为代表的社会主义国家始终坚持做到国际政治最大民主化，这就是：第一，应坚持互相尊重主权和领土完整，互不侵犯、互不干涉内政的原则；第二，应坚持用和平的方式处理国际争端的原则；第三，应坚持世界各国主权平等的原则；第四，应坚持尊重各国国情、求同存异的原则；第五，应坚持互利合作、共同发展的原则。只有坚持这些原则，才能推进国际政治经济新秩序的建立，实现国际关系真正的民主化。

总之，在民主和平等与文明的历史进步关系问题上，建立在对资本主义政治否定、扬弃基础上的社会主义民主政治，应该是解决当代全球化过程中资本主义民主困境的唯一出路。社会主义民主政治应该成为一

---

[1] 《马克思恩格斯选集》，第2版，第1卷，第293页，北京，人民出版社，1995年。
[2] 《列宁全集》中文第1版，第30卷，第38页，北京，人民出版社，1972年。

面时代的旗帜并引领着人类文明的进步。这无论从逻辑推论还是从社会主义自身所具有的庄严使命而言，都应是不言而喻的。

但是，应该看到，现实社会主义制度，恰恰是在经济文化落后的国家发生的。社会主义民主的否定"物"，首要的不是资本主义民主，而是在本国历史上延续数千年的封建专制。它与资本主义产生之初所面临的政治障碍有着近似性。这样，在社会主义民主政治建设中所注意的是，既要克服专制，又要规避资本主义条件下的"虚伪的民主"，其发展的复杂性，大大超出马克思和恩格斯的预料与设想。从实践上看，在社会主义相当长的一段历史时期，高度集权的政治经济体制得以确立，社会主义民主建设现实与目标发生了悖离。因此，建设与马克思和恩格斯所设想的高度的社会主义民主政治还需要一个相当长的历史时期。但无论怎样，社会主义在民主建设上的成就和对未来理想民主的追求方面，无疑是代表了人类民主的最高归宿。我们现在看到，世界民主政治的浪潮，尤其是其主流部分，即资本主义的民主政治建设，在全球化的冲击下，轨迹零乱，目标飘移，这种"民主"性危机已使其丧失了在世界上的任何示范意义与效法价值，更不能与人类文明同步进行了。在全球化资本主义民主政治面临困境的今天，社会主义民主政治建设，将持守社会主义价值目标，同时学习和吸收世界上优秀文明的一切成果而不断地完善自己，最终体现出对资本主义民主的超越性特征和对人类文明的历史性进步。

四、富裕和和谐与文明的全面进步

由于社会主义社会生产资料为全社会公有，社会主义社会的生产关系与社会化大生产的要求是一致的。它促使社会生产力以资本主义社会不可能有的速度迅速发展。这是社会主义文明优越性的重要表现。社会主义文明离开生产力的发展是不可想象的。任何社会的发展，其深沉根基在于生产力的发展。社会制度和社会文明的优越性、先进性的历史坐标也在于生产力的发展。贫穷不是社会主义。贫穷的社会主义只能存在于一时，而不可能长久地存在下去。所以，"社会主义国家的生产力发展速度要比资本主义国家慢得多，还谈什么社会主义的优越性呢！"[1]

---

[1] 《邓小平文选》，第2版，第2卷，第213页，北京，人民出版社，1994年。

但是，生产力的提高，人民生活的富裕不是社会主义文明的唯一追求。这种富裕必须是以社会的整体进步、社会的协调发展为出发点的。只有社会的协调发展才能体现文明的历史性进步。全球化进程中资本主义文明所面临的危机和困境，其根本原因与其说是资本主义基本矛盾的内在"基因"所导致的文明的理性的异化，更直接地说是资本主义精神中极端个人主义，一切以资本个体为本位的价值观导致了社会整体的分离。社会整体的分离使得社会文明系统各要素之间失去了平衡，这种非平衡态超过一定的阈限，将会给人类文明的发展带来灾难。从表现上来看，全球化进程中资本主义文明发展的不协调，就是物质文明、精神文明和政治文明发展的极不协调；个体与社会以及人与自然发展的极不协调等。和资本主义相反，社会主义能够做到在生产力发展、人民生活富裕的基础确保社会的和谐与全面发展。

1. 三大文明的协调发展。所谓三大文明的协调发展，就是社会的物质文明、政治文明和精神文明的协调发展。社会的物质文明、政治文明和精神文明的共同发展和进步，是社会的全面发展或社会文明的整体性进步的根据。

马克思主义认为，人类社会活动系统中的政治、经济、文化领域相互促进、彼此协调的发展规律，是社会全面进步、整体发展的理论基础。人类社会的发展经历了从片面的不协调向全面的协调性进化的一个逐步实现的过程。较之以往社会形态而言，资本主义虽然也是人类走向自由和全面发展的一个必经阶段，但它自身固有的缺陷使它无法达到这一社会最高阶段，而且迈出这一步是极其沉重的，曾为此付出高昂的代价。这是因为，社会是一个复杂和有序的系统。按社会的本性来说，应当是各个方面互相协调地全面发展。但现实的社会是复杂的。不是每一个社会制度都能够做到社会的全面发展或社会文明的整体性进步。它归根结底取决于社会生产力的高度发展，但是最现实、最直接的是取决于社会的基本经济制度和政治制度，即政治文明。西方资本主义的发展，经历过单纯"经济增长论"到"需要满足论"再到"人的发展论"这样不同的发展阶段，但都无法表明资本主义社会的发展是社会的全面发展或社会文明的整体性进步。那种单纯的"经济增长论"，只追求经济增长的目标，结果往往是有"增长而无发展"。"需要增长论"看起来比"经济增长论"前进了一步，但是这种"需要增长论"的现实结果是一小部分人的需要得到了越来越多、越来越好的满足，而大部分人的需要并没有得到相应的较多的满足。提出以"人的发展"为社会发展目标，无疑是一个进步。但是也应该看到，"人的全面发展"，并不是现实资本主义国家既定的明确国策，而往往是一些西方思想家、理论家的观点和建议。从现实情况看，西方社会学家提到人的发展或人的现代化，强调较多的是科学技术和文化素质，相比较而言是忽视思想和道德素质。贝尔在《资本主义文化矛盾》一书中，通过对资本主义经济、政治、文化三个领域发展的分析，指出，资本主义社会在这三大领域存在的"内别分解"和"功能合成"是资本主义总体性发展的一种表现。贝尔所说的这种"内别分解"实质上已经触及到了资本主义文明发展的极不协调，造成这种现象的原因正是资本主义制度。

十月革命的成功，标志着社会主义从理论变为现实，并开启了在经济文化相对落后的环境中，探索社会主义建设的新思路。建设社会主义需要一定的文明基础和文化水平，所以，从列宁、斯大林到毛泽东、邓小平、江泽民和胡锦涛等马克思主义的经典作家，都把文明的协调发展作为社会主义发展的根本出发点。他们对于文明全面协调发展的理论，几十年来社会主义国家在文明全面发展上所取得的成就，无疑都代表了人类文明发展的方向。

在人类文明史上，为什么只有社会主义才是把文明作为一个统一整体去实现文明进步的唯一的社会形态呢？这是由社会主义的本质所决定的。这是因为，第一，社会主义坚持生产资料公有制为主体的基本经济制度（同时又容纳了一切有利于生产力发展的其他所有制经济成份），这就既为社会生产力的解放和发展提供了有利的制度条件，又从根本上消除了资本主义制度下资本私人占有与生产社会化之间的矛盾。这样一种社会制度，从本质上代表着先进社会生产力的发展要求，具有旺盛的生命力和广阔的发展前途。第二，社会主义坚持人民当家做主的基本政治制度（实行民主的国体与民主的政体相统一），这就可以从根本上调动起人民群众的积极性，消除资本主义民主的阶级局限性和狭隘性，使社会机体充满着无限生机和活力。第三，社会主义坚持以社会公平和平等作为自己的最终价值目标，解放生产力，发展生产力，最终是要消灭阶级，消除剥削,实现共同富裕,为社会成员自由、全面地发展提供有力的制度保证,这就可以消除资本主义制度下贫富不均和人的畸形发展的现象,使社会全面发展更具有人的内在活力。第四,社会主义坚持社会全面发展的特性和战略,在建设高度物质文明的同时,不断向高度精神文明和高度政治文明的目标迈进。由此,社会主义有能力消除一切旧制度下所特有的贪婪、腐败、堕落现象,使社会在文明健康的生产关系和社会关系中生机勃勃地向前发展。总之,社会主义的无限生命力,是社会主义精神所内在具有的。

应该看到,在实践上,20世纪的社会主义已经在物质文明、政治文明和精神文明的整体性进步方面体现出了对资本主义文明的超越特征和世界意义。在物质文明方面,如二战以后的一段时间,欧洲普遍都过渡到了有宏观调控的市场经济。这首先是反思两次世界大战和30年代大危机后做出的改革。战争结束时,在欧洲和世界许多地方,资本主义受到了前所未有的怀疑:资本主义软弱,无效率而又无能,不能依靠它来实现经济增长,过上体面的生活。战争造成的骇人听闻的破坏、穷困和分崩离析,促使一场前所未有的危机的到来,而私人经济遭到了战争的严重破坏,不能指望它来承担重建的任务。但是,苏联的五年计划已经开始放射出将持续几十年的吸引力,被看作是医治30年代的大失业和资本主义失败的一剂良药。在英国,战争时期的英雄人物——保守党的丘吉尔在战后的大选中失败下来,主张搞二元经济和计划的工党领袖艾德礼却上了台。工党于30年代中期从列宁那里借用了"制高点"一词。艾德礼提出:要控制"制高点","要对一些重要的经济力量实行公有制,并根据公众的利益对其它许多经济活动实施计划管理"。难怪英国历史学家A·J·P·泰勒当时写到:"欧洲没有人相信美国生活方式,即没有人相信私人企业。或者毋宁说,那些相信它的人们属于一个被击败的党"。欧洲主要国家纷纷搞二元经济。历史学家E·H·卡尔在1947年写道:"如果我们现在都成了计划者,这主要是有意识或无意识地受苏联实践及其成就影响的结果。"[①] 如果没有宏观调控的市场经济,资本主义早就在30

---

① 转引自薛汉伟:《社会主义的胜利进程与邓小平理论》,载《有中国特色社会主义研究》2001年,第1期。

年代大危机中被更严重的危机冲跨。社会主义的新中国50多年来虽经历过曲折，但在物质文明方面的成就更是有目共睹。

在政治文明方面，俄国十月革命，以及30年后世界范围内一批社会主义国家的出现，从根本上使人类政治文明的发展，发生了具有本质性变化意义上的革命。

在政治文明的制度变革上，社会主义否定了人剥削人、人压迫人的政治制度，使被剥削、被奴役的无产阶级和广大人民群众上升到了统治阶级的地位，使人类政治文明的制度形态推进到了更高层次。政治制度以及反映这种制度本质的阶级关系的变化，是任何一种社会形态下政治文明演进中的核心问题。因为"这一特殊物（即政治制度）具有规定和管辖一切特殊物的普遍物的意义"① 尽管这以前曾发生过多次制度更迭，但其结果都是一种剥削制度代替另一种剥削制度，一个剥削阶级代替另一个剥削阶级。社会主义制度的建立，以一种区别于以往任何剥削性质的政治制度的崭新面貌出现在人类社会的政治舞台上，表现出空前的真正的政治文明。"在政治文明的价值选择上，社会主义否定了那种崇尚强权、表现剥削、张扬两极分化的政治理念，以社会公正、社会平等、社会共同富裕的鲜明价值倾向，使人类政治文明的价值选择，趋向了表现社会进步和时代要求的道路。"② 以往的每一次文明的提升，都是伴随着剥削对于公正、强权对于公理的胜利。资本主义所标榜的自由、平等、人权等也在一、二次世界大战的血腥风雨之中声名狼藉，一败涂地。只有社会主义政治制度代表了劳动者的根本利益，并从根本上改变了劳动人民的政治命运，使遭受不平等、不公正待遇的国家、民族和公民的权益得到了保障。"在政治文明的主体地位上，社会主义否定了社会政治生活中少数人对多数人的统治，彻底打破了剥削阶级社会中的那种以血缘、身份、特权、财产等关系地位的制度，在这种制度下，人民是国家的主人，他们在共同享有对生产资料不同形式的所有权、支配权的基础上，享有管理国家和社会事务的一切权力，广大人民群众真正地进入了国家

---

① 《马克思恩格斯全集》中文第1版，第1卷，第282页，北京，人民出版社，1956年。
② 高健生："政治文明：20世纪社会主义的实践思考"，《马克思主义研究》，2001年，第2期。

政治生活的主体。"①

在精神文明方面,和资本主义深刻的精神文化危机相反,社会主义由于以生产资料公有制为基础,在人民群众内部没有根本的利害冲突,因此建立了以往阶级社会(包括资本主义社会)所不可能有的团结一致、和谐融洽的社会人际关系。在建立这种人际关系的同时,还创造出了一种蓬勃发展、健康向上的社会风尚。社会主义还由于是以马克思主义的科学理论为指导,因此在社会主义精神文明方面,它确实有可能排除一切剥削阶级占统治地位的社会所无法排除的腐朽没落的东西。通过积极、长期的不懈努力,广大人民群众逐步树立了社会主义和共产主义的信念、正确的价值观、高尚的道德情操、自觉的社会责任感。和发展社会主义经济建设相适应,社会主义还大力发展了教育、科学、文化、卫生、体育等各项事业。

但是,也应该看到,经济文化比较落后的国家,由于建设社会主义所需要的基础差,因此,在物质文明、政治文明和精神文明建设上所面临的任务还非常艰巨。和发达的资本主义国家相比,社会主义在生产力发展的程度上还很落后。在教育、科学、文化等方面和发达的资本主义国家相比,其差距更大。再加上它刚刚从旧社会脱胎而来,因而还不可避免地带着它脱胎出来的旧社会的痕迹。特别是社会主义国家在思想道德和文化建设方面还不可避免地受封建主义以及资本主义腐朽思想的影响,各种与社会主义精神文明不相适应的没落腐朽的东西有时还沉渣泛起,严重影响了社会主义精神文明的建设。但是,这些腐朽没落的东西决不是社会主义精神文明本身,更不是社会主义精神的体现。由于社会主义有优越的政治制度,由于社会主义始终致力于文明的协调发展,社会主义将通过自身的努力,终将创造一个完全不同于资本主义异化文明的崭新的新文明。

2. 个体与群体(社会)的协调发展

马克思主义关于人的自由而全面发展的思想是对人的关系的普遍性的要求。人的关系的普遍性如果仅仅是物质关系,那么这种关系还不能算是丰富的;人的社会性虽然在这种物质关系中得到了扩展,但这种社

---

① 高健生:"政治文明:20世纪社会主义的实践思考",《马克思主义研究》,2001年,第2期。

会性还不能算是充分发展的社会性,因为它还缺乏一定的深度,人与人的结合点还比较狭小,比较脆弱。从需要的角度来看,人的需要是多方面的。物质需要仅仅是满足人的生存的最基本的需要。从社会关系本身来看,人的需要既有私人需要,又有社会需要。私人需要是个体的需要,社会需要是相当于个体之外的人的关系,它包括政治法律关系、伦理道德关系、思想文化关系等等。这两种需要共同规定了两种生产目的:私人需要规定了生产的直接目的,它是一种特殊目的;社会需要则决定了社会的直接目的,它们的相互关系规定了社会的共同目的性。私人需要和社会需要的关系表明,私人需要本身是一种社会需要,是社会需要的一部分;社会需要实际上就是个人需要与集体需要一致的统一体。"社会主义只有人们在建立普遍关系的同时,发展出关系的全面性来,也即只有在物质关系的基础上进一步发展出政治法律关系、伦理道德关系、思想文化关系等等,才能在这一关系范围内形成一个普遍而牢固的统一共同体,个人与类之间的关系,才是密不可分的、一体化的关系,个人的类的特性或社会性才算得到了比较充分的发展"。同时,社会主义"把人的关系的普遍性和全面性的发展作为目标还有一个很重要的意蕴,那就是意味着把世界大同、世界的一体化从而把国家的消亡和共产主义的实现作为自己的目标。人的关系的普遍性和全面性的发展,实际上是世界一体化的发展,是马克思所说的历史向世界历史的发展。"[1]

历史的全面进步是在个体与群体(社会)的统一中体现出来的。在人类文明的历史上,真正使个体(个人)与群体(社会)达到完美统一的,只有社会主义社会。难怪英国历史学家埃里克·霍布斯说,长期以来,人们一直用这些名词、模式和标签(指"社会主义"——作者注)作为工具,来理解人类自18世纪末和19世纪初的革命时代以来所面临的历史局面,来描述人类改善和改造社会的某一些尝试。他说,最初社会主义一词既没有政治性,也不意味着社会组织的特定方式,它与"共产主义"一词不同,后者从一开始就明确地指以公有制而不是私有制为基础,并且按照公有制的方式管理的社会,而且自巴贝夫之后不久,它还指实现这种社会的运动。"社会主义"和"社会主义者"只是"社会的"

---

[1] 马德普:《社会主义基本价值论》,第1版,第277页,北京,中央编译出版社,1996年。

(SOCIAL)一词的衍生物,它仅仅指人的本性是社会的和合群的,只是到了19世纪30年代,社会主义才具有改善和改造社会的含义,成了社会和政治语汇的一部分,从英国和法国向外传播。当然,这些改善和改造社会的尝试过去已经在别的名词下存在了,在英国,人们叫它"合作"(COOPERATION)或"合作社"(COOPERATIVE);在法国,人们则称它为"集体"(COLLECTIVE)或COLLECTISM,后来又变成了"集体主义"(COLLECTIVISM),并以"互助制(MUTUALISM)一类的名词闻名于世。[①] 霍布斯对社会主义的理解与马克思的社会主义当然是大相径庭的,但是,有一点值得注意的,"社会主义"的对立面并不是"资本主义"而是"个人主义"。"社会主义"之所以具有反资本主义性是因为,在19世纪,从逻辑上看,似乎完全可以说,个人主义社会的核心就是竞争,也就是市场,因而也就是资本主义。这样以来,社会主义社会的基础就必须是合作和团结。这种广泛的含义使社会主义有了各种可能性,从为了社会利益而对自由放任经济做些修正,到彻底地废除私有制的共产主义实验,都可归之于社会主义。霍布斯的社会主义概念,既不与特定的经济制度相连,也不隶属于特定的政治制度,它只关涉人类合作与团结的社会基础。也就是说,霍布斯的社会主义概念只是一种特定的"社会需求",这种社会需求只是为了解决特定的社会问题而提出来的。因为,信奉市场至上的资本主义满足的只是资本个人的利益,它不可避免地会导致不平等,导致社会出现分化甚至是分裂。而社会需求的概念为国家介入福利领域提供了理论基础,它使国家的福利功能与其它职能区别开来,没有社会需求的概念,也就不会有福利国家的出现。汤普森说,社会对需求以及国家满足这些需求的行动的认可,其本身就是对资本主义市场反感的强烈表现。在资本主义社会里,福利国家的出现和需求权利的承认标志着社会主义思想在这一社会组织中占据了重要地位。不管怎么说,霍布斯等人的"社会需求"论实际上已经触及了个人与集体关系之间的统一问题。

和霍布斯等人的理论不相一致,马克思主义的文明整体进步观虽然也是从"需要"出发来分析个体与社会统一的必要性的,但他更多的是

---

① 转引自王列:"社会需求与社会主义",《当代世界与社会主义》,1998年,第3期。

站在经济制度和政治制度的层面上来揭示这一"需要"问题的。资本主义精神中的"资本个体本位主义",把抽象的、孤立的资本个体看成社会的基本单位,而社会只不过是许多这样的人类个体的简单集合,从而得出"利己的目的是人们思想行为唯一原始出发点"的结论。马克思主义认为,"人的本质是人的真正的社会联系,所以人在积极实现自己本质的过程中创造、生产人的社会联系、社会本质。"① 从这里可以看出,在个体与整体的关系上,马克思主义文明整体进步观是立足于个体与整体的协调发展的基础上的,即:个体是要素,整体是系统,个体的交互作用形成了整体,整体是个体力量的有机性扩展与放大;调动个体积极性是促进整体发展的内在条件,整体的发展则为个体的发展创造条件、开辟道路。在人类历史中,虽然存在着牺牲个体的整体进步与否定整体的个体发展两种极端,但这种矛盾对抗形式是特定历史阶段的必然环节;而且历史发展的大趋势是创造出每个人的自由全面发展同时也是其他一切人自由全面发展的条件的和谐社会。这一和谐社会将是对个体与整体均无发展的"原始丰富性"的真正超越。

马克思主义的社会主义精神,在关于个体与整体的关系问题上,要求人们必须正确处理好个人利益与社会利益的关系、阶级利益与民族利益的关系、民族利益与全人类利益的关系。既要反对那些脱离社会利益、民族利益和全人类利益的个人利益、阶级利益和民族利益,又要反对那些脱离个人利益、阶级利益和民族利益的社会利益、民族利益和全人类利益。马克思主义的文明整体本位论是个体与整体的辨证统一。它既和那种只顾整体利益而不顾个人利益的整体本位论划清了原则界限,也否定了那些只顾个人利益而不顾整体利益的个人原子主义,而是倡导与憧憬整体与个体协调发展的理想境界。

资本主义的以个体为本位的价值观源于资本主义私有制的生产关系,它是资产阶级反对封建专制的锐利思想武器,也是其追求剩余价值的必要武器。在新全球化时代,由于受剩余价值规律的支配,资产阶级的个体本位论在国与国的关系上表现为代表一国"总资本家"的"国家主义精神"。西方发达的资本主义国家在"国家主义精神"下,凭借强大的经

---

① 《马克思恩格斯全集》中文第 1 版,第 42 卷,第 24 页,北京,人民出版社,1979 年。

济、政治、军事、文化优势,大搞霸权主义,严重破坏了世界的整体和谐和平静,引起了世界的不得安宁。第二次世界大战以后,虽然和平与发展已成为世界的两大主题,但是局部性的动荡总是此起彼伏。地区与地区、民族与民族、国家与国家之间的冲突与战争,其根源大部分就在于发达的资本主义国家为了追求"国际剩余价值"而到处插手所致。资本主义生产关系与基本矛盾所导致的"资本个体主义"给人类文明造成的整体的分离和不协调,靠资本主义本身是不可能解决的。时代的要求呼唤着社会主义精神。只有社会主义才能通过解决当代资本主义无法解决的人类困境问题,争取人类文明的全面进步,从而体现出对资本主义的超越特征和历史价值。

3. 人和自然的协调发展与文明的全面进步。人与自然的关系问题在人类思想史上历来是倍受关注的一个问题,它蕴涵着十分丰富的内容。在马克思主义的社会主义精神中,人与自然的关系借助实践的平台,已成为整个马克思主义自然观的一个中心内容,它的本质实际上是强调了围绕人类活动来再现的一种意义关系。马克思在《1844年经济学—哲学手稿》、《关于费尔巴哈的提纲》、《资本论》以及《德意志意识形态》等著作中深刻地分析了人与自然、社会与自然的关系问题,认为,以人的劳动实践为中介,人所把握和支配了的生活过程依然是一种自然关系,在生产的一切形态中,人的劳动力"不过是一种自然力的表现"。在社会实践基础上,人的社会历史才表现为一种"自然的历史过程"。德国哲学家A·施米特认为,"把马克思的自然概念从一开始同其他种种自然观区别开来的东西,是马克思自然概念的社会—历史性质。马克思认为自然是'一切劳动资料和劳动对象的第一源泉',就是说,他把自然看成从最初起就是和人的活动相关联的"。①

马克思主义社会主义精神所蕴涵的自然观体现了人在社会劳动实践中的人与自然之间的相互依存、相互作用的一系列整体关系。它包括:第一,从本体论的角度来说,自然界是人类生存和发展的根基,人是大自然的一部分,"正是在改造对象世界中,人才真正地证明自己是类存在物。这种生产是人的能动的类生活。通过这种生产,自然界才表现为它

---

① A·施米特:《马克思的自然概念》,第21页,北京,商务印书馆,1988年。

的作品和它的现实。因此,劳动的对象是人的类生活的对象化。"① 人正是通过劳动作用于自然,以生产出人类不断需要的消费资料和生产资料,这就表明了人与自然的一体化。人与自然在实践上的主客体关系并不能消解人与自然在存在上的部分与整体的关系;第二,从实践和认识的角度来说,自然界是人类实践和认识的场所,在实践中人类认识了自然也掌握了自然的规律,从而促进了社会进步和人类文明的延续。马克思不是就自然而看自然,而是通过自然看到社会和自然的有机统一。什么是真正的自然呢?马克思强调,在人类历史中,在人类生产中形成的自然界是人的现实的自然界。因此,通过工业所形成的自然界,是真正的人类学的自然界。这种自然界是和人类不可分的。人是以自身的活动来中介、调整和控制人和自然之间的物质变换。人所依据的标准尺度是自然的规律和人类本性的需要,所要达到的目标是人类合理地调节他们和自然之间的物质变换,把它置于它们的共同控制之下,而不让它作为盲目的力量来统治自己,靠消耗最小的力量,在最无愧于和适于他们的人类本性的条件下来进行这种物质变换。"第三,从人类活动的价值评价角度看,在人与自然的关系问题上,除了本体论的"真"以外,还涉及到主体对客体的价值评价问题。"动物只是按照它所属的那个种的尺度和需要来建造,而人却懂得按照任何一个种的尺度来进行生产,并且懂得怎样处处把内在尺度运用到对象上去;因此,人也按照美的规律来建造"。②这就是说,人以外的动物不懂得劳动实践,它只是按动物种的"内在尺度"消极适应自然界;人的主体尺度也不是唯一的,也不能仅仅以人的价值标准为中心,还要顾及到自然客体的生态平衡这一对象性尺度;人的价值评价具有客观性,它能够把主体的内在尺度投射到外在的对象中去,因此人能够懂得按照任何一个种的尺度来进行生产,按照美的规律来建造,即把主体的审美情趣、审美激情和审美爱好投射到自然对象中去,形成人和自然的完美统一。第四,从人类活动的道德伦理角度看,在人与自然的关系问题上还存在着伦理关系的价值取向。在《1844 年经

---

① 马克思:《1844 年经济学哲学手稿》,单行本,第 3 版,第 58 页,北京,人民出版社,2000 年。

② 马克思:《1844 年经济学哲学手稿》,单行本,第 3 版,第 58 页,北京,人民出版社,2000 年。

济学哲学手稿》中，马克思从"异化"劳动的角度思考人和自然的伦理关系。异化劳动使得人和自然界处于隔绝的状态，不仅人得不到改造自然世界的成果，而且自然界由于"工业的奇迹"而成为人的对立物。社会伦理与自然伦理是有机的统一体，人只有善待自然才会在人与自然关系上达到真、善、美的统一。

资本主义开创的全球化使人类与自然之间的分离越来越明显，工业文明的每一步向前发展都招致了自然界对人类的疯狂报复。因此，在此时，马克思不仅总是站在人类文明整体进步与社会发展的高度来理解作为人与自然的和谐统一在人的自由与解放中的重大作用，总是从历史发展的过程与现实的密切关联中去认识人与自然之间和谐的重要性，而且又总是从当时的社会状况和历史条件出发，深刻地揭示了造成这种现象的阶级根源和社会根源。

在阶级根源上，马克思和恩格斯认为，由于资产阶级的贪婪和惟利是图，只追求眼前的经济利益和高额利润，而置其行为的长远的自然影响和社会后果于不顾，加剧了生态的破坏和环境的污染。"支配着生产和交换的一个一个的资本家所能关心的，只是他们的行为的最直接的有益效果……出售时要获得利润，成了唯一的动力"，"在西欧现金占统治地位的资本主义生产方式中，这一点表现得最完全"① 在社会根源上，马克思和恩格斯认为，到目前为止存在过的一切生产方式，都只在于取得劳动的最近的、最直接的有益效果。那些只是在以后才显现出来的，由于逐渐的重复和积累才发生影响和作用的进一步的结果——生态平衡的破坏和生存环境的污染，则是完全被忽视的②。同时，马克思和恩格斯还结合当时资本主义社会中对于技术的运用和工业发展的状况具体地指出，对于"技术的资本主义应用"和"工业的资本主义性质"③ 是破坏生态平衡和造成环境污染的主要的社会根源之一。其中，"技术的资本主义应用"是指人们应用技术的盲目性和短视性；"工业的资本主义性质"则是指工业发展中的盲目性和短视性，以及工厂城市的扩大和资本主义工业

---

① 转引自王树恩：《试析马克思恩格斯的环境哲学思想》，《哲学研究》，1996年，第6期。
② 转引自王树恩："试析马克思恩格斯的环境哲学思想"，《哲学研究》，1996年，第6期。
③ 《马克思恩格斯选集》，第1版，第3卷，第334、335页，北京，人民出版社，1972年。

(作为污染源)的集中只追求最直接和最近的有益的经济效果,而不考虑技术应用和工业发展的长远的自然影响和社会后果,甚至不惜以破坏生态平衡和污染自然环境作为换取利润的代价。所以,马克思恩格斯指出,在这种技术的"资本主义的应用"和"工业的资本主义性质"的条件下,一个国家越是以大工业为自己发展的起点,那么它对于环境的破坏和污染的过程也就越迅速。[1] 也就是说,人与自然的分离所造成的生态危机是资本主义生产方式全球化的结果。正如英国生态社会主义者哈维指出的,资本主义生产是"以无限价值扩张为目的的,它丝毫不考虑这种扩张所带来的政治的、经济的、地理或生态的后果"。[2]

要彻底解决人与自然的分离所造成的全球性的生态危机,靠资本主义本身是不可能的。因为在资本主义生产方式下,资本和雇佣劳动的关系决定了资本主义生产关系的性质。资本主义生产是资本主义生产关系下进行的以剩余价值为目的的生产,剩余价值是资本主义生产的直接目的和决定性动机;生产决定消费,资本主义社会的消费方式必须与它的为利润而生产的生产方式相适应,为满足资本,消费对自我增殖的需要,就要生产大量的商品,生产了大量的商品就必须要人们大量消费。消费对需要的背离,使得消费突破人的需要的有限性获得了无限扩张的趋势。

马克思和恩格斯认为,要彻底解决人与自然的分离所造成的全球性的生态危机,只有靠社会主义精神。社会主义精神的文明整体发展观,社会主义精神以其公正、合理、和谐和人的自由而全面发展为内涵的价值理念,社会主义精神以其对资本主义社会制度的不合理方面的否定性的批判精神和超越精神是解决人类生态危机的最好出路。社会主义在解决人类生态文明危机方面至少可以做到对资本主义文明的以下几个方面的超越:

第一:社会主义精神的文明整体发展观能够用有限的物质生产代替无限的物质生产。地球的资源是有限的,而人的需求是无限的。要进行有限的物质生产,就必须抛弃资本主义生产方式,就必须按照社会整体

---

[1] 转引自王树恩:"试析马克思恩格斯的环境哲学思想",《哲学研究》,1996 年,第 6 期。
[2] 【英】哈维:《后现代化的条件》,第 180 页,剑桥,波力第出版社,1990 年。转引自段忠桥主编:《当代国外社会思潮》,第 250 页,北京,中国人民大学出版社,2001 年。

对产品使用价值的实际需要作为我们生产的根本出发点。按照产品的实际使用价值来进行生产，可以节约资源，减少浪费，减轻生产和生活污染，使生产与社会需要直接结合起来，把宝贵的资源用在人类最需要的地方。

第二：社会主义精神的文明整体发展观有利于建立起有利于人类的全面发展的生活方式。在资本主义制度下，人们的物质欲望和精神痛苦之间存在着难以弥补的裂痕，人们的生活被严重异化了，所以这种异化的生活方式也遭到了一些西方马克思主义者的批判。人不仅有一种物质消费，而且还要有一种精神消费。精神消费对于提高人的思想觉悟、道德修养、心理素质、审美情趣等方面都起着关键性的作用，一旦人的物质基本生活需要得到满足之后，精神生活就决定了人们的生活质量。社会主义的文明整体发展观不仅要满足人们合理的物质消费，而且更重要的是要增加健康的精神消费，开发巨大的精神潜能，丰富人们对生命意义的体验，深化人们对生存价值的认识，培养人们对人类文明终极关怀的崇高精神品质。

第三：社会主义精神的文明整体发展观有利于对资源利用、人口增长和社会生产实现计划调节。虽然市场调节和计划调节都是调节社会各生产要素在各生产部门的分配和经济运行的手段，但市场调节是与为价值而生产的商品生产相适应的一种调节方式；计划调节是在消灭了商品和货币的社会经济关系下，与为使用价值而生产的产品生产相适应的一种调节方式。要解决生产无限性和地球有限性的矛盾，就必须进行有节制的物质生产，以为使用价值而生产代替为价值而生产。与此相适应，对资源利用、人口增长和社会生产的调节手段也要相应改变。

第四：建立公有制，消灭阶级和民族利益的对立是社会主义精神的文明整体发展观的最终体现。马克思主义认为，古往今来的任何一种经济主体都是有计划成分的。但如果生产资料由私人占有，那么整个社会生产的计划调节就无法实现，计划调节必须要求社会的生产资料由社会直接占有。共产主义公有制，是生产资料由社会全体成员平等地占有的形式。它的建立，使劳动者与生产资料直接结合起来；生产完全是为了满足整个社会成员的物质文化生活需要；各生产单位的局部利益服从全社会的共同利益，人们在生产中的互助合作关系将充分实现；不同的部门、企业和职工之间将由全社会的整体利益和长远利益联系起来，而不再互相对立。资源问题、环境污染问题和人口问题是全人类共同面对的根本问题，是全人类利益的根本利益。所以，消灭私有制，建立公有制是解决这三大问题的经济制度保障。

第五：社会主义精神的文明整体发展观能消除科学技术的负面影响。在新的社会生产方式下，科学技术被资本利用的性质也将被彻底消灭，它可以真正地按自然规律和人类合目的来生产和消费。科学技术不再是为利润服务的工具和手段，而是以人的生存和自由全面发展为宗旨，按照人类共同利益和长远利益要求来发展。随着科学技术的不断进步，人类利用资源的能力会不断提高，原本未列入资源范畴的会成为新的资源，甚至是使用价值更高的资源；人类控制和治理污染的能力也会不断提高，使污染的破坏力度永远低于生态系统自身的平衡能力。

第四节 "经济全球化"呼唤社会主义精神

当代人类社会的发展，最突出的特点是世界历史和经济全球化。如何在社会历史的变迁中，尤其是在经济全球化和世界历史的进程中发展社会主义，成为当前最棘手的问题。但是，在经济全球化的历史进程中，无论是机遇还是挑战，关键的问题在于我们必须理解现实的人类社会发展，特别是资本主义基本矛盾的基础上来分析问题。

一、"经济全球化"呼唤社会主义精神

当代经济全球化过程中资本主义基本矛盾的拓展和深化所引起的全球性问题已对人类文明构成了极大的威胁，这就给人类社会敲响了警钟：以资本个体为本位的资本主义生产方式和生活方式与社会化大生产之间的矛盾是人类文明危机的真正祸根。在马克思主义看来，人是社会生活的真正载体，文明问题其实就是人的问题。为了人的生存和发展，人不能不对自己的命运有一个终极关怀。当年马克思和恩格斯以极大的勇气和献身精神，从事社会主义理论研究、批判资本主义社会制度、投身社会主义运动，就是带着对人类文明的终极关怀而为之的。一百多年过去了，当代资本主义已经发生了很大的变化，但是马克思和恩格斯所揭示

第四章 社会主义精神的价值引导与人类文明的新定位

的资本主义本质依然。今天,全球性问题越来越严重,主要原因就是资本主义的本质在全球化过程中演绎的结果。"资本主义必然灭亡、社会主义必然胜利"不是那些简单的道德家的空洞的理性说教,而是建立在社会化大生产的客观规律之上的科学理论。虽然社会主义文明代替资本主义文明是一个非常漫长的过程,但经济全球化过程中的全球性问题的出现,已对全球范围的社会化大生产提出了迫切要求。多年来,为了应付全球性问题而出现的国际组织的大发展和"全球治理"的现象,即从另一侧面证实了这一要求,这是社会发展的一种合规律性与合目的性的要求。但要从根本上解决这一问题,靠国际组织和所谓的"全球治理"是不可能的,它们解决问题的能力还是十分有限的。要从根本上解决这一问题,也决非资本主义所能胜任的,甚至解决这些问题的目标取向本身就不是资本主义的题中之义。真正解决这一问题的就只能是社会主义。人类要彻底走出当代全球化过程中文明所面临的困境,也就只有在全球化进程中大力弘扬社会主义精神。只有社会主义精神所蕴涵的价值——占有与公正、民主与平等、富裕与和谐以及人的自由而全面的发展才是解决这一问题的根本出路。

美国当代著名政治学家马丁·李普塞特在90年代苏联解体后,述及当代人类问题和资本主义关系时说:"资本主义没有允诺人类实现深刻的精神需要,或者消除不平等、贫困、种族与性别歧视、环境污染和战争,它也无法用理想语言去感染青年,对此用不着太感惊奇。"[①] 那么,出路在哪里呢?李普塞特开出的药方是"新社会运动"和"社群主义"。这是一个在某些方面无法回避社会主义精神含义的社会运动,只是离社会主义的真谛还有不近的距离。在这样一个时刻,人们应该客观、冷静和认真地重温社会主义精神在解决当代人类问题中的决定性地位。历史是诚实的,不诚实的只可能是理解者的说明框架。人们所经验的事实使人无法怀疑:没有社会主义精神的作用,当代人类上述问题的解决就只能是一个悬案。尽管20世纪晚期世界社会主义陷入了危机和困境,但这场危机和困境可以使人们对社会主义认识发生一次"凤凰涅槃"式的跃升。人们会抛弃幼稚、变形、扭曲、没有灵魂的社会主义,这毫不足惜,人

[①] 转引自《马克思主义与现实》,第51页,1998年,第5期。

们将在更高的精神层次上选择社会主义。

我们欣喜地看到,社会主义在经过20世纪末的大曲折之后,现在又以崭新的姿态出现在人类文明的舞台上。今天,许多有识之士已经认识到,要使经济全球化变为天梯而不成陷阱,从根本上克服经济全球化带来的负面影响,唯一出路在于以社会主义代替资本主义,使资本主义逐渐发展到社会主义。当然,实现这一目标还有非常漫长的过程,我们目前所要做的也还只是在全球化进程中大力弘扬社会主义精神,用社会主义精神尽力克服资本主义给人类文明所带来的种种弊端和灾难。我们还应该欣喜地看到,在苏联东欧发生剧变后,欧美发达国家并非资本主义的一统天下,而是有多种新社会主义思潮勃兴。除共产党人在总结经验、端正对科学社会主义的认识之外,还有社会党的民主社会主义、绿党的生态社会主义以及无党派左翼人士的股份社会主义、法人社会主义、市场社会主义、自治社会主义、自由社会主义、人道主义的社会主义等等。有了前车之鉴后,现在在苏联东欧地区又涌现了一大批新社会主义、新共产主义政党,他们都在重新摸索通往社会主义的新路。20世纪的特殊历史条件使得社会主义首先在欠发达、不发达国家取得胜利。虽然一些社会主义国家未能为世界树立良好的社会主义样板,甚至在资本主义全球化浪潮袭击之下垮台了,但是我们应该看到,全球化浪潮的进一步高涨,科技和社会大生产的新发展,资本主义各种矛盾的深化,一定会促进社会主义精神在全世界的大发扬和世界社会主义运动的振兴。这是全球化进程中人类文明对社会主义精神的呼唤。

二、海外学者对社会主义精神研究的新动向

多年来,在马克思主义以及世界社会主义运动遭到很多人怀疑、诟病的时候,众多的海外学者分别从不同的角度仍然论述了社会主义精神的时代价值。

1. 社会主义最高原则:人的价值高于一切

国外马克思主义者认为,社会主义应是一个以人为目的,关心人、尊重人,使人的潜能得到充分发挥,使人得到全面发展的、健全的充满爱心的社会。如德国人本主义哲学家、法兰克福学派重要成员弗洛姆强调,社会主义的目的是人,是一个为人的真正需要服务的社会,人的价值高于一切是社会主义的最高原则。德国哲学家、法兰克福学派第一代代表人物马尔库塞强调，判断一个社会是否是社会主义的标准，不是根据社会生产力发展水平和生产关系，而是人性的标准，社会主义必须以人性的实现作为根本目的。波兰左翼学者亚当·沙夫认为，社会主义以真正的人和实现人的幸福的条件为出发点，并以实现这种幸福的社会制度为目标。社会主义的中心问题是人的问题，社会主义的主要任务是为人的充分发展和完全幸福创造条件。

2. "够了就行"和"知足常乐"

国外马克思主义理论家批判那种只注重物质生产力发展，忽视精神文明建设而导致物质和精神不平衡发展的做法。他们批判消费主义的生存方式和消费文化，认为这种消费方式只会导致市场畸形、片面发展。法国生态社会主义代表人物安德烈·高兹认为，生产的目的不是追求利润的最大化，而是满足社会需要，反对无限制地追求高消费，反对把消费同满足或幸福等同起来的传统观念。认为社会主义中劳动是人的自主行为，要提倡适可而止的消费，社会主义将返回"够了就行"和"知足常乐"的原则。马尔库塞则认为，在发达资本主义社会，人们虽不再为物质匮乏而发愁，但人被剥夺了劳动的积极性、创造性和目的性。这种异化劳动是对快乐原则的否定。社会主义社会不仅是经济和政治上的解放，也是人的总体的、全面的解放。社会主义社会不仅是高度物质文明的社会，也是一个高度精神文明的社会，是一个道德和美学的天地。

3. 提倡人和社会整体和谐发展

人的全面发展是人与社会的协调发展和人与自然的和谐发展。国外马克思主义者认为，一味追求高利润和异化消费的资本主义社会只会导致人和社会的"单向度发展"，而社会主义应提倡一种人和社会的整体和谐发展。弗洛姆认为，社会主义的最终目标在于人的本能的彻底解放，在这种社会里，人成为真正的主人和创造者。马尔库塞认为，自古至今的人类文明一直是按照压抑性的现实原则，来为人的本能发展和升华规定方向，而新的社会将是一种新型的"非压抑性"文明，在这种社会中，人与自然、人与社会、人与他人和自己本质的异化得到克服，处于一种统一的、和谐的关系之中，人的潜能得到充分的发挥，人获得真正的自由和解放。法兰克福学派的理论家以及之后的一些生态学马克思主义者直接把全球生态危机置于资本主义基本矛盾的角度来考量。霍克海默、阿多诺等人则进一步把生态危机与人的异化、人的自由和解放联系起来，他们认为人对自然的统治是人对人统治的基础，人的解放的前提是"自然的解放"，只有在将来的自由社会中发展一种新型的人与自然的关系才可能避免生态危机。法兰克福学派把当代全球生态危机的根源归结为资本主义制度，认为只有消灭资本主义才能根本解决生态危机，实现人与自然的和谐发展。

4. 马克思主义仍在人类历史发展的进程中发挥决定作用

英国当代最具代表性的新马克思主义研究理论家特里·伊格尔顿说："与政治家、科学家、军人和宗教人士不同，很少有思想家能真正改变历史的进程，而《共产党宣言》的作者恰恰在人类历史的发展进程中发挥了决定性的作用。历史上从未出现过建立在笛卡儿思想上的政府，用柏拉图思想武装起来的游击队，或者以黑格尔的理论为指导的工会组织。马克思彻底改变了我们对人类历史的理解，这是连反社会主义思想家路德维希·冯·米塞斯也认为，社会主义是'有史以来影响最深远的社会改革运动；也是第一个不限于某个特定群体，而受到不分种族、国别、宗教和文明的所有人支持的思想潮流。'"[①] 特里·伊格尔顿还认为，这次资本主义制度的危机（指 2007 年以来的金融危机——笔者注）至少意味着，此前长期掩盖在"现代"、"工业主义"和"西方"等一系列漂亮假面之下的资本主义已经重新进入了人们的视野。当人们开始谈论资本主义的时候，就说明了资本主义出现了问题。一种社会组织体系出现问题时，人们才能真正认识到这种他们已经习以为常的制度的本来面目。马克思第一个提出了"资本主义"这种历史现象，他向我们展示了资本主义如何兴起，如何运行，以及它可能的结局。像牛顿发现万有引力定律和弗洛伊德发现潜意识一样，马克思揭示了我们日常生活中一个一直为人所忽略的事物，那就是资本主义的生产方式。

当上世纪 90 年代初，当苏联解体、苏共被解散的剧变之后，俄共经过艰难的斗争，进行了组织重建、历史反思和理论调整。1994 年 3 月展

---

① ［英］特里·伊格尔顿：《为什么马克思是对的》，第 1 版，第 2 页，北京：新星出版社，2011 年。

第四章　社会主义精神的价值引导与人类文明的新定位 | 223

开俄共中央执委会，通过了《制定俄共纲领的提纲》。提纲分析了俄罗斯的现状，总结了历史教训，提出了党纲的基本内容。同年9月，俄共成立党纲委员会，开始拟制党纲草案。在1995年1月党的第二次代表大会上制定了行动纲领。1995年1月21日—22日，俄共召开第三次代表大会，大会通过了《俄罗斯联邦共产党纲领》和新党章。

在对俄共的目标和任务的看法上，俄共认为，苏联解体后的俄罗斯处于十字路口。俄罗斯变成了列强又一次分割世界的对象，变成了经济发达国家的原料殖民地。财产分化、大多数劳动人民丧失了社会经济权利和占有，导致居民迅速无产化，产生并加剧了劳动和资本之间、城市新贵和绝大多数人民之间的矛盾。为此，俄共在思想上必须继续坚持马克思列宁主义，坚持科学共产主义，但不是简单地重复马克思列宁主义学说，而是要对社会主义理论做出新的贡献。在政治方面，俄共认为，所谓的"戈尔巴乔夫改革"实际上放弃了社会主义，叶立钦的"改革"使国家经济遭到毁灭性打击，使人民全面穷困化并使社会滑向民族灾难。只有社会主义才能使国家摆脱危机。在经济方面，俄共提出放弃"国家社会主义"，建立公有制起主导作用的"混合经济"；在社会方面，恢复公民的社会经济权利：劳动权、休息权、住房权、免费受教育和免费医疗、老年生活保障权、最低生活保障权、维护劳动集体财产等。俄共提出的主要目标有：（1）人民政权，即通过苏维埃和人民民主自治等形式联合起来的劳动人民大多数的宪法权力。（2）公正，保证老权利和按最终成果进行奖励的权利、全体人民享受免费教育和免费医疗、舒适住房、休息和社会保障的权利。（3）平等，建立在劳动解放、消灭人剥削人和其他所有形式的社会寄生制度、以及生产资料公有制占统治地位的基础之上。（4）爱国主义，各民族平等，人民友好，爱国主义和国际主义原则相统一。（5）公民对社会和社会对公民负有义务，人的权利和义务相统一。（6）社会主义将采取新的形式并写入未来的宪法，这种新的形式将符合现代生产力水平、环境安全以及人类所面临的任务的性质。[①] 俄共坚信，共产主义是人类社会的历史未来，历史进程可以用演变的革命的

---

① 程恩富主编，李新著：《马克思主义经济思想史》，第1版，第189—190页，上海，东方出版中心，2006年。

形式来实现。

在对20世纪90年代俄罗斯局势的认识及未来出路问题上,俄共认为,20世纪已经过去了,资本主义和社会主义之间的原则性争论还没有结束。今天在大半个地球占优势的资本主义是这样一种社会,物质生产和精神生产服从于按市场原则攫取最大的利润和资本积累,并且具有无限扩大的趋势。一切变成了商品,衡量一切的唯一尺度就是金钱。这决定资本主义特殊的浪费性质。它把生产首先看作是对人和自然资源的剥削而无须考虑社会成本,对后代的生存和环境造成毁灭性的后果。资本主义虽然保证了少数国家集团的高水平消费和增长速度,但是资本主义将人类社会带入了新一轮矛盾,造成至今不为人所知的全球问题,如生态问题、人口问题、民族社会问题等。资产阶级形式的社会存在已经接近自己的最大可能性。俄共对未充满了憧憬,认为,对俄罗斯最有依据和最符合其利益的选择是最优的社会主义发展,在其进程中,社会主义作为学说、群众运动和社会制度会获得第二次喘息的机会。俄共还确信,错综复杂的地缘政治、民族和经济状况使俄罗斯成为文化和道德传统的载体,其主要价值就是公社、集体主义、爱国主义,以及个人、社会和国家之间的最紧密联系,善于把真理、善良和公正与所有公民不管其民族、宗教和其他差别一律平等的最高理想变成现实。大同、人民和精神是群众接受社会主义理想的重要前提。在这里,俄共把国家的复兴和回到社会主义道路看作是不可分割的。俄共坚信在"俄罗斯思想"的实质当中有着深刻的社会主义思想。俄共领导人久加诺夫在论述全球化问题时更直接地说,帝国主义的全球主义和社会主义的国际主义之间存在着重要的本质上的区别,全球主义以资本的无限权力为基础,而国际主义则以劳动的无限权力为基础。全球化和国际化是走向人类联合以及各民族人民、国家、经济和文化相互接近的道路。资本主义的全球化虽然包含着向新的更公正的社会制度过渡的萌芽和物质可能性。但若要使这一可能性变为现实,就应使其脱去现有的资本主义社会外壳,必须从根本上取代现行资本主义的生产模式和消费模式,建立全新的技术制度、新型的人类生产力以及建立一个公正的社会制度。

5. 新热潮:世界回归"马克思",时代呼唤社会主义

可能无论是马克思主义的拥护者、同情者,还是马克思主义的诋毁

者、怀疑者，都未曾想到，在苏东剧变后，自90年代中期起，在国外，而特别是在西方法、英、德、美等主要资本主义国家，掀起了一股研究和宣传马克思主义的热潮。其中尤以所召开的一系列有关马克思主义的大型国际性的会议特别引人注目：

从上世纪90年代末以来，在西方，有关马克思的民意测验最有影响的主要有两次，一次是1999年，还有一次是2005年。这两次测试结果是非同寻常的：1999年在英国广播公司进行的一次网络评选"千年最伟大的思想家"活动中，卡尔·马克思高居榜首，得票率高于第二、三、四位的爱因斯坦、牛顿和达尔文。继1999年的调查之后，2005年7月，英国广播公司又进行了一次"谁是现今英国人心目中最伟大的哲学家"的调查，马克思以28%的得票率再次荣登榜首。这是一个意义深刻的结果。英国《观察家》评论很有道理，他说："从上个世纪柏林墙倒塌起，很多资产阶级学者就不断宣称马克思已完全与时代无关了，可是资本主义固有危机的不断爆发却又把马克思带回历史舞台。"

此外，在世界范围，学术界从20世纪90年代中期开始掀起了一股研究马克思主义热潮。1995年9月27日至30日，在法国巴黎召开了"国际马克思大会"。与会者上千人，均是来自世界各地的马克思主义研究者和支持者。法国《人道报》所用的新闻标题是"马克思引起了轰动"。《解放报》在"马克思没有死"的鲜明标题下指出："这次会议的成功使我们得以测试马克思的现实性；它集结了全世界的知识分子和广大的公众，证明马克思主义获得了新生"。此后，国际马克思大会每三年召开一次。1998年5月又在巴黎召开了纪念《共产党宣言》发表150周年国际会议等等。这些国际性讨论会都吸引了来自世界各地的大批左翼学者，在会上广泛讨论了与当代社会主义密切相关的许多问题。迄今已召开四次，主题分别是，"如何取代资本主义，实现人的解放"、"资本与人类"、"帝国主义战争与社会战争"等。这些会议表明，时代需要马克思主义，马克思学说仍然具有重要的现实意义。

第五章 历史悲剧的反思和文明历史的新飞跃

社会主义精神代表了人类文明的正确方向，在社会主义精神引导下所诞生的社会主义文明是人类历史上崭新的文明。因为人类在进入文明时代以后，相继出现了奴隶社会的文明、封建社会的文明和资本主义社会的文明。这三个对抗社会的文明都具有两重性：既推动社会进步，又产生和扩大阶级对抗。文明和社会主义是不可分割的，文明的发展需要社会主义，社会主义的建立和完善需要高度的文明。在20世纪，在社会主义精神引导下，人类建立了比资本主义高得多的更高类型的社会主义文明，这是人类文明演进合规律性与合目的性的统一。但是，从20世纪末期至今，世界社会主义出现了严重的挫折，而且仍然处于低潮之中，社会主义文明在和资本主义文明相互依存的状态下，暂时失去了自己的优势。各种怀疑、责难、甚至诋毁社会主义的言论一时甚嚣尘上。如何看待苏联、东欧剧变以及现实中的社会主义的曲折和失误问题，这是今天看待社会主义精神与人类文明命运关系的重要的方法论问题。可以说，现实中的社会主义存在的大量问题绝不等于社会主义精神本身，而只能是违背社会主义价值原则的结果。

第一节 历史悲剧的破解：社会主义精神为何在苏联和东欧黯然失色

20世纪80年代末90年代初，苏联剧变、东欧解体。这是一场历史的悲剧。造成这场历史悲剧的根本原因是什么？正如恩格斯所指出的："最终的结果总是从许多单个的意志的相互冲突中产生出来的，而其中每一个意志,又是由于许多特殊的生活条件,才成为它所成为的那样。这样就有无数互相交错的力量,有无数个力的平行四边形,由此就产生出一个合力,即历史结果,而这个结果又可以看做一个作为整体的、不自觉地和不自主地起着作用的妨碍。因为任何一个人的愿望都会受到任何另一个人的妨碍,而最后出现的结果就是谁都没有希望过的事物。"[①] 在21世纪的历史舞台上,再回头考察苏联和东欧的这场悲剧并破解这场悲剧的原因,对于正确认识社会主义精神和人类文明的走向问题仍然有着十分重大的意义。

一、关于经济建设问题

社会主义代替资本主义是历史的必然,是人类社会生产力一定要适合生产关系,经济基础一定适合上层建筑矛盾运动的产物。生产力的发展,人民生活水平的富裕是社会主义精神的首要要素,是社会主义文明优越于资本主义文明的重要标志。但是,现实的社会主义大都是在经济文化比较落后的国家首先诞生的。这些国家在取得政权以后,在社会主义的理论和实践方面就面临着先天不足、后天失调的问题,这就给超越了资本主义社会形态而直接过渡到社会主义的东方落后国家提出了一个高难度的历史性的课题,即如何建设社会主义文明的问题。所以,像俄国这样的东方经济文化比较落后的国家跨越资本主义还必须有它的可能和条件,其中一个最重要的条件就是在经济上要保留农村公社,利用现代商品交换机制,从根本上打破农村公社缺少交往联系的孤立性。苏联和东欧几十年来的经济建设,取得的成就也举世瞩目。但是,由于苏联和东欧各国的经济是"国防优先"的战略和技术发展模式,是高度集中的僵化的计划经济体制,是传统数量型的而不是现代型的,所以,不能适应新的科技革命的需要。从理论上讲,社会主义文明本应优于资本主义文明,但是在现实生活中,社会主义国家的经济情况和人民生活水平却比不上资本主义。一段时间可以,因为社会主义国家原来的基础比它们差,但时间长了不行,没有说服力。特别是原来基础与社会主义国家建国前差不多的国家,后来发展如果超过了社会主义国家,这一挑战

---

① 《马克思恩格斯选集》,第2版,第4卷,第697页,北京,人民出版社,1995年。

就更为严重和尖锐。邓小平同志说：过："不重视物质利益，对少数先进分子可以，对广大群众不行，一段时间可以，长期不行。革命精神是非常宝贵的，没有革命精神就没有革命的行动。但是，革命是在物质利益的基础上产生的，如果只讲牺牲精神，不讲物质利益，那就是唯心论。"① 如波兰，早年经济曾一度辉煌，但后来每况愈下，80年代初，经济就下降20%；匈牙利80年代的经济年增长率，也由70年代的将为5%降为1.6%；苏联国民收入1951年—1970年年均增长率为8.7%。1971年—1980年则下降到5%，跌幅达42.5%，1981—1990年间又下降到2%，跌幅进一步达到71%，在1990年，经济首次出现负增长。由此，苏东各国经济膨胀，物价上升，人民生活水平急剧下降，出现了"东德不如西德"、"匈牙利不如奥地利"的尖锐横向对比，造成了"人心向西"的状况。可以说，由于社会主义大厦基础的动摇，引起了人民对社会主义信念的动摇和向西方社会的倾斜。难怪齐奥塞斯库在逃跑的路上问一名工人为什么要推翻他们时得到的答复是："我们为啥不推翻你们，一是面包不够吃，二是隆冬腊月没有暖气取暖。"原波兰统一工人党最后一任党中央第一书记拉科夫斯基在谈到波党失败的教训时说："波党失败的最根本的原因就是经济没搞好，对于执政的共产党来说，经济建设搞好了，其它一切问题都好办。经济搞不好，群众不拥护，说话没人听，就有丧失政权的危险。"这大概要算血的教训的话了。

　　苏联和东欧国家经济之所以没有搞好，不是社会主义的基本制度不好，而是具体的政治经济体制存在严重问题。他们的问题和失误又不在这个那个具体问题上，而是在总的指导思想上，这就是长期的"左"的教条主义，脱离了落后国家建设社会主义的实际。其它问题和失误，如政治经济体制问题、所有制问题、分配问题以及其它涉及路线、方针和政策的问题上的错误和失误，都是由这一"左"的指导思想派生而来的。虽然后来苏联和东欧等社会主义国家在经济体制方面，也断断续续、小打小闹地搞过一些改革，但长期没能突破旧的框框，总的说来未能跳出社会主义的传统模式，不能根本解决问题，到后来又突然转到全盘照

---

① 《邓小平文选》，第2版，第2卷，第146页，北京，人民出版社，1994年。

搬西方的那一套，由对马克思主义的教条主义，跳到对资本主义制度的顶礼膜拜。一句话，他们长期没有解决好马克思主义同本国实际和时代特征相结合来发展社会主义社会生产力的问题。

二、是改革与还是改向问题

社会主义作为一种新生事物，具有旺盛的生命力和巨大的优越性，但它不是一诞生就完美无缺、一出现就一成不变的。"现实社会主义国家脱胎于经济文化比较落后的国家，生产力不发达、生产关系不健全、上层建筑不完善，所有这些特定的国情，决定其发展、完善需要一个很长的历史过程。在这个过程中，无疑将伴随着一系列的改革"。[①] 恩格斯也早就指出："所谓'社会主义社会'不是一种一成不变的东西，而应当和其它任何制度一样，把它看成是经常变化和改革的社会。"[②] 20 世纪70、80 年代以来，世界的时代主题由战争与革命向和平与发展转变，科学技术发展一日千里，社会主义与资本主义两种制度斗争和较量的重点已经由过去的军事对抗转到经济、政治、科技方面的竞争。在这种情况下，战争年代形成的限制商品货币发展的高度集中的单一的公有制，以及片面发展重工业等，造成了国民经济比例失调，人民生活水平下降。然而，斯大林之后的几任领导人，把社会主义具体体制同社会主义基本制度等同起来，自己不思改革，也不允许别人改革，错过了好多大好时机。在迫不得已的情况下，虽然有时也进行了一些调整，但只是局部性的，或是浅尝辄止，或是半途而废，总体上都不成功。其它东欧社会主义国家也是如此。

历史上有两种革命：一种是制度上的革命，一种是体制上的革命。社会主义的改革并非制度上的而是体制上的革命，改革的目的是为了不断完善和发展社会主义制度，是为了解放生产力和发展生产力。对于苏联和东欧社会主义国家来说，如果能兴利除弊，能够在社会主义制度这个好的制度下，不断地进行理论创新和体制创新，那么就一定能够促进社会主义健康地发展。但是，苏联和东欧社会主义国家在改革过程中，

---

① 戴舟主编：《九论社会主义与资本主义的历史进程》，第 1 版，第 43—44 页，北京，红旗出版社，2001 年。

② 《马克思恩格斯选集》，第 2 版，第 4 卷，第 693 页，北京，人民出版社，1995 年。

思想和路线非常混乱，党已丧失了精神支柱和思想凝聚力，丧失了政治敏锐性和分辨是非的能力，已经没有能力把握政治局势，无法带领群众前进了，以至发展到最后完全抛弃马克思主义，抛弃马克思主义的社会主义精神，走西方化的道路。这样，改革就变成了改向。苏东剧变，是苏东共产党人自毁长城，是一批打着马克思主义旗帜、借助于社会主义精神做幌子的人从堡垒内部摧毁了社会主义，摧毁了共产党。就拿苏联来说，戈尔巴乔夫打着"人道的民主的社会主义"旗帜，从全盘否定现实的社会主义出发，指责苏联的社会主义制度造成了各个领域里的垄断：共产党的领导造成了"政治垄断"，公有制造成了"经济垄断"，马克思主义的指导造成了"精神垄断"，并由此导致政治、经济和文化等各个方面的"异化"。因此，他在《社会主义思想和革命性变革》一文中露骨地提出："必须根本改造我们的整个社会大厦：从经济基础到上层建筑。"① 怎样改造呢？就是在政治上取消共产党的领导，实行多党制；在经济上取消公有制，全部实行私有化；在思想上取消马克思主义的指导，实行指导思想多元化。这就从根本上背离了科学社会主义精神的基本原则。正是在戈尔巴乔夫错误思想的指导下，整个党失去了执政依据，整个社会失去了共同的理想和精神支柱。所以"苏联是被人从内部攻破的，是被一小撮有影响的党和国家领导人葬送的，是被反对派搞垮的"②。东欧国家的剧变有西方和戈氏两重外因，但这些外因最终也是通过东欧国家的内因起作用的。无论是苏联还是东欧，巨变的关键都是内因。古巴当时的处境比苏联和东欧国家要险恶的多，但由于古巴坚持马克思主义不动摇，迄今仍傲然屹立在美国的鼻子底下。这就是说，搞不搞"和平演变"在西方，但变不变在社会主义国家自己，在社会主义国家内部。总之，失去了社会主义精神支柱就失去了社会主义，就会亡党亡国，社会主义就会变成资本主义。

三、执政党自身建设问题

执政党自身的行为到底是体现社会主义精神的，还是口头上说是社

---

① 《真理报》1989年11月26日。转引自戴舟主编《九论社会主义和资本主义发展的历史进程》，第1版，第46页，北京，红旗出版社，2001年。
② 见瓦尔列·博尔金《戈尔巴乔夫沉浮录》。

会主义的,而实际上的行为却是违反社会主义精神的,这是社会主义政党取信于民,是关系到社会主义生死存亡的大问题。列宁当年就曾经指出,执政党的最大危险就是脱离群众。在苏联和东欧政局发生剧变的过程中,各国执政的共产党纷纷丧失了执政地位。而广大人民群众要么幸灾乐祸,要么冷眼观之,全没有了革命初期人民群众拥护共产党的热烈场景。原因在哪里?就在于执政长期以来,党内民主集中制遭到破坏,官僚主义、个人迷信和特权腐败盛行,从理论上的公仆变成了实际上的主人。社会主义精神已经在这些国家丧失殆尽。

1. 民主集中制遭到破坏,屡禁不止的官僚主义。马克思主义虽然不否认无产阶级领袖在历史上的作用,但认为创造历史的只能是人民群众。马克思列宁主义也一向反对迷信现象,认为它是过去人类长期历史遗留下来的一种落后的遗产。马克思和恩格斯早年在总结巴黎公社的经验时就指出,工人阶级执政党在执政的条件下要防止由社会的公仆变成社会的主人,列宁在其生命的最后几年,也曾经把主要精力倾注于同党内和苏维埃内的官僚主义的斗争上。东欧党中也不乏有识之士,他们曾正确地提出要警惕官僚主义的问题。匈牙利统一工人党的领导人卡达尔就曾指出:"对共产党人来说,有两大考验。共产党人单独面对敌人时遇到的第一个考验,这是艰苦的考验,因为要冒生命的危险,许多人英勇地接受了这一考验……另一个是接管政权的考验。某些人在第二个考验中失败了。他们开始认为,自己无所不能,于是开始脱离了长期为之奋斗的群众。……在国家生活的各个领域,小霸王越来越多,发号施令成了占统治地位的方法。"①

官僚主义是民主集中制的大敌。民主集中制被破坏的问题在苏共党内由来已久。苏联和东欧国家各党在各自的文件中都常常强调实行集体领导原则,而在实践上,各党却不同程度地存在着违背集体领导原则的现象。有些党的领导人甚至不恰当地夸大个人的作用,事事都由一把手说了算,缺乏集体讨论、集体决策的气氛。斯大林时期搞个人迷信、个人专断,30年代破坏民主法制,错杀了许多人,严重损害了社会主义

---

① 转引自张有军:《人类新文明的演进》,第1版,第308页,北京,中国工人出版社,2002年。

形象。长期担任波党领导人的哥穆尔卡本来是颇受人民爱戴的,但后期也成了作风专断的人,容不得不同意见,并把自己的意见强加于人。保加利亚的日夫科夫对不同意见常常听不进去,进言者长遭贬谪,甚至被开除党籍。罗马尼亚的齐奥塞斯库更是垄断了全党、全军、全国的最高职务,其专制独裁更是为世人所知晓。苏共20大以来不断地批斯大林,但党并没能从中吸取教训。戈尔巴乔夫大讲民主,但实际上党内缺乏民主,仍是戈尔巴乔夫一人说了算。戈尔巴乔夫之所以能够把党和国家引向灾难的深渊,是因为党的领导制度、组织制度、工作制度本身就存在着许多不容忽视的缺陷。其中最大的缺陷就是权力高度集中,缺少有效的监督制约机制。这就使戈尔巴乔夫能够把党的领导变成个人极权,进而将个人集权变成个人专断,形成把个人意志凌驾于党和人民意志之上的局面,而党和人民却失去了监督制约领袖人物的现实手段。此外,官僚主义使得国家机构臃肿,人浮于事,文过饰非,弄虚作假,一些党的领导人的公仆意识逐渐淡化,渐渐疏远了群众,在群众中引起了强烈的不满。

英国生态社会主义者劳伦斯·怀尔德在《资本主义、社会主义与生态》一书中指出,社会主义就意味着人民政权和深刻的民主,只有社会主义才能给予工人阶级和劳动人民真正的权力和全新的自由。民主的核心问题应包括人民的普选权、政治部门向人民汇报和人民随时对官员的罢免权,人民对政权机关的监督权,直接参加经济、社会的决策与管理权。从这个标准来看苏东的领导体制,它与社会主义很少有共同之处,更多的是体现了一种封建主义的东西。从苏东的失败中可以悟出一条真理:不把人民当作社会的主宰,人民迟早会把这个社会葬送。

2. 干部特权与党内腐败。共产党是无产阶级的政党,除了无产阶级和全人类的解放的利益以外,没有自己的特殊利益。共产党员尤其是党的领导干部应当自觉地成为无产阶级和广大人民群众利益的最忠实的代表,更不能把党作为牟取私利的工具。可是,苏东共产党的干部特权和党内腐败现象却越演越烈,在群众中造成了极坏的影响。罗马尼亚齐奥塞斯库80年代将其夫人提为第一副总理,其实际权力比总理还要大。后来又将她与自己并列为"领袖",齐氏垮得那么惨,与其搞裙带风、个人专断脱离群众不无关系。东欧其它国家的领导人也存在大量腐败和特殊化现象。在苏联,斯大林曾大搞等级授职制和高薪特权制,他按个人的主观意志把那些对自己阿谀奉承、随声附和的官僚授予很高的职位与高薪俸禄,因此,在他的时代,苏共就已形成了一个官僚特权阶层。勃列日涅夫时代,苏共的腐败已经是制度化、合理化,而他自己就是苏联共产党腐败的总代表、总头目。在他的示范下,这个共产党执政的社会主义国家,从上到下,无论是党政军机构,群众团体和企业农庄以及学校、厂矿等等的领导干部还是拥有权力享有特权的部分知识分子,很少不腐败变质。有人用拉帮结派、培植亲信、相互倾轧、任人唯亲、权钱交易、卖官买官、贪赃枉法、损公肥私等词语来形容勃氏时代的腐败是非常恰当的。到了戈尔巴乔夫时期,权力的消极性和不可控性充分反映出来,谁都无法阻拦,国家权力流失的恶果从隐蔽走向公开。"干部制度委任化",干部由上到下层层任命。在缺乏制约机制的情况下,这种任命和授权带有主观随意性,难以排除任人唯亲、结党营私、买官鬻爵等腐败现象的出现,并易出现"集体共犯"式腐败。干部只对上负责不对下负责,造成党群、干群之间的隔阂,因而也损害了党的领导的代表性。"个人崇拜普遍化"与"国家权力个人化"相联系,使党和国家政治生活毫无生机可言,使社会失去了制约性批评机制,领导人出了问题,也难以得到及时纠正。苏联巨变期间,学者曾就"苏共代表谁"搞过社会调查,结果显示:认为苏共代表全体劳动人民的只占7%,认为苏共代表工人的只占4%,认为苏共代表全体党员的也只占11%,而认为苏共代表党的官僚、代表干部、代表机关工作人员的占85%。从苏联解体后的结果看,现在俄罗斯的"新权贵",大多不是持不同政见者,也不是黑市倒爷,而是原苏共党内的各级官员。看来,正是这班党内蛆虫,先是借"改革"摧毁了社会主义基本制度,然后在解体后无后顾之忧地成了暴发户,并可以将自己侵吞来的社会财富名正言顺地传给子孙后代了。对于这样一个失去民意、脱离群众的党,你在不在台上与群众不相干,老百姓已不关心你这个党的死活了。这就不难理解,为什么克里姆林宫红旗落地时莫斯科是那样的平静,政权的交替是那样顺利。正是党内这批蛆虫希望和欢迎"变天",以便"合法地"保持和扩大自己侵吞来的社会财富。从一定意义上来讲,苏联和东欧剧变是这伙人发动的"自我政变"。①

社会主义精神在苏东黯然失色，是人类新文明演进中的悲歌，是世界社会主义运动的重大损失，但是它决不是社会主义精神本身的失败，而是丢弃了社会主义精神所带来的恶果。它昭示着我们，无产阶级政党在新的历史条件下，要保持自己政党的阶级性和先进性，必须以是否代表先进生产力的发展要求，是否代表先进文化的前进方向，是否代表最广大的人民根本利益为自己的根本出发点。惟有这样，才能既坚持马克思主义的社会主义精神，同时又在新情况和新形势下发展马克思主义，保持与时俱进的品质。可是苏联和东欧共产党在经济建设问题上，在社会主义改革问题上，在克服自身的腐败问题上都没有能够做到。社会主义精神在苏东不复存在，这是苏东共产党失败的根本原因。

第二节　如何全面看待现实社会主义的曲折和失误

马克思主义认为，历史意识作为人的自我认识、自我理解，并不像历史主义所理解的那样仅仅被归结为以一种历史的态度去面对人类的过去，其更深层的内涵在于在面对人类的过去之时所应持的一种反思和批

---

① 有资料曾经说，戈尔巴乔夫1999年在土尔其首都安哥拉美国大学研讨会上的演讲中说，宣称"我生活的目的就是要消灭共产主义"。这对分析苏联为何解体具有重要价值。现根据外交学院周尊南教授的译文（原文载捷克《对话》（DIALOG）杂志1999年146期），摘录如下：
"我生活的目的就是要消灭对人民实行无法忍受的独裁统治的共产主义。我的妻子在这方面坚定了我的信心，她有这种观点比我还早。我只有身居最高职位，才能为此有最大的作为。因此，我妻子要我不懈地往上爬。当我亲自认识了西方，我的决定就成为不可更改的了。我必须清除苏共和苏联的整个领导，我必须清除所有社会主义国家的领导。我的理想是走社会民主党的道路，计划经济束缚了人的能力，只有市场才能引向发展。
"我找到了自己为实现同样目标的伙伴，首先是雅可夫列夫和谢瓦尔德纳泽，他们为击败共产主义立下了大功。
"我想在同样的国境线内保留苏联，但是，是作为有另外名称的民主国家。我未能成功。叶利钦权欲熏心。他没有任何民主国家的概念。他瓦解了苏联，同时也制造了混乱和所有的困难。缺少了乌克兰、哈萨克斯坦和高加索国家，俄罗斯将不是世界大国。那儿将持续不断地混乱。那是些没有理想的国家。这理想就是西方国家的理想：市场、民主和人权。
"当叶利钦瓦解了苏联、我离开克里姆林宫时，上百的记者们会以为我会哭。我没有哭。我没有哭，因为我生活的主要目的已经达到：我消灭了苏联和所有欧洲的社会主义国家的共产主义。然而，阻挠人类在全世界实现自由理想的亚洲的共产主义也应当被消灭。"——录自萧枫：《两个主义一百年》，第1版，第88页，北京，当代世界出版社，2000年。

判的态度。因为"作为自我创造、自我生成的历史性的存在,人面对自己的过去的目的并不在于获得关于已经逝去的生活的知识,了解自己的过去的根本目的在于改善人的现世生活,并思考人类未来生活的可能性。因此在面对逝去的生活的时候,必须持一种反思和批判的态度,以明确人类对自身生活方式选择的过程中在哪些方面是有益于自身发展的,哪些方面是不利于自身发展的;另一方面,只有持一种反思和批判的态度去面对历史,才能真正理解现实的社会生活。现实的社会生活作为人类历史性活动的结果,只有在反观人类发展的历程的基础上才能被深入地理解和合适地评价,同时,对现实的社会生活给予合适的评价,而对现实的社会生活的理解同样为我们理解、评价历史提供了一个基点,而对历史与现实生活的正确理解和评价则为我们在面对人类未来生活的多种可能性时进行的选择提供一个坚实的立足点。"① 这同样适合于我们如何全面看待 20 世纪世界社会主义的曲折和失误问题。

一、经济政治文化的不成熟性

有关这一问题,本文已在不同的章节中有所论及。20 世纪资本主义开创的"世界历史"的现实,决定了社会主义精神对理想的跨越式的实现;社会主义精神对理想的跨越式实现决定了现实社会主义的不成熟性,即社会主义文明建设高难度的"历史难题";现实社会主义的不成熟性决定了社会主义制度形态、制度模式的多样性,也决定了社会主义代替资本主义是个非常漫长的过程。马克思和恩格斯设想的社会主义是在生产力高度发展的基础上建立的,虽然马克思在晚年也提出过"俄国公社可以跨越资本主义的'卡夫丁峡谷'"而进入社会主义这一重要命题,但是有一个前提条件,那就是俄国公社必须吸取资本主义的一切肯定性的成果。在这里,马克思把生产力发展当作是进行社会主义的一个重要条件。

列宁在十月革命后也多次指出,我们的革命是开始容易,继续比较困难,而西欧的革命是开始困难,继续比较容易。这里的革命开始容易,继续比较困难就是指经济文化比较落后的国家建设社会主义的难题问题。社会主义是在苏联和东欧(虽然他们比东方国家发达)、中国、朝鲜、

---

① 孙正聿等:《马克思主义基础理论研究》(上),第 1 版,第 482 页,北京,北京师范大学出版社,2011 年。

越南等落后的国家（中国、朝鲜、越南等又是帝国主义的殖民地和半殖民地）首先诞生的，这说明无产阶级夺取政权问题在这类国家得到比较圆满的解决。但这些国家在建立社会主义制度以后，怎样建设社会主义，怎样巩固、发展社会主义，却遇到了困难。这些国家是在外有资本主义国家包围，国际环境险恶，内部经济文化落后，和发达资本主义国家有很大差距的条件下进行社会主义探索的，所以这是一个高难度的历史课题。虽然经过几十年的努力，社会主义取得了举世瞩目的成就，但要从根本上完全赶上或超过已经发展了几百年的资本主义是不大现实的。所以，社会主义经济文化落后的状态在短短的时间内是难以完全改观的。

二、封建主义的残余、资本主义腐朽思想的影响

社会主义大多是在经济文化比较落后、封建主义色彩比较浓厚的国家首先建立的，因此，这些国家建立社会主义以后，封建主义不易在短期内迅速而彻底地肃清。在经济方面，封建主义的影响主要表现在自然经济、半自然经济占很大比重，小生产者像汪洋大海，而对于小生产者既不能剥夺，又不能强制，只能把他们逐步地引导到社会主义的道路上来。在这一方面，苏联、中国对于小生产者都没有正确地处理好，以至在长时期内留下了大量问题。封建主义在政治上的影响主要是家长制、等级制的余毒，缺乏资产阶级的民主等。社会主义国家几十年来都普遍存在着个人崇拜、个人集权、领导职务终身制、官僚主义以及以人治代替法治等普遍现象，甚至出现像斯大林这样的社会主义国家领导人严重破坏法制的做法。关于封建主义的余毒，邓小平一针见血地指出过："权力过分集中于个人或少数人手里，……必然要犯错误。……这种现象同我国历史上封建专制主义的影响有关。"①"官僚主义是小生产的产物。同社会化的大生产是根本不相容的。"②"干部领导职务终身制现象的形成，同封建主义的影响有一定关系。"③ 封建主义在思想文化上的影响主要是封闭、狭隘、保守的观念以及文化专制主义等。特别是在中国这样的有着几千年封建传统的国家里，封建主义已经把这些东西通过它的一套行政文化

---

① 《邓小平文选》，第 1 版，第 3 卷，第 329 页，北京，人民出版社，1993 年。
② 《邓小平文选》，第 1 版，第 3 卷，第 331 页，北京，人民出版社，1993 年。
③ 《邓小平文选》，第 1 版，第 3 卷，第 329—321 页，北京，人民出版社，1993 年。

体制去潜移默化地内化了国民的传统心理,并且它长期地占据了中国的政治文化和世俗文化的领地。要彻底改变这种文化心理和文化性格,并非一日之时所能凑效,而是要经过长期地永远不卸地努力才能达到。

社会主义和资本主义共同构成了今天"一球两制"的局面,资本主义的腐朽思想通过各种方式对不成熟的社会主义仍具有极大的疑惑力和腐蚀力。以极端利己主义为特征的资本主义的生产方式和生活方式,科学精神与人文精神相分离的行为方式等都不免对不成熟的社会主义国家产生极大的影响。今天我们在建设社会主义市场经济过程中所出现的各种和社会主义精神不相符合的社会问题,正是资本主义的腐朽思想在社会主义国家的变种和反映。

但是瑕不掩瑜,社会主义的曲折和存在的问题,不能归结为社会主义精神本身。社会主义精神所蕴涵的价值以其对人类文明命运的终极关怀,将永远鼓舞着追求理想文明的人们的不卸地努力。社会主义虽然处于低潮,但是社会主义精神在人类文明的长青树上是不会凋谢的,而凋谢的只是僵死、不改革、不发展的社会主义。古罗马哲学家西塞罗的名言说得好:"精神是不会衰老的。"应该说,他的这句话也只说对了一半,因为不是所有的精神都不会衰老的。如果要说精神是不会衰老的话,那就只有一种精神。这种精神不是马克思·韦伯所论及的资本主义精神,也不是其它别的什么精神,而只能是马克思和恩格斯所创立的科学社会主义所蕴涵的精神,是社会主义精神所蕴涵的价值永远不会衰老的。社会主义精神是和人类社会发展的规律联系在一起的,是和人类文明的终极命运以及人类的价值追求永远连在一起的。

三、对社会主义认识的误区

经济文化的落后,人民生活水平的低下,使得这些社会主义国家更加增强了对社会主义富裕、公平、平等等精神的追求,更加增强了对实行市场经济的资本主义的不公平、不合理、不平等的痛恨,也更加加速了这些社会主义国家向理想中的社会主义文明迈进的步伐。认为只要理想中的社会主义早点实现,人间的种种差距和不平等就会早点消失,却忽视了在经济文化落后的国家搞社会主义文明建设所应该具备的手段。从某些方面来说,这种现象也是既合规律又合目的的。

但是，在某些方面的合规律与合目的，并不完全意味着是合规律与合目的的。马克思主义辩证法的实质就是要多方面、多角度地看问题。马克思指出："一个社会即使探索到了本身运动的自然规律——本书的目的就是揭示现代社会的经济运动的规律——它还是既不能跨过也不能用法令取消自然的发展阶段。"① 20世纪的社会主义国家由于社会主义认识上的误区，即对本国落后性认识不足，因此都以马克思理想中的社会主义来改造社会：用国家的权力和法律取消了商品经济的自然发展阶段；在不具备实现计划经济的基础上建起了传统的指令性计划经济体制，并把它看成是与资本主义的本质区别，把市场经济完全等同于资本主义。虽然计划经济在特定的历史条件下起到了特定的历史作用，但从本质上说是不适合较落后的社会主义国家经济实际和当代社会主义的基本现实的，从而最终成为社会主义经济发展的严重障碍，使得社会主义的经济文化和资本主义相比始终存在着很大的差距。

对社会主义认识的误区，还表现社会主义国家在几十年来一直存在着把马克思主义教条化的倾向，在马克思主义的经典理论面前机械地照抄照搬，不敢越雷池一步。恩格斯在《反杜林论》中指出："我们是不断发展论者，我们不打算把什么最终规律强加于人类。关于未来社会组织方面的详细情况……在我们这里连它们的影子也找不到。"② 1890年8月21日，恩格斯在致奥托·伯尼克的信中说："我认为，所谓'社会主义社会'，不是一种一成不变的东西，而应当和其它社会制度一样，把它看成是经常变化和改革的社会。"③ 列宁也说过"把马克思主义变成一种片面的、畸形的、僵化的东西，就会抽掉马克思主义的活的灵魂，就会破坏它的根本的理论基础……辩证法即关于包罗万象和充满矛盾的历史发展的学说，就会破坏马克思主义同时代的一定实际任务，即可能随着每一次新的历史转变而改变的一定实际任务之间的联系。"④ 比如，马克思设想，未来的社会主义社会可能已经完全消灭了商品和货币关系，代之而

---

① 马克思：《资本论》，第2版，第1卷，第13页，北京，人民出版社，1975年。
② 《马克思恩格斯全集》中文第1版，第22卷，第628—629页，北京，人民出版社，1965年。
③ 《马克思恩格斯全集》中文第1版，第37卷，第443页，北京，人民出版社，1971年。
④ 《列宁选集》第3版，第2卷，第278页，北京，人民出版社，1995年。

起的是产品交换。这只是一种预测,实践证明它不适合落后国家的现实。社会主义国家的领导人,如斯大林和毛泽东虽然觉察到了这一问题,但在他们的社会主义理论和实践中,理想中的社会主义始终是他们要实践的现实目标,结果,"一大二公"的社会主义不仅没有使社会主义精神得到完全彰显,而且还严重束缚了社会主义,使社会主义失去了生机与活力。所以,完全拘泥于马克思主义书本上的教条,不仅不能坚持马克思主义,而且从根本上违背了马克思主义的活的灵魂。

第三节 社会主义的历史与现实经验

社会主义文明代表了人类文明的理想归宿。但是,在当今一球两制的格局下,资本主义和社会主义既是不同社会文明之间的对抗,也是不同社会文明之间的交融。这是人类在实现终极文明之前必须面对的现实和不可逾越的过程。因此社会主义的实践者必须在理论与实践中正确处理好特殊与普遍、个别与一般的关系。既要注重社会主义质的规定性,坚持社会主义基本制度和基本方向不动摇,又要积极吸纳世界各国文明成果,包括资本主义文明成分,以不断提升社会主义文明的程度;既要注重从本国实际出发,走出一条具有本国特色的社会主义文明建设道路,又要切实遵循人类文明发展的过程,并在这一过程中加快社会主义文明进程。在传统的社会主义实践中,由于对社会主义理解的狭隘性和片面性,存在着许多与人类文明规律相悖的因素。历史与现实深刻警告我们,在坚持社会主义文明基本方向的基础上,必须站在时代发展的制高点上,紧跟时代发展进步潮流,努力探索现代人类文明进步的基本规律和共同趋势,并努力与之相适应。这是在经济全球化时代社会主义文明建设不可忽视的任务。

一、必须遵循社会基本矛盾运动的规律,坚定不移地以经济建设为中心,发展社会生产力,同时适应生产力发展的要求,积极稳妥地推进各方面的变革,为生产力的发展创造优良的体制和制度条件,同时推进社会财富的公正分配

生产力与生产关系的矛盾,经济基础与上层建筑的矛盾,是社会的基本矛盾，这个基本矛盾运动，决定着社会性质的变化和社会文明的方向及程度。在这两对矛盾中，最根本的决定力量是生产力的发展。生产力的发展程度，最终决定着社会文明的程度。无论什么样的生产关系和上层建筑，都要随着生产力的发展而发展。20世纪的社会主义都脱胎于经济文化相对落后、资本主义不发达、甚至没有经过资本主义独立发展阶段的农业国度，所以这些国家的工人阶级及其政党取得国家政权后，都面临着怎样建设社会主义的物质技术基础的问题。社会主义发展进程中正反两方面的经验昭示人们，共产党必须及时地实现党和国家工作重心的战略转移，把发展作为党执政兴国的第一要务。

把发展作为共产党执政兴国的第一要务，必须实现社会主义发展导向的重大变革。传统社会主义的发展模式，试图按照马克思和恩格斯对未来社会的设想建设现实的社会主义，因此把实现单一的"生产资料全民所有制"作为目标和导向，结果在实践中导致超越阶段、急于求成现象的发生。对于中国共产党人来说，现在已经充分认识到，现实社会主义的发展道路必须以经济建设为中心，用发展的办法解决前进道路上的问题。所谓发展，首先是发展生产力，而且是发展先进生产力，因此，社会主义的具体形式、经济结构、动力机制都要围绕这样的主题来建构。也就是说，如果生产关系和上层建筑等不能适应生产力发展的需求，而成为生产力发展和社会进步的桎梏，那就必然要发生调整和变革。这就是社会文明进程的内在要求。这样一种社会基本矛盾运动，是人类社会的共同规律，也贯穿社会主义社会文明全过程。因此，在任何时代都必须努力坚持以经济建设为中心，把解放和发展社会生产力作为社会主义的首要本质，作为建设社会主义社会文明的根本任务；同时要根据先进生产力的发展要求，适时地推进经济体制改革、政治体制改革和其他方面的改革，不断促进社会主义制度的自我完善和发展，提升制度文明的程度。这样才能使社会主义制度与时俱进，充满活力，蓬勃发展。

贫穷不是社会主义，但是两极分化也不是社会主义。马克思指出过，人民群众是否得到解放，社会状况是否得到根本改善，这两者不仅仅决定于生产力的发展，而且还决定于生产力是否归人民群众所有。[①] 很显

[①] 参见《马克思恩格斯选集》，第2版，第1卷，第771页，北京，人民出版社，1995年。

然，社会主义与资本主义的根本差异，并不在于是否发展生产力上。如果将解放生产力、发展生产力作为社会主义全部目的的话，那就完全忽略了社会主义发展观与资本主义发展观的本质区别。所以，社会主义国家虽然可以将解放和发展生产力作为社会主义初级阶段的根本任务，但从来不能孤立地讲解放和发展生产力，应该将之与共同富裕联系起来。只讲解放生产力和发展生产力，不讲共同富裕，仍然体现不了社会主义的价值目标。正如邓小平所指出："社会主义发展生产力，成果是属于人民的。"① 发展生产力的落脚点是提高人民群众的生活水平，实现共同富裕的目标。中国共产党提出的全面建设小康社会的奋斗目标，就是要通过发展生产力推动社会主义的全面建设，实现人的自由全面发展，促进经济社会的协调发展，物质文明、政治文明、精神文明、社会文明和生态文明的共同进步，实现社会主义初级阶段的最低纲领，为社会主义向更高阶段发展创造和积累条件。

二、必须坚定不移地走具有本国特色的社会主义民主政治发展道路

对于民主与社会主义的关系，列宁有过一段著名的论述。他说："没有民主，就不可能有社会主义……胜利了的社会主义如果不实行充分的民主，就不能保持它所取得的胜利，并且引导人类走向国家的消亡。"② 从历史的经验教训看，社会主义社会的文明建设，都要靠发展社会主义民主来支持和保证。第一个社会主义国家苏联，在斯大林领导时期，面对帝国主义包围和法西斯侵略的威胁，始终保持着对国内外敌人的高度警惕，这是必要的。但在这一过程中由于没有严格分清两类不同性质的社会矛盾，忽视了社会主义民主法制建设，导致20世纪30年代的肃反扩大化，酿成大批冤、假、错案。中国社会主义发展中的一个主要历史教训，也在于没有切实加强民主政治建设；"文化大革命"之所以能够发生、发展，除了历史、经济、社会和文化等个方面的原因外，民主政治体制不健全、不完善是一个不可低估的因素，因为"文化大革命"的发动、组织、活动均超出了法律和制度的范围，均不符合科学和民主的政治程序。所以，加强民主政治建设是一个关系到社会主义事业兴衰成败

---

① 《邓小平文选》，第1版，第3卷，第255页，北京，人民出版社，1993年。
② 《列宁选集》，第3版，第2卷，第782页，北京，人民出版社，1995年。

的问题。

当然，在发展社会主义民主政治的过程中，必须正确把握好民主的特性、边界和功用。因为任何类型的民主发展都是普遍性与特殊性的统一，"权力决不能超出社会的经济结构以及由经济结构制约的社会的文化发展"[1]。民主的发展跟一个国家的政治状况、经济水平、历史传统、文化结构和整个社会的发展水平有很大的关系。从一般意义上讲，民主是全人类都认可并倡导的字眼，但是各国情况千差万别，民主必须与具体的时代、具体的时间地点条件联系起来，因此具体的民主形式多姿多彩，不存在万能的唯一的模式。以党内民主而言，概括而言，党内民主具有以下基本特征：鲜明的阶级性、目的与手段的统一性、直接民主和间接民主的综合性、发展的渐进性、开放性。全面把握党内民主的基本特征十分重要。在具体的实践中民主决策和科学决策、依法决策密不可分，不能相互替代，各自有不同的边界和功用。例如，一些科学问题和重要认识就不能简单地用少数服从多数的办法来推行，一些涉及党的建设的重要问题就需要广泛地发扬民主，不能少数人包办代替。因此，"高品质的民主须划定边界，泛民主化并不能替代专业主义和其他制度安排，否则只能使民主劣质化和无谓的低效化。"[2] 因此，在发展社会主义民主政治，特别是发展党内民主的过程中，仅仅凭良好的动机、满腔的热情是远远不够的，除了必须把社会主义民主制度化、法律化，即将国家在政治、经济、文化各个领域的民主生活、民主原则、民主形式、民主程序，用系统化的制度和法律加以确认，使之具有制度上、法律上的规范形态外，还要必须正确处理好个人与体制之间的关系，最根本的是要构建具有自我矫正纠错和修复能力的体制和机制。要坚持改革的动机与效果的统一，反对党内民主建设的浪漫主义和急躁冒进以及无所作为。同时要以求实创新的精神坚持完善民主集中制原则。

三、必须大力进行社会主义先进文化建设

社会主义精神文明建设是社会主义的重要特征，只有经济、政治、

---

[1] 《马克思恩格斯选集》，第2版，第3卷，第305页，北京，人民出版社，1995年。
[2] 季正聚："戈尔巴乔夫时期苏共党内民主建设的教训及启示"，《中国延安干部学院学报》，2011年，第6期。

文化协调发展，只有物质文明和精神文明都有高度的发展，才是合格的社会主义。社会主义只有大力进行精神文明，提高全民族的思想道德和教育科学文化素质，才能彻底荡涤旧社会留下来的污泥浊水，才能清除资本主义一切腐朽没落思想的影响。大力加强社会主义精神文明建设，就必须首先大力加强社会主义先进文化建设，使其成为社会主义伟大事业的有机组成部分，并推动和保障社会主义事业沿着正确的轨道向前发展。

　　文化从来都不是一种孤立的现象。它与经济和政治存在着千丝万缕的联系，并具有阶级的特性，是一种历史的、具体地存在。唯物史观认为，每个时代的人们总是自觉地或不自觉地，归根到底总是从他们阶级地位所依据的实际关系中——从他们进行生产和交换的经济关系中，获得自己的思想道德和文化观念的。马克思指出："要研究精神生产和物质生产之间的联系，首先必须把这种物质生产本身不是当作一般范畴来考察，而是从一定的历史的形式来考察。例如资本主义生产方式相适应的精神生产，就和中世纪生产方式相适应的精神生产不同。如果物质生产本身不从它的特殊的历史的形式来看，那就不可能理解与它相适应的精神生产的特征以及这两种生产的相互作用。从而也就不能超出庸俗的见解。"① 在马克思主义的创始人看来，社会主义对资本主义的替代，不仅仅是经济关系的质的转变，这一过程当然也包括思想观念的质的转变。因此，当马克思在《共产党宣言》中提出"共产主义革命就是同传统的观念实行最彻底的决裂"这一重要命题时，思想观念的解放作为与"消灭私有制"同样重大的历史任务同样地赋予了无产阶级。列宁在十月革命胜利后，也认识到了"文化革命"的重要意义，在他看来，实现了文化革命，俄国就能成为完全的社会主义的国家了。对于经济相对落后的社会主义国家而言社会主义文化自然地不是在空地中产生的，它首先需要处理的关键问题在于社会主义文化与资本主义文化和封建文化的关系。列宁不仅从总体性的视角认识到社会主义文化建设之于建设社会主义的重要价值，明确了文化建设的基本原则，更为重要的是，他在实践中也清醒地认识到建构社会主义先进文化的长期性和复杂性。

---

① 《马克思恩格斯全集》第26卷（Ⅰ），第296页，北京，人民出版社，1973年。

先进文化建设在社会主义文明的建设实践中具有十分重大的意义，它不仅是社会主义社会全面发展和进步的内在要求和综合国力全面提升的重要途径，而且也是坚持党的先进性的根本体现，是促进人的全面发展的必备条件。对于社会主义国家来说，先进文化建设，特别是思想道德建设和教育科学文化建设，如果搞不好，很可能就使一些人迷失共产主义的理想信念和社会主义的价值追求，有可能误入资本主义的发展逻辑，不能不值得深入反思。

社会主义精神的核心价值就是追求和谐，因此，社会主义国家的文化建设要承担起在构建社会主义和谐社会中的责任，必须坚持批判继承，努力推进综合创新，促进社会主义和谐文化的繁荣与发展，满足人民群众日益增长的精神文明需求。学习外来文化必须以我为主，借鉴不能照抄照搬，"泥古不化"或者"全盘西化"，都不是正确态度。在西方大过奉行文化霸权主义，加紧对发展中国家，特别是社会主义国家进行思想文化渗透的情况下，必须保持应有的警惕，增强民族文化的自尊和自信，在文化交流与合作始终坚持自己的理想、信念和"批判继承"的原则。在这方面，苏联和东欧国家有着切肤之痛。面对世界各种思想文化相互激荡、相互交融的现实，正确的态度无疑是在继承和发扬本国优秀传统文化的上，以更加开放的姿态、更加广阔的视野，充分吸收和借鉴世界优秀文明成果，批判继承，综合创新。

四、必须构建社会主义和谐社会，大力加强社会主义的社会建设，促进社会和谐

按照马克思的设想，共产主义社会是建立在生产力高度发展的基础上的，阶级差别、城乡差别、工农差别、脑力劳动与体力劳动差别完全消灭，私有制和旧式分工带来的不平等和社会冲突不复存在，个人得以全面发展，人的创造力得到充分发挥的最理想的和谐社会，在那里，每个人的发展是一切人的自由发展的条件。在马克思和恩格斯看来，只有铲除产生不和谐的根源，在对资本主义生产方式及其整个社会制度实行完全变革之后，才能实现真正意义上的社会和谐。

作为世界上第一个社会主义国家的领导人，列宁在实践中也逐渐认识到，在经济文化相对落后的国家建设社会主义是一个长期性、艰巨性

和复杂性的历史过程，社会和谐的完整实现不可能一蹴而就。列宁承认，俄国革命的胜利，其意义只是为建立社会主义所需要的文明创造了发展的前提，"我们的文明程度也还够不上直接向社会主义过渡，虽然我们已经具有这样做的政治前提。"① 因此，实现成为完全社会主义国家的文化革命，无论在纯粹文化方面还是在物质基础方面，都是异常困难的。他在晚年关于改善工农关系，改善国家机关，消除官僚主义等的思考，为建设社会主义文明明确了努力方向，也为构建真正意义上的社会和谐明确了一系列着力点。但后来斯大林在社会主义社会矛盾的认识和处理上，在经济发展和社会进步的关系上出现了一系列错误，具体反映在阶级政策上犯了阶级斗争扩大化的错误，在经济发展片面强调重工业和军事工业，从而造成的重工业和轻工业之间、工业和农业之间的不平衡发展，进而使阶级关系长期处于紧张状态，使经济社会整体性发展的局面一直难以形成。在中国，毛泽东在1956年9月会见意大利共产党代表团时评价斯大林道："客观形势已经发展了，社会已从这一个阶段过渡到另一个阶段，这时阶级斗争已经完结，人民已经用和平的方法来保护生产力，而不是通过阶级斗争来解放生产力的时候，但是在思想上却没有认识到这一点，还要继续进行斗争，这就是错误的根源。"② 和谐必然反映为稳定，但稳定并不意味着和谐，苏联社会虽然在斯大林时期保持稳定，但这种稳定其实并不是一种和谐状态的稳定。事实证明，正是各种矛盾的逐渐积累，成为最终导致苏联剧变的重要原因。

社会主义制度在中国建立后，中国共产党为实现人民幸福和社会和谐奠定了坚实的制度基础。1957年，毛泽东在《关于正确处理人民内部矛盾的问题》一文中指出："在社会主义社会中，基本的矛盾仍然是生产关系和生产力之间的矛盾，上层建筑和经济基础之间的矛盾。"③ 矛盾不断出现，又不断解决，就是事物发展的辩证规律，毛泽东不仅承认社会主义社会仍然存在矛盾，而且提出了正确处理社会主义社会矛盾的基本原则。社会和谐目标的实现首先需要物质生产力的迅速发展。党的八大

---

① 《列宁选集》，第3版，第4卷，第796页，北京，人民出版社，1995年。
② 中共中央文献研究室：《毛泽东传（1949—1976）》（上），第1版，第539页，北京，中央文献出版社，2003年。
③ 《毛泽东文集》，第1版，第7卷，第214页，北京，人民出版社，1999年。

政治决议指出，我们国内的主要矛盾的实质，在我国社会主义制度已经建立的情况下，就是先进的社会主义制度同落后的社会生产力之间的矛盾。"党和全国人民的当前的主要任务，就是要集中力量来解决这个矛盾，把我国尽快地从落后的农业国变为先进的工业国。"① 毛泽东的设想是十分美好的，既反映了社会主义的价值要求，也反映了全国人民的共同愿望："我们的目标，是想造成一个又有集中又有民主，又有纪律又有自由，又有统一意志又有个人心情舒畅、生动活泼，那样一种政治局面，以利于社会主义革命和社会主义建设，较易于克服困难，较快地建设我国的现代工业和现代农业，党和国家较为巩固，较为能够经受风险。"② 但后来毛泽东由于片面强调阶级斗争，实际上仍然使社会处于一种不和谐的状态。

改革开放以来，我们党在领导全国人民建设中国特色社会主义的实践进程中，逐步深化了关于社会结构的认识，并逐步完善了中国特色社会主义的总体布局。从邓小平的"两个文明"都要搞好才是中国特色社会主义到江泽民的物质文明、政治文明和精神文明建设以及十六大提出的建设更高水平的小康社会，使经济更加发展、民主更加健全、科教更加进步、文化更加繁荣、社会更加和谐、人民生活更加殷实等，都是对构建社会主义和谐社会的探索。2006年10月，《中共中央关于构建社会主义和谐社会若干重大问题的决定》指出："我们要构建的社会主义和谐社会，是在中国特色社会主义道路上，中国共产党领导全体人民共同建设、共同享有的和谐社会。"③ 这就在明确社会主义和谐社会建设的根本目的基础上进一步确认了和谐社会构建的正确方向。要构建和谐社会，在实践上必须在经济发展的基础上，更加注重社会建设，着力保障和改善民生，推进社会体制改革，扩大公共服务，完善社会管理，促进社会公平正义，努力使全体人民学有所教、劳有所得、病有所依、老有所养、

---

① 中共中央文献研究室：《毛泽东传（1949—1976）》（上），第1版，第356页，北京，中央文献出版社，2003年。
② 中共中央文献研究室：《毛泽东传（1949—1976）》（上），第1版，第715页，北京，中央文献出版社，2003年。
③ 《中共中央关于构建社会主义和谐社会若干重大问题的决定》，《人民日报》，2006年10月19日。

住有所居等。我们党已经从制度保障、社会利益关系协调以及解决群众最关心的现实问题入手，使之真正落到实处并成为一种长效性安排。这是对社会主义文明的进一步提升和社会进步的伟大贡献。

五、必须遵循各种社会文明长期共存、竞争比较、相互融合的规律，积极吸纳世界各国文明成果

人类社会文明进程从来就是丰富多彩的过程，单一文明不可能长久，更难以形成世界性的社会文明。全球化将世界文明的多样性和共融性更加显明地提到人类文明的历史舞台上来。在当代世界，既有社会主义社会文明，也有资本主义社会文明，还有其他种种形态的社会文明。各种社会文明长期共处在同一个历史平台上，在竞争比较中取长补短，在求同存异中共同发展，由此形成奔腾不息的历史文明潮流。社会主义文明，必须以宽广的世界眼光和博大的文明胸怀积极吸纳各国文明成果，这样才能不断地提升自己的文明素质，领世界文明之风骚。否则，以孤立的、封闭的、静止的眼光看待世界，排斥和拒绝其它社会制度和社会文明的成果，其结果必然使自己固步自封，甚至不进则退，这是已为历史和现实所反复证明了的事实。所以我们要正确处理好社会主义文明与资本主义文明的关系。一方面，要看到资本主义文明进程的阶级狭隘性和历史局限性，坚定社会主义在经历一个长过程后必将取代资本主义的信心；另一方面，要充分认识到社会主义取代资本主义是一个非常漫长的历史过程，社会主义文明与资本主义文明将长时期地处在同一个历史平台上。社会主义要赢得与资本主义相比较的优势，社会主义文明要创造高于资本主义文明的因素，就必须大胆吸收和借鉴资本主义发达国家一切反映现代社会生产规律的文明成果，并转化为推动经济、政治、文化发展的动力。这种学习和借鉴，是社会主义文明对人类社会文明共同规律的遵循，也是对人类社会文明大趋势的积极适应。社会主义只有广泛吸纳各种文明之长，才能不断地丰富自己，才能最终代替资本主义。

我们看到，中国共产党领导的中国特色社会主义文明建设，在邓小平理论和"三个代表"重要思想指引下，深入贯彻落实科学发展观，在总结世界社会主义文明建设历史经验的基础上，正在历史性地奋力开拓着一条社会主义文明建设的新道路。这条新道路，既体现了马克思主义的社会主义精神的本质，同时又在新条件和新形势下进行了大胆的理论创新和体制创新。这就是，第一，把市场经济与社会主义物质文明建设结合起来。在我国现阶段，建设社会主义物质文明，关键在于进一步深化社会主义市场经济的变革，坚定不移走经济市场化之路。社会主义市场经济，是社会主义与市场经济的有机结合体：社会主义是基本制度，保证市场经济运作的方向，调节市场自身无法克服的矛盾，抑制市场的某些弱点和负面效应，从而使广大人民在市场经济中共同受益，通过市场经济逐步走上共同富裕道路；市场运作机制，起着社会主义基本制度下合理地调节和分配社会资源，更好地解放和发展生产力的作用。社会主义市场经济，是一个完整的经济形态，它不仅解决了社会主义社会生产力的发展形式问题，而且创造了一种新型的现代化的生产方式和经济制度，从而开拓了一条社会主义社会文明的新型道路。第二，把先进文化与社会主义精神文明结合起来。在全球化时代，文化多元化不可阻挡，各种思想文化相互激荡，我们既面临着各种先进文化的文明之风的熏陶，又面临着旧社会遗留下来的和国外渗透进来的腐朽没落的旧文化的严重浸蚀。社会主义精神文明建设的实质是先进文化的弘扬和创建，这就是坚持以马列主义、毛泽东思想、邓小平理论为指导，深入贯彻落实科学发展观，立足于建设有中国特色社会主义的实践，着眼于世界科学文化发展的前沿，不断发展健康向上、丰富多彩的，具有中国风格、中国特色的社会主义文化，满足人民群众日益增长的精神文化需求，引导广大人民群众从思想上精神上正确武装自己和不断提升自己，确立全民族的精神文明支柱。社会主义精神文明建设的根本任务是以先进文化提高人的素质。先进文化是社会主义在思想上精神上的一面旗帜，只有切实地加强先进文化建设，社会主义社会文明才有正确的方向和不竭的动力。第三，把民主法制与社会主义政治文明结合起来。在全球化时代，在我国社会主义初级阶段文明进程中，提出加强社会主义政治文明建设，具有极其重大的现实意义和深远的历史意义。这不仅是因为，政治文明是社会主义现代文明的重要组成部分，没有政治文明，就没有社会主义，就没有社会主义现代化；而且更重要的是，由于封建专制政治的深重影响，由于民主政治实践还较短，我们在政治领域还存在着不少漏洞和弊端，社会主义政治文明的程度还不高。历史与现实都反复警示我们，不高度重视和切实加强社会主义政治文明建设,物质文明建设、精神文明建设就会遇到来自政治领域的障碍而难以顺利进行,社会主义市场经济的伟大变革就很难有大的突破,社会主义也很难抵御资本主义政治文明所形成的影响和冲击,最终将延缓中国现代化的步伐。社会主义政治文明的实质是高度民主政治,其价值目标是社会主义政治现代化,其现实任务是通过政治体制的改革与创新,实现政治制度的民主化和规则化,实现政治资源代表最广大人民根本利益的合理配置。[①] 总之,把民主法制和社会主义政治文明结合起来,这是代表好、实现好、维护好最广大人民的政治利益的根本保证,是确保人民当家作主权利的根本保证。此外,把构建社会主义和谐社会与社会文明结合起来,把环境保护和生态文明建设结合起来,走出了一条中国特色社会主义文明之路,为人类文明做出了重大贡献。

第四节 人类文明的走向"不能没有马克思"

20世纪80年代末90年代初,西方出现了一股意识形态终结论的思潮,进而全盘否定马克思,否定社会主义,宣称人类的历史(或文明)已经终结,其典型代表是日裔美国学者福山。人类的历史已经终结了吗?人类文明将向哪里去呢?这是所有关心人类文明命运的人不得不深思的一个重大问题。

一、"历史终结论":一个历史谎言者的谎言

福山在1989年《国家利益》杂志上发表了《历史的终结?》一文。1992年又出版了《历史的终结和最后的人》一书。该书的出版,在整个世界引起了强烈的反响,成为西方资本主义主流意识形态的代表。福山在该书中向人们传布了这样一个所谓的"福音":苏联东欧社会主义制度的失败表明,民主在世界范围内取得决定性的胜利,西方的包括政治制度、经济体制等在内的意识形态体系,已经彻底击败非西方的意识形态体系。因此,哲学意义上的长期的意识形态冲突已经不复存在,目

[①] 此处吸收了包心鉴的某些观点,见"全球化与社会主义社会文明",《山东师范大学学报》(人文社会科学版),2002年,第4期。

前的世界形势不只是冷战的结束，也是意识形态进化的终点。他还说，追求自由已经成为人类文明的共同奋斗目标，自由与民主的理念已无可匹敌，历史的演进过程已走向完成；西方的自由民主制度已是人类政治的最佳选择，它即将成为全人类的制度，人类对于合理社会制度的探求到此已告一段落，人类社会进入了一个"天下大同"的时期。面对当代西方社会里的财政赤字、通货膨胀、犯罪、毒品等现实，福山认为，它们只是"问题"，西方社会没有矛盾。一句话，自由民主制度将先前的所有重大矛盾都解决了。"所有人类需要都被满足了"，今后不再有"大问题"。它不仅现在没有可以与之竞争的意识形态对手，而且在可预见的将来也不存在更好的价值选择。因为它是唯一的，所以它是最终的。事实上，福山的"历史终结论"不过是对贝尔的"意识形态终结论"以及布热津斯基的"共产主义大失败论"的传承和发展。尽管福山不承认他们之间的共同点，认为当前世界的发展是资本主义意识形态对一切意识形态的胜利，但他认为其历史终结论并不是在为一种还未实现的新事物辩护，而是为明明不完美的资本主义的现状寻找合理化的基础。

"历史的终结"的观点引起广泛的争议。法国哲学家德里达在1993年作的一系列演讲和1994年《新左派评论》上发表的长文中指出："福山为了证明自由民主制度是已经实现了的历史目的，在对其论点有利时大量引用经验事实，尤其20世纪下半期发生的许多事件。但面对同样是数量庞大的相反的事实时，则强调他所说的作为历史之目的的自由民主是一种理念、理想，因而自由民主制度在事实上的不普遍和不完善，并不妨碍福山说自由民主已经赢得决战。但德里达认为，福山这本书的成功之处也正在这里：它之所以一下子成为西方市场上十分抢手的传媒小玩艺（人们对它的态度就像家庭妇女一听到打仗的谣言便抢购物品一样），是因为它满足了市场上的一种特殊需要：那些为自由资本主义的胜利欢呼的人，觉得有必要向自己隐瞒自由资本主义现在比任何时候都脆弱、都危险，在某些方面甚至灾难重重这个事实，有必要向自己隐瞒马克思的批判原则或"精神"的潜力。① 马克思主义并没有终结，就像历史

---

① 张晓慧："'历史终结'论"，《国际资料信息》，2002年，第7期。

并没有终结一样。但历史和马克思确实发生了重大变化，我们有必要对它们做重新的认识。

针对福山的"历史终结论"，美国学者丹尼尔·伯恩斯坦也指出，历史并未"终结"，北美、西欧和日本组成的大三角并不是由单一的经济和政治体制组成。一旦将它们联系在一起的反对共产主义的共同斗争的纽带松开以后，这大三角中的三个很不相同的力量便将它们所有的精力转移到相互竞争上来。美国、欧洲和日本并不阻止形成一个共同市场并愿意在这个市场中占有一份额这一事实，并不意味着它们之间的竞争不具残酷性、毁灭性和暴力性。而福山所竭力称颂的自由市场和民主的价值也引起普遍的怀疑。法国学者阿塔利在《西方文明的崩溃》一文中对西方文明赖以存在的前提——市场经济与民主——进行了深刻的剖析。他认为，在一个民主的社会里，促进个人的发展是最终目标，而在一种市场经济中，个人被当做一件商品，一件因缺少适当教育、技能、心理特质、教养而可能被拒绝或抛弃的商品；市场经济承认和加剧了经济体制之间的不平等，而民主则以所有公民享有平等权利为基础。由于市场经济和民主所依据的选择原则刚好相反，因此，民主与市场经济结合起来，不可能给持久的文明提供一个稳固、健康的基础。在比较了市场经济与民主的特点后，阿塔利进一步指出，市场经济比民主有活力。疯狂地找寻资金、为选举提供资助、腐败蔓延、经济犯罪形成规模等，都是市场经济胜过民主伦理的象征。在这种情形下，民主最终将崩溃，被市场机制和腐败所取代。政治结果可以买卖，市场经济将统治大众生活的各个方面，这将为公司经济权最终战胜个人权铺平道路。要避开文明的毁灭，阿塔利认为西方文明应该更谦虚地对待其自身的价值，并坦诚地承认，西方文明应该向其它文明学习。① 布热津斯基对美国的价值观和生活方式也提出了质疑，说："美国显然需要花一段时间，在哲学上进行反省和文化上做自我批判。在这一时期内必须认真地认识到，以相对主义的享乐至上作为生活的基本指南是构不成任何坚实的社会支柱的：一个社会没有共同遵守的绝对确定的原则，相反却助长个人的自我满足，那么，这

---

① 转引自仲崇东："'意识形态终结论'评析"，《天津社会科学》，2002年，第4期。

个社会就有解体的危险。"① 福山在论证"历史终结论"时,明显是以美国为首的西方发达国家的存在为根据,并为其辩护。他始终把美国出现的消费文化当成未来世界历史的重要文化特征,并以此去要求和规范其它国家和民族的文化,其矛头所向就是马克思主义的社会主义。这和亨廷顿的"文明冲突论"是一脉相承,其真实目的是宣扬西方文明中心论,把西方文明看成是普适文明,是人类文明的终结。很显然这是是一种典型的为资本主义辩护的理论,也是一个荒谬的预言与历史的谎言。

二、我们的时代"不能没有马克思"

当代解构主义大师德里达(JACQUES DERRIDA,1930—2004年)运用当代诠释学的方法,对马克思遗产所作的当代解读,对于揭示马克思主义在当代发展的多样性和异质性,更加凸现马克思主义的当代性具有重大意义。

德里达明确指出:"不能没有马克思,没有马克思,没有对马克思的记忆,没有马克思的主义,也就没有将来;无论如何得有某个马克思,得有他的才华,至少得有他的某种精神。"② 德里达根据其对马克思主义的领悟和对当代资本主义社会的体察,在《马克思的幽灵》中通过对"幽灵学"和"遗产学"等逻辑主线的分析以及对福山的"事实的福音"和"理想的福音"的有力驳斥,反复告诫我们:人类不能没有马克思主义,马克思主义没有过时,人类只能在马克思主义的旗帜下开创未来。

在《马克思的幽灵》中,德里达是从以下几个方面来说明马克思主义具有重大的当代性。第一,马克思主义已经成为人类文化遗产,必然对当今人类产生影响。"地球上所有的人,不分男人和女人,不管他们愿意与否,知道与否,他们今天在某种程度上说都是马克思和马克思主义的继承人。"③ 也就是说,马克思的名字已和历史上所有的思想巨匠联在一起,他的思想已构成人类文化精神的重要组成部分而影响着所有人,

---

① [美] 布热津斯基:《大失控与大失败》,第1版,第125页,北京,中国社会科学出版社,1994年。
② [法] 雅克·德里达:《马克思的幽灵》,第1版,第21页,北京,中国人民大学出版社,1999年。
③ [法] 雅克·德里达:《马克思的幽灵》,第1版,第127—128页,北京,中国人民大学出版社,1999年。

当今的人们不管承认与否,实际上都是马克思遗产的享用者和继承者。其次,马克思主义的对立面的存在决定了其不会过时。他认为,马克思主义是批判资本主义的象征。虽然当今资本主义世界已发生了重大变化,但它仍然是资本主义发展的一个新阶段,依然"满目皆是黑暗、威胁与被威胁"①。在《马克思的幽灵》中,德里达揭示并批判了当代资本主义的十大"祸害",② 指出,马克思主义仍然是批判当代资本主义社会的强大思想武器。最后,德里达通过对"历史终结论"的批判,揭示了西方资本主义主流意识形态的虚伪性和欺骗性,说明了马克思主义仍然是当今社会进步的必不可少的强大的精神力量。由此,德里达的批判表明,无论这些动听的政治口号怎样想扮演新福音的角色,只是一种乌托邦的意愿,或者相当于一种阴谋,像马克思说的麻醉人民精神的鸦片(指宗教)。……我们甚至同时看到,德里达实际上是站在马克思一边批判马克思当年曾经批判过的东西。德里达运用其解构思想对马克思遗产进行的独特诠释,使马克思主义从纯粹精神抽象的理论中解脱出来,并在马克思主义那里寻求一种解构的因素,极力塑造出一种所谓的解构以及解构的马克思主义精神的马克思主义记忆和传统。

在《马克思的幽灵》中,德里达把马克思遗产的根本精神归结为马克思面对社会历史的批判意识和革命精神以及对作为未来社会理想的共产主义的不懈坚持,即把马克思主义的批判精神和共产主义理想认定为马克思主义中最有前途、最有活力、最为现实所急需的两个因素。它们是我们这个时代宝贵的思想文化遗产,必须为我们认真对待和正确继承,从而充分发挥其当代功能,并成为我们手中的有力武器。③ 这个有力武器,一是马克思主义对资本主义社会的批判,当代资本主义并没有像福山所想像的那样,足以担当起终结人类全部历史的重任,相反,它在发展中所暴露出来的一系列问题表明,它也必须不断地受到批判,从而不

---

① [法]雅克·德里达:《马克思的幽灵》,第 1 版,第 76 页,北京,中国人民大学出版社,1999 年。
② [法]雅克·德里达:《马克思的幽灵》,第 1 版,第 115—119 页,北京,中国人民大学出版社,1999 年。
③ 郑朝阳:"为什么'不能没有马克思'——论德里达对马克思遗产的当代解读",《学术研究》,2008 年,第 11 期。

断调整自己的发展道路。虽然有的学者把当代资本主义称作晚期资本主义,但马克思在资本主义自由发展时期所作的许多论述在今天仍然有其不可磨灭的批判价值。二是马克思主义的自我批判精神。他说:"要想继续从马克思主义的精神中吸取灵感,就必须忠实于总是在原则上构成马克思主义而且首要地是构成马克思主义的一种激进的批判的东西,那就是一种随时准备进行自我批判的步骤。这种批判在原则上显然是自愿接受它自身的变革、价值重估和自我再阐释的。"① 德里达的马克思主义自我批判精神虽有其自我局限性,但是把马克思主义的批判精神凸现出来,显示了他对马克思主义本质的深刻把握。德里达特别强调,在当今的这个物欲横流的世界里,马克思的共产主义理想更能积极发挥其重塑现实的实践性冲动,并为现实社会提供另一种更加合理的替代性社会理想。"共产主义"中所允诺的解放与自由的希望,却使它在今天比以往任何时候都显得更为迫切和急需,因此也就比"批判精神"更为重要。他说:"如果说有一种马克思主义的精神是我永远也不打算放弃的话,那它绝不仅仅是一种批判观念或怀疑的姿态(一种内在一致的解构理论必须强调这些方面,尽管它也知道这并非最后的或最初的结论)。它甚至更主要地是某种解放的和弥赛亚式的声明,是某种允诺,即人们能够摆脱任何的教义,甚至任何形而上学的宗教的规定性和任何弥赛亚主义的经验。"② 可以说,德里达心中的这种共产主义其实就是一种面向未来和他者的开放心态、一种对公正社会的期待和信仰,一种对正义、民主和解放等美好事物的追求和实践。在这里,德里达对马克思主义的社会主义精神或者说共产主义精神竟是充分肯定和继承的,并承认这种精神价值和理想是永恒不灭的。特别是在我们当今的这样一个理想匮乏、物欲横流的时代,德里达对马克思的社会主义精神或者说共产主义精神的重新诠释更显得有价值。

---

① [法]雅克·德里达:《马克思的幽灵》,第1版,第124页,北京,中国人民大学出版社,1999年。

② [法]雅克·德里达:《马克思的幽灵》,第1版,第126页,北京,中国人民大学出版社,1999年。

结束语

整个21世纪,人类将会遭遇怎样的命运?这是一个需要全人类共同回答的问题。福山的"历史终结论"或"文明终结论"的所谓理论,肯定不是唯一的答案:它提供给人类的即不是理性的解答,也不可能为人类的未来找到一条能够解决困惑的出路。因为,他的这种论点不可能为解决人类问题提出一种合乎理性、合乎逻辑、令人信服的思路。因为这种理论"战略设计"的出发点和归宿在于:冷战形成的两极对抗世界秩序的终结,将导致世界可能向"西方文明"一元化的、特别是以美国为最高主宰的单极世界过渡。因此,这个设想是没有前途的。

应该承认,西方文明曾创造了某些合乎人类"终极关怀"的价值。西方走出中世纪,走向现代化,不仅有工业革命和科技革命的支持,而且还有"宗教改革"、"文艺复兴"、"人文主义运动"所创造的目的理性、价值理性的精神成就。也应该承认,西方世界在近代以来取得的文明成就中确实有较大收获,但这并不能证明西方人就是地球的主宰,更何况"西方文明"还包含了某些不符合人类需要,为人类带来巨大灾难的负价值。众所周知,20世纪的"西方文明"曾把19世纪欧洲的经济危机转嫁给了全世界,并给人类造成了巨大的灾难。因此,在充分肯定西方文明全部"肯定的成就"的同时,人类有权利拒绝"西方文明"制造的罪恶及其大肆贩卖的文化垃圾。

美国著名学者麦金太尔在研究了全部的西方伦理学史后,指出:近三百年来西方最富理论洞察力的大师们都无力挽回现代西方文明的"道德危机",进而他提出了人类文明命运问题:如果德性对于人类没有价值,那么这意味着人类处于"黑暗时期"。美国不是上帝,"西方文明"的价值体系也不能拯救人类文明的命运。多年前,西方某些大国、强国对于南联盟和伊拉克等国家的狂轰乱炸以及纽约世贸大楼轰然倒塌下的深层次原因，就是对"西方文明中心"论最好的注脚。

  世界是丰富多彩的，各国文明的多样性是人类社会的基本特征，也是人类文明发展的动力。如果说人类社会的未来有一种普适文明的话，那么，马克思主义的社会主义精神就代表了人类文明的未来命运。社会主义精神的占有与公正、民主与平等、富裕与和谐以及人的自由而全面发展就是人类文明最好也是最后的归宿。①

---

  ① 马克思本人不是"历史终结论者"。他认为，历史不过是现实的人的活动的历时性展开，只要人类存在，历史永远不会终结。共产主义社会的实现并不意味着人类历史终结，而是人类真正的历史的开始。即便说共产主义社会是"历史的终结"，那只是人被自然关系和社会关系所奴役的历史的终结，即前历史或"人类社会的史前时期"的终结。在马克思看来，只有在共产主义社会，人们才最终脱离了动物界，从动物的生存条件进入真正人的生存条件，人类社会从此进入了自觉创造历史的新的时期，即人们第一次成为自然界的自觉的和真正的主人……人们才完全自觉地自己创造自己的历史——作者注。

参考文献

1. 《马克思恩格斯选集》，第1—4卷，人民出版社，1995版。
2. 《马克思恩格斯全集》，有关卷，人民出版社，第1版。
3. 《列宁选集》，第1—4卷，人民出版社，1995年版。
4. 《列宁全集》，有关卷，人民出版社，第1版、第2版。
5. 《斯大林全集》、《斯大林选集》，有关卷，人民出版社，第1版。
6. 《毛泽东选集》，第1—4卷，人民出版社，1991年第2版。
7. 《邓小平文选》，第1—3卷，人民出版社，第1版、第2版。
8. 许征帆：《时代风云变幻中的马克思主义》，中国人民大学出版社，2000年版。
9. 许征帆：《社会主义本质论》，山东人民出版社，1999年版。
10. 赵家祥：《历史唯物主义教程》，北京大学出版社，1999年第1版。
11. 赵家祥：《马克思主义社会形态理论简论》，北京大学出版社，1995年版。
12. 陈先达：《历史唯物主义新探》，中国人民大学出版社，1990年版。
13. 杨耕：《危机中的重建—历史唯物主义的现代阐释》，中国人民大学出版社，1995年版。
14. 黄楠森：《马克思主义哲学史》，高等教育出版社，1999年版。
15. 余源培等：《马克思主义哲学史教程》，安徽人民出版社，1987年版。
16. 张建民：《社会历史规律论》湖南师范大学出版社，1997年版。
17. 欧阳康《社会认识方法论》武汉大学出版社，1998年版。

18. 陈新夏《人的尺度—主体尺度研究》，湖南出版社，1995年版。
19. 商愈：《决定论的历史形态》，山东大学出版社，1998版。
20. 黄克剑：《人韵——一种对马克思的解读》，东方出版社，1996年版。
21. 陆魁宏：《谈规律》湖南人民出版社，1982年版。
22. 李德顺：《价值论》中国人民大学出版社，1987年版。
23. 李连科：《价值哲学引论》，商务印书馆，1999年版。
24. 马德普：《社会主义基本价值论》，中央编译出版社，1997年版。
25. 郁建兴朱旭红：《社会主义价值学导论》，浙江人民出版社，1997年版。
26. 秦在东：《社会主义精神质量：逻辑关联与价值转换》，华中师范大学出版社，1999年版。
27. 陈中立：《反映论新论》，中国社会科学出版社，1997年版。
28. 王玉樑、［日］岩崎允胤：《中日价值哲学新论》陕西人民教育出版社，1994年版。
29. 韩震：《西方历史哲学导论》山东人民出版社，1992年版。
30. 王守昌：《西方社会哲学》，东方出版社，1996年版。
31. 刘怀玉等：《走出历史哲学乌托邦——马克思主义发展观的当代沉思》，河南人民出版，2001年版。
32. 刘曙光：《人的活动与社会历史发展规律的关系》，民族出版社，2002年版。
33. 张华金：《文明与社会进步》，上海社会科学院出版社，1998年版。
34. 田心铭：《认识的反思》，人民出版社，2000年版。
35. 葛懋春：《历史科学导论》，山东教育出版社，1983年版。
36. 吴泽：《史学概论》，安徽教育出版社，1985年版。
37. 丁伟志：《对历史的宏观思考》，河北教育出版社，2001年版。
38. 袁吉富：《历史认识的客观性问题研究》，北京大学出版社，2000年版。
39. 陈先达：《马克思主义基本原理教程》，中国人民大学出版社，1988年版。

40. 郭继严等：《马克思主义发展史》，中国人民大学出版社，1989年版。

41. 赵明义等：《20世纪社会主义的历史抉择》，黄河出版社，2000年版。

42. 赵明义等：《科学社会主义中国化问题研究》，山东大学出版社，2002年版。

43. 许庆朴、李爱华：《有中国特色社会主义探源》，人民出版社，2002年版。

44. 赵光武：《用唯物史观观察社会主义社会》，同心出版社，1994年版。

45. 赵家祥丰子义：《马克思东方社会理论的历史考察和当代意义》，高等教育出版社，2002年版。

46. 孙承叔：《真正的马克思》，人民出版社，2009年版。

47. 孙正聿等：《马克思主义基础理论研究》（上、下），北京师范大学出版社，2011年版。

48. 林今柱等：《社会主义大趋势》，中央编译出版社，1997年版。

49. 江流等：《中国共产党的社会主义建设理论与实践》，青岛出版社，2001年版。

50. 江流：《社会主义论集》，中央编译出版社，2000年版。

51. 赵曜等：《马克思列宁主义基本问题》，中共中央党校，2001年版。

52. 施九青：《当代世界社会主义研究》，天津社会科学院出版社，2000年版。

53. 戴舟：《九论社会主义和资本主义发展的历史进程》，红旗出版社，2001年版。

54. 张有军：《人类新文明的演进》，中国工人出版社，2002年版。

55. 赵耀、秦刚等：《科学社会主义：从马克思到邓小平》，江苏人民出版社，1998年版。

56. 薛汉伟：《时代发展与中国特色》，北京大学出版社，1996年版。

57. 江流、徐崇温：《20~21世纪：社会主义的回顾与前瞻》，中国社会科学出版社，1995年版。

58. 周新城：《理论·历史·现实——关于社会主义及其命运的思考》，中国人民大学出版社，1996年版。

59. 中国人民大学马列发展史研究所：《列宁思想史》，上海人民出版社，1988年版。

60. 黄宗良等：《世界社会主义的历史和理论》，中央编译出版社，1995年版。

61. 俞邃：《苏联解体前后》，江苏人民出版社，1995年版。

62. 刘祖熙：《东欧剧变的根源与教训》，东方出版社，1995年版。

63. 曲庆彪：《超越乌托邦——毛泽东的社会主义观》，北京出版社，1996年版。

64. 赵明义：《社会主义的历史命运》，人民出版社，1997年版。

65. 李棕：《当代资本主义的新发展》，经济科学出版社，2000年版。

66. 陈为汉、徐正明等：《当代资本主义的结构性经济危机》，四川人民出版社，1988年版。

67. 李青宜：《西方马克思主义的当代资本主义理论》，重庆出版社，1990年版。

68. 陈学明：《哈贝马斯的"晚期资本主义"论述评》，重庆出版社，1993年版。

69. 张四鹏、殷叙彝：《全球化时代的资本主义》，中央编译出版社，1998年版。

70. 李景治等：《当代资本主义基本矛盾及其演变》，中国人民大学出版社，2001年版。

71. 黄安淼等：《当代资本主义的发展与马克思主义》，中国人民大学出版社，1994年版。

72. 王海明：《公正·平等·人道》北京大学出版社，1998年版

73. 徐崇温：《全球问题和人类困境》，辽宁人民出版社，1986年版。

74. 高放等：《社会主义思想史》，中国人民大学出版社，1987年版。

75. 何兆武、陈启能：《西方近代社会思潮史》，山东教育出版社，2001年版。

76. 段忠桥：《当代国外社会思潮》，中国人民大学出版社，2001年版。

77. 王霁等：《马克思主义与当社会思潮》，中国人民大学出版社，1994 年版。

78. 钟哲明：《科学社会主义专题讲座》，北京大学出版社，1991 年版。

79. 肖枫：《两个主义一百年》，当代世界出版社，2000 年版。

80. 林今柱等：《社会主义大趋势》，中央编译出版社，1997 年版。

81. 江丹林：《东方复兴之路》，广东教育出版社，1996 年版。

82. 宋萌荣：《开创人类新文明的伟大实验——20 世纪社会主义发展的历史经验》，人民出版社，2000 年版。

83. 靳辉明等：《社会主义历史、理论与现实》，安徽人民出版社，2000 年版。

84. 顾海良等：《马克思主义：历史与命运》，吉林人民出版社，1996 年版。

85. 刘佩眩、郭继严：《20 世纪马克思主义史》，人民出版社，1994 年版。

86. 庄福龄等：《简明马克思主义史》，人民出版社，1999 年版。

87. 项启源：《我国社会主义初级阶段的历史定位》经济科学出版社，2001 年版。

88. 许启贤等：《世界文明论研究》，山东人民出版社，2001 年版

89. 侯惠勤等：《正确世界观人生观的磨砺》，南京大学出版社，1996 年版。

90. 吴江：《马克思主义的前途与社会主义的历史命运》，中国社会科学出版社，2000 年版。

91. 韦定广：《〈世界历史〉语境中的人类解放主题》，人民出版社，2004 年版。

92. 程恩富等：《马克思主义视阈中的社会主义和谐社会》，中国社会科学出版社，2008 年版。

93. 梅荣政：《用马克思主义引领社会思潮》，武汉大学出版社，2008 年版。

94. 顾海良：《马克思主义发展史》，中国人民大学出版社，2009 年版。

95. 中共中央组织部党建研究所：《中国特色社会主义与中国共产党》，党建读物出版社，2011年版。

96. 鲍宗豪：《当代社会发展导论》，华东师范大学出版社，1999年版。

97. 胡振良：《中国特色社会主义史论研究》，中共中央党校出版社，2012年版。

98. 吴波：《中国特色社会主义若干重大问题研究——十六大以来中国特色社会主义的新探索》，安徽人民出版社，2007年版。

99. 费讯 张爱武 刘勇：《科学社会主义的当代创新——江泽民中国特色社会主义理论与实践研究》，社会科学文献出版社，2009年版。

100. 夏东民等：《中国特色社会主义科学发展论》人民出版社，2011年版

101. ［英］A.H.卡尔《历史是什么》，商务印书馆，1981年版。

102. ［英］G.H.柯恩：《卡尔·马克思的历史理论——一个辩护》，重庆出版社，1989年版。

103. ［意］安·拉布里奥拉：《关于历史唯物主义》，人民出版社，1984年版。

104. ［英］乔治·莱尔因：《重购历史唯物主义》，中国社会科学出版社，1991年版。

105. ［美］威廉姆·肖：《马克思的历史理论》，重庆出版社，1989年版。

106. ［英］W·奥尔什：《历史哲学——导论》，社会科学文献出版社，1991年版。

107. ［英］柯林武德：《历史的观念》，中国社会科学出版社，1986年版。

108. 马克斯·韦伯：《新教伦理与资本主义精神》，三联书店，1987年版。

109. ［美］L·劳丹：《进步及其问题》，华夏出版社，1990版。

110. ［美］丹尼尔·贝尔：《资本主义文化矛盾》，三联书店，1989年版。

111. ［英］阿·汤因比：《历史研究》，上海人民出版社，1986

年版。

112. ［英］阿·汤因比［日］迟田大作：《展望21世纪》，国际文化出版公司，1985年版。

113. ［英］克莱夫·贝尔：《文明》，商务印书馆，1990年版。

114. ［法］基左：《欧洲文明史》，商务印书馆，1998年版。

115. ［美］赫伯特·马尔库塞：《单向度的人——发达工业社会意识形态研究》，上海译文出版社，1989年版。

116. ［美］埃利希·弗洛姆：《健全的社会》，中国文联出版公司，1988年版。

117. ［美］塞缪尔·亨廷顿：《变化社会中的政治秩序》，三联书店，1982年版。

118. ［美］塞缪尔·亨廷顿：《文明的冲突与世界秩序的重建》，新华出版社，1999年版。

119. ［德］奥斯瓦尔德·斯宾格勒：《西方的没落》，黑龙江教育出版社，1988年出版。

120. ［美］约翰·罗尔斯：《正义论》，中国社会科学出版社，1988年版。

121. ［日］福山：《历史的终结》，远方出版社，1998年版。

122. ［日］福山：《历史的终结和最后之人》，中国社会科学出版社，2003年版。

123. ［德］舍勒：《资本主义的未来》，三联书店，1997年版。

124. ［美］罗纳德·H·奇尔科特：《批判的范式：帝国主义政治经济学》，社会科学文献出版社，2001年版。

125. ［英］锡德尼·维百、比阿特里斯·维百：《资本主义文明的衰亡》，上海人民出版社，2001年版。

126. ［美］詹明信：《晚期资本主义的文化矛盾》，三联书店，1997年版。

127. ［美］罗布代尔：《资本主义的动力》，三联书店，1997年版。

128. ［美］华勒斯坦：《历史资本主义》，社会科学文献出版社，1999年版。

129. ［美］黄仁宇：《资本主义与21世纪》，三联书店，2000年版。

130. [英]伊凡·亚利山大：《真正的资本主义》，新华出版社，2000年版。

131. [美]马库斯·拉斯金：《民主与文化的反思》，新华出版社，2000年版。

132. [美]罗伯特·达尔：《论民主》，商务印书馆，1999年版。

133. [英]戴维·米勒：《社会正义原则》，江苏人民出版社，2001年版。

134. [美]欧文·拉滋洛：《第三个1000年：挑战与前景》，社会科学文献出版社，2001年版。

135. [俄]米·彼·姆切德洛夫：《社会主义——新兴文明的形成》，求实出版社，1982年版。

136. [俄]杜冈·巴拉诺夫斯基：《社会主义：一种有益的学说》，辽宁教育出版社，2001年版。

137. [美]阿·托夫勒：《第三次浪潮》，新华出版社，1996年版。

138. [美]戴维·施韦卡特：《反对资本主义》，中国人民大学出版社，2008年版。

139. [美]奥尔曼：《异化：马克思论资本主义社会中人的概念》，北京师范大学出版社，2011年版。

140. [英]特里·伊格尔顿：《马克思为什么是对的》，新星出版社，2011年版。

141. J·B·BURY：《THE IDEA OF PROGRESS—AN INQUIRY INTO ITS ORIGIN AND GROWTH》，MACMILAN AND CO. LIMITED，LONDON，1920.

142. SIDNEY POLLARD：《THE IDEA OF PROGRESS—HISTORY AND SOCIETY》，BASIC BOOKS，NEW YORK，1968.

143. ROBERT：《HISTORY OF THE IDEA OF PROGRESS》，BASIC BOOKS，NEW YORK，1980.

144. GLOBAL DEMOCRACY：KEY DEBATES；ED. BY BARRY HOLDEN；PUB. BY ROUTLEDEG，2000.

145. A GLOBALIZING WORLD?：CULTURE，ECONOMICS，POLITICS；ED. BY DAIVD HELD；PUB. BY ROUTLEDGE，2000.

146. GROWTH, INEQUALITY AND GLOBALIZATION：THEORY, HIS-

TORY AND POLICY; BY PHILIPPE AGHION AND JEFFREY G. WILLIAMSON; PUB. BY CAMBRIDEG UNIVERSITY PRESS, 1998.

147. THE GLOBALIZATION OF CAPITALISM IN THIRD WORLD COUNTRIES; BYPRIYATOSH MAITRA; PUB. BY PRAEGER PUBLISHERS, 1996.

后　记

　　在 21 世纪，人类文明面临着新的问题和挑战。

　　我们正在向何处去，人类文明应该向何处去？

　　人要成为人，"自由自觉的人"究竟是什么样？

　　作为人类的一份子，凡是关注人类文明的命运和前途的人，对这些问题都不能不去深思。特别是经过了多少万年的发展之后，今天人类又处在了大转折的关头，对这些问题更不能不去思考。

　　现在人类社会发展的现实也已经证明，在人类文明处在大转折的关头，需要我们更多的人去关注、去思考。从这个角度来说，我是抱着理想主义的态度并心存使命而为之的。

　　人类文明经历的灾难太深重了，人间不如意的事太多了。如果我们放眼人类文明整个的历史发展过程，那么我们就会承认，不管人类有多少罪恶痛苦、冲突矛盾，文明进步的车轮还是没有人能够阻挡或扭转得了，对面临的问题人类总会找出解决的办法。

　　如果我们掌握了马克思当年所揭示的人或社会的三种基本"形态"，我们就会不仅对人类的过去和人类的现在有一个清醒的认识，尤其是对于人类的未来，更会充满乐观和自信，形成明确坚定的意识。"自由个性"的时代，就是人类进入了全面地占有并发挥自己的全面本质的时代，这才是真正属于"人"的时代，是真正文明的时代。社会主义精神是引导人类进入这一时代的大门。

　　今天，"社会主义阵营"在世界上虽已不复存在，苏联和东欧社会主义早已解体，但这并不表明"社会主义"没有生命力，社会主义精神没有吸引力。虽然如此，它却给了人们一个新的视角，使人们有可能从另一种观点去认识把个体本位引向极端的资本主义精神存在的问题；它也给了人们一种新的希望，使人们广开眼界看到历史的未来有着美好的前景。

古罗马思想家西塞罗说过，"精神是不会衰老的"。其实，他的话只说对了一半，因为并不是所有的精神都不会衰老的，只有那些合乎规律性与合乎目的性并且代表人类文明未来命运和前途的精神，才会青春永驻，永不衰竭。可以说，世界上不会衰老的精神只有一种，这就是马克思主义的社会主义精神。只有社会主义精神才能解决人类文明的前途问题。

我深知，从世界宏观文明的视角，大跨度地论述社会主义精神和人类文明的走向问题，会有很多遗憾和不足之处，但愿学界朋友和同人提出深刻地批评。

在拙著写作的过程中，我参考了学界很多专家和学者的研究成果，除已注明的出处以外，其它就不在一一指出。在此，我向这些专家和学者们表示深深的谢意。

最后要说的是，本人愿以这篇薄文来献给那些关心社会主义前途命运的人们，献给那些关心人类文明命运的人们。

2012 年 5 月 1 日
于北京西城区展览馆路 1 号

图书在版编目（CIP）数据

走向和谐——社会主义精神与人类文明走向 / 常宗耀著.
—北京：中央编译出版社，2012.8
ISBN 978-7-5117-1448-0

Ⅰ.①走…
Ⅱ.①常…
Ⅲ.①科学社会主义理论 – 研究
Ⅳ.① D0-0

中国版本图书馆 CIP 数据核字（2012）第 168256 号

走向和谐——社会主义精神与人类文明走向

出 版 人	刘明清
出版统筹	邢艳琦
责任编辑	邓　彤
责任印制	尹　珺
出版发行	中央编译出版社
地　　址	北京西城区车公庄大街乙 5 号鸿儒大厦 B 座（100044）
电　　话	（010）52612345（总编室）　（010）52612352（编辑室）
	（010）66161011（团购部）　（010）52612332（网络销售）
	（010）66130345（发行部）　（010）66509618（读者服务部）
网　　址	www.cctphome.com
经　　销	全国新华书店
印　　刷	北京中印联印务有限公司
开　　本	787 毫米 × 960 毫米　1/16
字　　数	265 千字
印　　张	17.25
版　　次	2012 年 9 月第 1 版第 1 次印刷
定　　价	52.00 元

本社常年法律顾问：北京市吴栾赵阎律师事务所律师　闫军　梁勤
凡有印装质量问题,本社负责调换。电话：(010)66509618